겨자씨가 자라 나무가 되다

KB190201

특별히 _____ 님께
이 소중한 책을 드립니다.

「푸른언덕」 김정란 대표의 역경의 열매

겨자씨가 자라
나무가 되다

"… 갖다 심은 겨자씨 한 알 같으니
자라 나무가 되어 공중의 새들이
그 가지에 깃들였느니라"

– 누가복음 13장 19절

김정란 지음

나침반

"단돈 100원으로 시작한 사회생활이…"

누구나 성공하길 원한다.

나도 성공한 삶을 사는 것이 인생의 큰 목표였다.

흔히들 '사회적 명성과 물질적 부를 이룬 것'을 성공이라고 평가한다. 그런 기준으로 본다면 나는 성공한 사람은 아니다. 사회적으로 대단히 출세한 것도, 어머어마한 부를 축적한 것도 아니기 때문이다.

그럼에도 나는 스스로 '성공한 사람'이라고 자부한다. 내가 생각하는 성공은 '자신이 원하는 삶을 살고 있는가?'이기 때문이다. 만일 자신이 원하는 삶을 살고 있으면 그것은 성공한 삶이다.

나는 지금의 삶에 충분히 만족하고 행복하다. 하나님의 자녀가 되어 내가 할 수 있는 일을 즐겁게 하고 있고, 그 일로 인해 크게 부족하지 않게 생활할 수 있고, 어려운 이웃과 마음을 함께 할 수 있고, 가족 간의 사랑과 믿음이 굳건하기 때문이다.

내게는 인생이 날씨와 같았다.

햇빛이 있다가 먹구름이 끼고, 비바람, 눈보라가 몰아치고, 안개가 자욱하다가 어느 순간 다시 밝은 햇살이 내 앞길을 환하게 비추고….

열악한 환경에서 고등학교에 진학하기 위해 고향 사후도를 떠날 당시, 내 주머니에는 단돈 100원이 있었다. 지금으로 치면 만원 정도 될 것이다. 그길로 인천의 합판공장에 취직해 학비를 벌어 고등학교에 진학했다. 그리고 결혼과 동시에 사업을 시작해 연 200억 매출의 회사로 일구었다. 그리고 삼십 대 중반에 그렇게 원하던 대학에 입학해 뒤늦게 찾은 배움의 기회를 한시도 허투루 하지 않았고 온 힘을 기울인 결과 16년 만에 박사 학위를 받았다. 그러나 나의 삶이 순탄치만은 않았다. 이혼의 위기와 부도 위기, 가족간의 갈등 등 온갖 역경과 고난이 나를 힘들게 했다.

하지만 그 역경을 지나면서 내가 붙든 하나님의 말씀은 두 가지였다.

"아무것도 염려하지 말고 다만 모든 일에 기도와 간구로, 너희 구할 것을 감사함으로 하나님께 아뢰라. 그리하면 모든 지각에 뛰어난 하나님의 평강이 그리스도 예수 안에서 너희 마음과 생각을 지키시리라"(빌립보서 4:6,7)

"무슨 일을 하든지 마음을 다하여 주께 하듯 하고 사람에게 하듯 하지 말라"(골로새서 3:23)

단돈 100원으로 시작한 사회생활에서 오늘의 큰 사업을 이루게 된 기적은 전적으로 하나님의 은혜이다. 나는 하나님이 약속한 말씀을 붙들고 여기까지 걸어왔을 뿐이다.

그토록 어려운 환경 속에서도 나는 희망을 잃지 않고 꾸준히 나를 발전시켜 왔다. 부족하고 모자란 점도 매우 많았지만, 나는 아름다운 삶을 지향하면서 매순간 성실하게 노력했고 최선을 다했다. 그렇게 하루하루를 살다 보니 나도 모르는 사이에 내가 원하는 삶을 살아가고 있었다.

그때 나는 새삼 하나의 진리를 깨달았다.

'놀랍게도 하나님은 우리에게 소망을 주시고 그 소망을 이루며 살게 하신다'는 것이다.

어떤 목표나 뜻을 품고 그것을 향해 노력하다 보니 나도 모르게 '하나님께서 여기에 와 있게 하셨음'을 체험했다.

나는 이런 단순한 진리를 많은 사람들과 공유하고 싶다.

특히 '희망 실종 시대', 'N포 세대'에 살면서 꿈을 포기할 수밖에 없는 나의 자식이자 제자와 같은 또래의 청년들에게 안타까운 마음으로, 그들도 얼마든지 시련을 극복하고 꿈을 이룰 수 있다는 희망을 주고 싶다. 더 나아가 진정으로 '하나님이 보시기에 좋은 삶'을 살기 위해 계속 노력할 것이다. 그것은 바로 주변 사람들과 함께 사랑과 행복을 나누는 것이다. 그 일을 위해 하나님께서 오늘의 나를 만드셨다고 믿기 때문이다.

사실 지금 나의 성공은 내 곁에서 응원해 주고 지지해 준 사람들이 있었기에 가능한 일이었다.

늘 나를 '김 박사'라고 불러주는 남편 정용주 씨가 가장 먼저 떠오른다. 남편은 내 학업을 누구보다 지지해 줬고, 그런 나를 늘 자랑스러워했다. 남편은 학사, 석사, 박사과정 16년 동안 내 뒷바라지를 해줬다. 남편은 누구에게든 "아내가 강하면서도 당차고 야무지다"라고 칭찬하곤 한다. 아내 자랑은 팔불출이라고 하지만, 남편은 어디서든 내 자랑을 하고 싶다고 한다. 그런 모습이 얼마나 고마운지 모른다.

딸 기쁨이 역시 나의 응원군이다. 이제는 딸에서 좋은 친구가 된 것 같은 기쁨이는 "우리 엄마는 대단하다"는 말로 늘 나를 격려했다. 그리고 딸의 양육과 집안일을 도와주셨던 어머니와 외숙모를 빼놓을 수 없다. 그분들의 희생이 없었다면, 나는 이 자리에 없었을 것이다. 어머니와 외숙모는 오래전에 돌아가셨지만, 아마 하늘나라에서 나의 모습을 흐뭇하게 바라보고 계실 거라 믿는다. 그리고 이 책은 몇 년 전 초판이 발행된 후에 받은 주님의 은혜를 나누고 싶어 수정 보완한 것으로 나의 이야기를 잘 정리해 준 김진 작가의 수고에 감사한다.

나는 모든 것에 감사하기에 매일 아침 눈을 뜨면 제일 먼저 기도를 한다.

"하나님, 감사합니다."

「푸른언덕」에서
  김정란

차례

※ 이 책은 저자의 「희망으로 키운 겨자씨」 발간 이후에 받은 은혜를 추가해 수정한 것입니다.

1

어떤 일이든 결국은
쓸모가 있다

내 고향의 교육 환경은 배우고 싶어도 배울 수 없고, 꿈을 꾸기는커녕 무엇이 꿈인지도 알기 힘들 만큼 열악했다. 하지만 하나님이 지으신 자연은 그 자체로 나에게 많은 공부가 될 만큼 아름다웠다. 지금 내가 하는 사업에서 중요한 미적 감각, 즉 심미안은 섬에서의 삶이 많은 영향을 주었다.

1

가난했지만 행복했던 유년 시절

 남해의 쪽빛 바다와 점점이 수놓인 섬들이 아름다운 조화를 이루는 다도해….

내 고향은 그 한가운데 있다. 나는 세계자연유산으로 지정된 아름다운 섬 사후도에서 태어났고 자랐다. 그러나 아름다운 자연 경관과는 달리 이곳에서의 삶은 어려움의 연속이었다.

무엇보다도 배우고 싶어도 배울 수 없고, 꿈을 꾸기는커녕 무엇이 꿈인지도 알기 힘들 만큼 열악한 교육 환경이 그랬다.

물론 이곳에서의 삶이 마냥 힘들지만은 않았다.

하나님이 지으신 아름다운 자연은 그 자체로 나에게 많은 공부가 되었다. 지금 내가 하는 사업에서 중요한 미적 감각, 즉 심미안은 섬에서의 삶에서 많은 영향을 받은 것 같다.

내 어머니와 형제자매들이 살던 그곳, 하얀 모래밭이 드넓게 펼쳐진 명사십리 바닷가와 그 모래톱을 드나들던 맑은 바닷물, 바닷물이 모래밭으로 사르락사르락 스며들던 풍경, 짭조름한 해조류의 향기, 밤이 되면 나지막하게 귓전을 울리는 해조음…. 지금도 눈을 감으면 그 풍경이 훤히 떠오른다.

사후도의 풍경은 내게 아름다움이 무엇인지 알게 해주었다. 나는 그 풍경들을 통해 '미'를 찾는 감각을 길렀다. 자연에 있는 아름다움은 사람에게도, 사람이 만든 물건에도 똑같이 깃들어 있다. 사후도는 나에게 열악함과 어려움인 동시에 축복의 현장이었고, 배움의 현장이었다.

어렸을 때 섬에서의 삶은 어려움의 연속이었지만 결국은 하나님의 계획하심 아래에 있었다는 것을 나는 깨달았다.

이곳에서 나는 다섯 남매 가운데 막내로 태어났다. 내가 어머니 뱃속에 있을 때 아버지는 군대에서 사고로 돌아가셨기에 나는 아버지의 얼굴을 본 적이 없다. 그러나 남편을 잃고 다섯 남매를 홀로 키워야 할 처지가 되신 어머니에 비하면 나의 아버지에 대한 그리움이나 아쉬움은 아주 작은 것이었다. 아버지가 돌아가신 뒤에 어머니 인생은 고단하고 힘든 생활의 연속이었다.

워낙 가난하게만 자란 탓에 몰랐지만 나중에 알고 보니 외가는 지역의 유지로 제법 부유한 가문이었다. 어머니는 7남매 중 셋째로 남부러울 것 없는 어린 시절을 보내셨다고 한다.

외할아버지와 친할아버지는 오랜 우정을 나눈 친구 사이로, 아버지와 어머니가 어릴 때부터 서로 사돈을 맺기로 약속을 해 실제로 결혼을 시켰다고 한다.

외가에 비해 친가는 가난한 편이었다. 당연히 어머니는 시집오면서부터 낯설고 힘든 생활을 해야 했는데 엎친 데 덮친 격으로 아버지마저 돌아가시고 나자, 어머니는 오로지 혼자 힘으로 가계를 이끌어 나가야 했다.

어머니는 자신의 힘으로 자식들을 지켜야 한다는 굳건한 의지 하나로 생활 전선에 뛰어드셨다.

가장은 없고 아이들은 많았기에 우리 집은 한 번도 풍족한 적이 없었다. 하루하루 끼니 걱정을 할 정도였다. 어머니가 우리에게 보여준 한없는 희생과 헌신은 우리 남매들이 구김살 없이 자라게 만드는 원동력이 되었다. 어머니는 그 어려운 상황에서도 한탄하거나 포기하지 않으셨다. 한시도 허투루 쓰지 않으시면서 매사에 부지런하고 성실하게 임하셨다.

때로는 자식들에게 신세타령이라도 할 법 하건만 단 한 번도 그런 모습을 보인 적이 없었다.

우리 집은 김 농사를 제법 크게 했다. 세상의 모든 일이 힘들지만 특히나 김 농사의 어려움은 이루 말로 할 수가 없다.

김은 물이 따뜻하면 바로 썩어 버리기 때문에 한겨울 차가운 바다에서 뼈를 녹이는 듯한 추위와 싸우며 양식을 해야 한다. 차가운 바다에서 김을 건져 토굴에서 건조시킨 뒤 다시 바닷물에 빨아

민물에다 헹궈 말리는 과정을 거쳐야 비로소 김이 완성된다.

큰오빠가 어머니를 거들었는데, 어머니는 김 농사를 하기 위해 한겨울 새벽 세 시면 어김없이 바다로 나가셨다. 나중엔 네 명의 일꾼을 두었지만 그래도 반드시 어머니의 손을 거쳐야만 했다. 어머니는 일꾼을 부리는 것도 자신이 다 알고 부리는 것하고, 자신은 아무것도 모르는 채 남에게 맡기는 것하고는 차이가 난다고 하셨다.

어떤 일이든 솔선수범해서 모범을 보여야 남들도 잘 따라온다고 생각하신 것이다.

김 농사가 끝나면 김과 미역을 손수 팔러 다니셨고, 한여름 땡볕에는 밭일을 하시느라 일 년 내내 한시도 쉴 틈이 없었다. 이처럼 열심히 일했지만 식구들 입에 겨우 풀칠할 정도였다.

할아버지는 어머니 혼자 몸으로 다섯 남매를 키우는 것이 못내 안쓰러우셨던지 항상 뭔가 도와주려고 하셨다. 작은아버지 댁에서는 고구마만 쪄도 우리 집에 가져다주셨다.

어머니는 가정을 위해 어떤 고생도 묵묵히 참으셨다. 어렸을 때는 그냥 어머니니까 그렇게 하시나 보다 생각했는데, 나이가 들어 어머니의 삶을 생각해 보니 그의 희생은 이루 말할 수 없는 자식을 향한 헌신과 사랑이었다는 것을 깨달았다.

자라면서 나는 집안의 도움을 제대로 받아 본 적도, 유산을 물려받은 것도 없다. 그러나 눈에 보이는 것들보다 훨씬 귀한 것을 물려받았다. 바로 어머니의 강인한 정신력이다. 이런 어머니의 삶을 보면서 알게 모르게 나도 어머니와 같은 정신과 삶의 자세를 배우고 익히게 되었다. 덕분에 지금까지 아무리 힘들어도 포기하지 않는 삶을 살아오고 있다.

의지가 강했던 어린 시절

어린 시절 엄마를 떠올리면, 늘 머리에 뭔가를 이고 장사를 다니시는 모습이 그려진다. 아마 내가 초등학교 3, 4학년 즈음인 것 같다. 엄마는 농사지은 것들을 팔기 위해 뭍으로 나가셨다. 농사도 고단하고 힘들지만, 장사는 더 힘들었다. 하나라도 팔기 위해 해가 지도록 시장 귀퉁이에 앉아 있었을 엄마를 생각하면 지금도 눈앞이 흐려진다.

그토록 고생을 했으니 허리가 좋을 리 없었다. 저녁이면 허리가 아파 쩔쩔매는 엄마를 위해 막내인 내가 할 수 있는 일이라곤, 허리를 밟아 드리는 것뿐이었다. 당신을 위해서 약도 제대로 쓰지 않으셨던 엄마…. 그때 엄마는 얼마나 아프셨을까. 어린 나이에도 '엄마가 너무 힘드시니, 나라도 빨리 돈을 벌어 엄마를 편하게 해드려야겠다'는 생각이 들었다.

당시 어머니는 완도로 가는 배를 기다리는 사람들을 위해 방을 내주시곤 했다. 우리 집에는 어머니 말고 어른이 없었기 때문에, 지인들이 와서 편하게 머물다 가기 좋았다. 시골이라 모두들 몇 번 와서 머물다 보면 누구나 형님, 동생 하고 지냈다. 모두가 친척 같았다. 우리 집을 드나들었던 이들 중 점쟁이들도 있었다. 그들은 사후도에 와서 점을 봐 주고 돈 대신 곡식이나 김을 받아 갔다. 그들은 어린 나를 보며 한 마디씩 했는데, 그 말이 아직도 기억에 남는다.

"너는 코가 복 코이니, 돈을 많이 벌 것이다."

아마 그들이 내 관상을 봤던 것 같다.

어려서부터 어머니가 고생하는 모습을 보고 자라온 터라 마음속으로 늘 '돈을 많이 벌어 부자가 되어야겠다. 그래서 어머니를 호강시켜 드려야겠다. 그리고 가난한 사람을 돕고 살아야지'라고 생각했는데 그런 이야기를 들으니 아주 작은 희망이 생기는 듯도 했다. 그 꿈을 이루기 위해 공부를 열심히 해야겠다는 야무진 생각도 했다.

초등학교 때는 공부 잘하는 학생으로 교내에서 주목을 받았다.

늘 반에서 1, 2등을 했던 기억이 난다. 전교생이 50명 밖에 안 되는 섬마을 분교라 가능했지만, 어린 나이에도 공부하는 것이 좋았다. 과목 중에는 자연(과학)을 좋아했다.

지금도 생생하게 기억난다. 4학년이 되던 해 섬 전체의 축제이기도 했던 운동회에서 나는 학년 대표로 단상 위로 올라가 책을 읽었다. 신사임당 이야기였다. 섬 사람들 모두가 모인 자리에서 당당하게 책을 읽었다. 나는 지금도 그날의 흥분을 잊지 못한다.

아무리 공부를 잘했다고 해도, 중학교 진학은 쉽지 않았다.

당시 작은 섬마을에서 여자아이에게 중학교, 고등학교를 보내는 일은 흔치 않았다. 사후도에는 중학교가 없어 뭍으로 '유학'을 보내야 했기 때문이다. 게다가 집안 형편상 중학교에 가겠다고 주장할 수 없는 입장이었다. 위로 줄줄이 언니 오빠들도 학교를 다니고 있었기 때문이다.

이처럼 중학교에 진학할 수 있는지 불확실한 상황이지만, 이에 굴하지 않고 열심히 공부했다. 어린 나이지만, '공부하는 사람만이 성공할 수 있다'는 생각이 있었던 것 같다.

집에서 집안일을 돌보다가 어린 나이에 시집을 가는 일도 흔했던 그때, '시골 아이들처럼 살 수는 없다'는 생각이 강했다. 그러나 여전히 집안 형편이 좋지 않아 과연 내가 중학생이 될 수 있을지 초조했다.

사후도

하나님을 처음 만나다

사후도는 섬이라 아직도 바다에 제사를 지내는 풍습이 있을 정도로 미신이 강했다. 음력 정월 대보름, 바닷가에 물이 다 빠지면 동네 사람들은 모두 제각기 제사상을 차려냈다. 바닷가 근처 사람뿐 아니라 산꼭대기에 사는 사람들까지 모두 제사상을 들고 내려왔다. 해안가를 따라 집안마다 제사상 하나씩을 삥 둘러 차려 내는 것이다. 그렇게 제사상을 차리고 바다에 제사를 지냈다. 돼지머리를 잘라서 바다에 묻기도 했다. 어린시절 그것은 매우 자연스러운 풍경이었다.

초등학교 4학년 때, 뭍에서 사후도로 이사 온 집이 하나 있었다. 그 집 아이는 사후도와 완도 근처에 있는 교인동, 양쪽에 집이 있어서, 주말이면 섬을 떠나 교인동에 있는 집으로 가곤 했는데 나는 그 아이와 친구가 됐다.

어느 날 친구가 말했다.

"우리 집에 갈래? 토요일에 갔다가 일요일에 들어오면 돼."

교인동에 있는 집을 말하는 것이다.

나는 친구네 집에서 머무르면서 그의 가족을 따라 교회까지 가게 됐다.

교인동에 있던 교회에 갔던 첫 느낌이 아직도 생생하다.

아름다운 언덕 위에 교회가 있었다. 숲속에 있는 전형적인 시골 교회였는데, 딱 한 번 출석했지만 그곳이 가끔 그리울 때가 있다.

어린 나이에도 '교회가 참 아름답다. 또 오고 싶다'는 생각을 했다.

5학년이 되던 해, 뜻밖의 반가운 소식이 들렸다.

둘째 오빠가 군산 한국합판에 취직이 되면서 나를 군산으로 데려가겠다고 했다.

"정란이는 제가 중학교까지는 가르치겠습니다."

오빠는 취직 후 어머니에게 이렇게 말했다.

오빠는 가족 중에 누군가는 자신이 책임지고 가르쳐야 한다고 생각한 것 같다. 적은 월급으로 객지에서 생활해야 할 형편이었지만 오빠는 제법 공부를 잘하는 막내를 가르치겠다는 생각으로 나를 군산으로 데려갔다. 나는 중학교에 갈 수 있다는 기쁨에, 처음으로 어머니의 품에서 떨어져야 하는 슬픔조차 이겨낼 수 있었다.

'드디어 뭍으로 공부하러 간다!'

나는 군산 구암초등학교로 전학했다. 전교생이 50명이었던 사후도 초등학교에 비해, 구암초등학교는 한 반에 60명, 한 학년만 해도 600명이 넘는 큰 학교였다. 게다가 집에서 학교까지는 걸어서 두 시간, 등하교만 왕복 4시간이 걸렸다.

당시만 해도 막 직장생활을 시작한 오빠에게 돈이 있을 리 만무했으니, 시내와 뚝 떨어진 외진 곳에 집을 얻은 것이다. 등교할 때는 오빠가 자전거로 태워서 데려다줬지만, 집에 올 때는 두 시간 남짓한 거리를 걸어와야 했다. 꼬박 1년을 그 집에서 지내고 나서야, 오빠는 학교에서 도보로 30분 거리의 집으로 옮길 수 있었다.

도시 생활이 녹록지 않았지만, 뭍에서 학교를 다닌다는 것은 내겐 최고의 사치이자 자랑이었다. 같은 처지에 있던 동네 친구들은 모두 나를 부러워했다. 방학 때 고향에 내려가면 친구들은 고무신을 신고 다녔지만, 회사 다니는 오빠를 둔 덕분에 나는 고무신이 아닌 운동화를 신고 다녔다. 그러니 부러움의 대상이 될 수밖에….

어린 시절 나는 어딜 가나 어른들의 사랑을 받았다.

참으로 감사한 일이었다. 그 이유가 무엇이었을까 생각했다.

내가 특별히 다른 친구들보다 예쁘게 생겼다거나, 집안의 배경이 좋아서는 아니었다. 아마 특별히 예쁜 짓을 하지 않았어도, 묵묵히 열심히 하는 태도가 어른들의 마음을 산 것 같았다. 나는 형편상 또래보다 철이 일찍 들어 '성공하겠다'는 마음이 강했고, 그런 마음이 나를 아이가 아닌 애어른이 되게 했다. 당시 나는 남에게 폐 끼치지 않는 것만 해도 다행이라고 생각했다.

한 번은 6학년 때 담임 선생님이 나를 일으켜 세우시곤 반 아이들 앞에서 이렇게 말씀하셨다.

"정란이는 시골에서 올라와서도 열심히 공부해서 이렇게 좋은 성적을 얻었는데 더 좋은 처지에 있는 너희들이 본받았으면 좋겠다."

당시 나는 담임선생님이 아이들 앞에서 나를 인정해 주셨다는 것에 엄청난 자부심을 가졌다. 비록 가난하고 엄마와 떨어져 지내면서 힘겹게 생활했지만, 그런 일들이 나를 단단하게 만들어 주었던 것 같다.

본격적인 신앙생활은 6학년 때 군산에서 시작했다.

군산 성원교회였다. 장로님 딸이었던 앞집의 김신을 따라갔다. 나보다 한 살 어렸던 신이는 나를 잘 따랐다.

목사님은 소아마비를 앓아 몸이 불편하셨지만, 너무도 밝은 모습으로 나를 맞이해 주셨다. 그때부터 신앙이 뭔지 모르면서도 교회에 출석했다.

아마도 군산 생활이 외로웠기 때문에 교회생활에 더 열중했던 것 같다. 교회에 가면 늘 친구들이 있었고, 부모처럼 반겨주시는 목사님과 사모님이 계셨다.

중학생이 된 후에는 주일학교 교사로 봉사했다.

내가 맡은 아이들은 유치부와 초등학교 1학년이었다.

나 역시 어린 나이였으나, 어린 꼬마들을 교회에 나오게 하려고 주일마다 아이들 손을 잡고 집집마다 데리러 다녔다. 예배 시간이면 아이들에게 공과책을 읽어 주었고, 예배가 끝나면 아이들의 손을 잡고 집에 일일이 데려다주었다. 그런 시간을 통해 내 신앙은 조금씩 자라고 있었다.

목사님 눈에는 교회를 열심히 다니며 봉사활동도 하는 내가 예뻐 보였을 것이다.

목사님은 사랑이 많은 분이셨다. 목사님 딸 혜란이와 내가 친구라는 이유로 나를 딸처럼 생각하셨다. 그때는 주변에 사람이 많고 누군가 함께한다는 것만으로도 감사했다.

내가 구원의 확신을 얻은 것은 중학교 2학년 때였다. 나는 어린 나이인데도 주님을 인격적으로 만나게 됐다.

특별한 계기는 기억나지 않지만, 열심히 예배드리고 기도하고 찬양하면서 자연스럽게 구원의 확신을 얻게 됐다.

당시 전도라는 것을 알게 됐고, 하나님이 어떤 분이라는 것도 알게 됐다. 나는 더 이상 하나님을 떠나서 살 수 없고, 주님이 나를 인도하신다는 것을 느낄 수 있었다.

중학교를 다닌다는 기쁨은 컸지만, 아직 엄마 품이 그리운 나이였다. 열두 살에 어머니의 돌봄 없이 스스로 생활해야 한다는 것은 쉽지 않았다.

사후도에 있을 때도 바쁜 어머니를 대신해서 집안일을 하곤 했다. 그러나 도시에 살다 보니 어머니의 손길이 필요한 일들이 더 많았다. 그럴 때마다 사후도에 계신 어머니가 생각났다.

그나마 그 시절을 잘 견딜 수 있었던 것은 긍정적인 생각 덕분이었다. 힘들 때마다 나는 '그래도 시골에 사는 것보다 훨씬 낫다'고 생각했다.

학업을 위해 남의집살이를 하다

중학교를 졸업한 후 나는 생각지도 않은 문제에 부딪혔다. 집안 형편상 고등학교 진학을 하지 못한 채 다시 사후도로 내려가야 했던 것이다.

당시만 해도 작은 섬마을 출신의 여자아이가 중학교에 다닌 것만 해도 많이 배운 편에 속했다. 하지만 그것을 당연한 일로 여기기에는 나의 꿈이 너무나 절실했다. 어떻게든 공부를 하고 싶었다. 공부를 해서 무엇이 되는 것은 둘째 문제였다. 당장 고등학교에 진학하는 것이 꿈이었다. 물론 어머니와 떨어져 있다가 함께 사는 것은 좋았지만 공부할 수 없는 당시 환경을 이겨내야겠다는 생각은 잊지 않았다.

나는 얼마간 김 양식을 하는 어머니를 도우며 지냈다.

차가운 겨울 새벽, 살을 에는 듯한 바닷바람을 헤치고 바다로 나갔다. 사방은 어둡고 철썩이는 파도 소리가 뱃전에 부딪치면 열여섯 살 어린 마음에 알 수 없는 서러움 같은 것이 울컥 올라오기도 했다. 하지만 곧 마음을 다잡았다. 현실은 언제나 냉혹하고 냉정하다. 감상에 빠져 있다고 해서 학비가 하늘에서 뚝 떨어질 리 없다. 이내 고개를 들어 깜깜한 하늘에 반짝이는 별들을 보며, 언젠가 나의 삶에도 저 별빛 같은 희망이 찾아오리라는 꿈을 꾸었다.

"포기하지 말아야지. 어떻게든 학교에 갈 것이다."

그러기를 몇 개월. 학교를 다녔으면 1학기가 끝나갈 무렵이었다. 우리에게 김 양식에 필요한 말뚝을 팔던 여수의 양 사장님이 뜻밖의 제안을 했다. 그 분은 우리 집과 가까이 지내 집안 형편을 다 아는 분이었다.

오랫동안 나를 지켜보니 매우 똑똑하고 성실한 것 같다면서, 여수 자신의 집에 초등학생, 유치원생인 아이 둘이 있는데, 몇 달 간 그 아이들 공부도 가르치고 돌봐주면 이듬해 봄에 고등학교에 보내 주겠다고 했다.

그의 솔깃한 제안에 당장 그렇게 하겠다고 하고 싶었다.

그러나 어머니는 입장이 달랐다. 우선은 여자아이가 남의 집에서 지내야 한다는 것을 마음에 들어 하지 않으셨고, 두 번째는 그것 또한 신세지는 일이라고 판단해 그 제안을 거절하셨다. 내심 어머니가 허락하실 줄 알았던 나는 실망스러울 수밖에 없었다. 그런데 양 사장님이 어머니를 설득했다.

"정란이처럼 야무진 아이가 처신을 제대로 못할 리 없고, 제가 책임지고 학교를 보낼 테니 염려 마시고 보내 주세요."

어머니는 나의 간절함을 읽었는지, 고심 끝에 결정을 내리셨다. 내게 몸가짐이나 행동거지를 잘할 것을 신신당부하고는 여수 양 사장님 집으로 보냈다.

'뜻이 있는 곳에 길이 있다더니, 꿈을 잊지 않고 있었더니 고등학교를 가게 되는구나!'

나는 부푼 꿈을 안고 여수로 향했다.

양 사장님 집은 으리으리했다. 두 아이들은 그가 재혼해서 얻은 늦둥이들로, 온순하고 내 말을 잘 들었다.

그러나 두어 달 지내다 보니, 양 사장님과 그의 부인이 나를 대하는 태도가 달라졌다.

나를 아이들 가정교사가 아니라 마치 자신의 집에서 허드렛일하는 사람 정도로 여기는 것이었다. 특히 그의 부인은 잦은 외출로 거의 가정을 돌보지 않아 집안일까지 해야 할 지경에 이르렀다.

고등학교에 보내주겠다고 한 약속은 이미 잊은 듯 보였다.

그래도 나는 '언젠가 학교에 보내 주겠지' 하는 생각에 기회만 보고 있었다. 그러던 중 어머니가 여수로 올라오셨다. 당연히 약속한 부분에 대한 이야기가 나왔다.

"정란이 학교는 보낼 겁니다. 조금만 기다려 주십시오."

어머니는 그 말을 듣고 안심하고 사후도로 내려갔다.

그러나 말뿐이었다. 나는 더 이상 그곳에 있을 이유가 없다고 판단했다.

'아, 이것은 아니다. 이곳에서는 더 이상 희망이 없다.'

고민 끝에 편지를 쓰고 그 집에서 나왔다.

"제가 이곳에 온 이유는 고등학교 진학을 위해서였습니다. 양 사장님께서 그 부분을 약속하셨는데, 학교에 보내 주실 기미가 보이지 않네요. 저는 여기서 집안일을 돌보면서 시간을 보낼 수 없습니다. 제 꿈을 저버릴 수 없습니다. 이제 이곳을 떠나겠습니다.
생활비에서 남은 돈 200원을 교통비로 가지고 갑니다."

　여수에서 버스를 타고 또 걸어서 선착장까지 가서 완도로 가는
배에 올랐다. 막막했다. 학교에 다시 다닐 기회가 없을 것 같았다.
모든 문이 닫혀 있는 듯한 느낌도 들었다.
　집으로 오는 길, 완도 장터에서 우연히 큰오빠를 만났다. 그때
까지 잘 참아냈지만, 예상치 못한 곳에서 오빠를 만나니 왈칵 눈
물부터 났다.
　"정란아, 어떻게 된 거야?"
　여수에 있어야 할 동생을, 완도 장터에서 마주치게 된 오빠 역
시 놀란 마음을 숨기지 못했다.
　그렇게 나는 다시 집으로 돌아왔다. 나중에 알게 된 일이지만,
원호 가족들은 원한다면 대학까지 전액 무료로 다닐 수 있었다.
그걸 알았다면 그 고생은 안 했을 것이다. 아버지께서 군대에서
돌아가셔서 우리 가족은 원호 가족이었다.

인천 공장에 취직하다

　헬렌 켈러가 이런 말을 했다.
　"행복의 한쪽 문이 닫히면 다른 문이 열린다. 그러나 우
리는 흔히 닫힌 문을 오랫동안 보기 때문에 우리를 위해 열려 있

는 문을 보지 못한다."

여수에서 고등학교에 다닐거라는 희망의 문이 닫힌 셈이었다. 그러나 나는 닫힌 문만을 바라보며 절망하지 않았다. 새로운 희망의 빛을 발견했다.

중학교를 졸업한 뒤 이웃 언니가 인천의 한 공장에 취직이 되었다는 편지를 보내온 것이다.

'정란아, 우리 공장에 사람을 구하고 있어. 네가 고등학교를 다니고 싶은 마음을 잘 알고 있지만, 우선 여기서 일하면서 학비를 벌어 보는 것은 어떨까?'

언니의 편지를 읽고 머릿속이 맑아지면서 새로운 문이 열리는 느낌이었다.

당장 어머니에게 언니의 제안에 대해 이야기하니, 어머니는 두말 않고 허락했다. 일단 이웃 언니라는 믿을 만한 사람이 있었고, 공부를 하고 싶어하는 나의 간절한 열망을 어머니는 누구보다 잘 알고 있었다.

나는 언니를 만나기 위해 그길로 인천으로 갔다.

그때, 내 수중에는 시내 버스를 한 번 탈 수 있는 단돈 100원뿐이었다. 지금 생각해도 아찔하다.

언니는 공장의 공장장에게 내 취직을 부탁했다.

"공장 일이 생각만큼 쉽지 않아. 너는 공부도 잘했고 영리하니 좀 더 좋은 직장에 다닐 수 있을 거야."

하지만 나는 취직을 해서 학비를 버는 것이 목적이었으니, 언니와 함께 일해도 좋았다.

그러나 공장일은 언니 말대로 녹록지 않았다. 커다란 합판을 나르는 일, 약품을 바르는 일, 무늬목을 붙이는 일…. 여자들이 하기에는 다소 고된 일이었다.

이 때문에 공장에서 일하는 내 또래들은 얼마 못 견디고 회사를 그만두곤 했다. 게다가 공장에 다니는 것을 부끄러워하는 아이들도 있었다. 아이들은 기회만 있으면 좀 더 편한 일, 좀 더 쉽게 돈을 버는 일을 찾아 떠났다. 어떤 사람은 유흥업소에 가기도 했다. 그러나 나는 그들을 볼 때마다 마음가짐을 새로 했다.

'이 일은 부끄러운 일이 아니다. 열심히 노동한 대가로 떳떳하게 돈을 버는 것이다. 또 이 일도 못하면 앞으로 더 어려운 일은 하지 못할 것이다. 여기서 견디면서 공부할 기회를 찾자.'

희망이 있었기에 일이 고된지도 몰랐다.

정말 최선을 다해 열심히 일했다. 단 한 번 지각한 적도 없었고, 결근한 적도 없었다. 근무 중에 꾀를 부리지도 않았다. 학교에 다닐 수 있을 거라는 희망이 있었기 때문에 더욱 최선을 다했다.

그 무렵 회사에서는 생산의 효율성을 위해 실적을 공개해 사원들끼리 경쟁을 붙였는데, 지기 싫어하는 나는 한눈 팔 새도 없이 일을 했다. 그 결과 난 매우 월등한 실적으로 일등을 했다.

그러다 보니 동료들 중에는 시기하는 사람도 있었다. 하지만 개의치 않았다. 부정을 저지르거나 부조리한 방법으로 실적이 오른 것이 아니라 당당하게 열심히 일한 결과이기 때문이다.

그렇게 열심히 일을 하고 있던 어느 날, 직원들의 일거수일투족을 관리하던 담당 부장이 불렀다.

"너를 지켜보니 참 성실하고 뭐든 열심히 하더구나. 너는 꿈이 있는 아이 같다. 여기는 일이 좀 거친 곳이니, 너에게 좀 괜찮은 일자리를 소개해 주고 싶다. 네가 하고 싶은 것이 뭐냐?"

그때 나는 서슴지 않고 대답했다.

"전 다른 직장보다 학교에 가서 공부를 계속하고 싶어요."

그러자 담당 부장은 고개를 끄덕이며 학교에 갈 수 있는 방법을 모색해 보자고 했다.

알아 보니 회사에서 8km 떨어진 곳에 직장을 다니면서 공부를 할 수 있는 고등학교가 있었다.

제일정보고등학교였다.

담당 부장의 주선으로 회사에서는 그 학교에 갈 수 있도록 입학금을 대주었다. 그리고 그간 회사를 다니면서 차곡차곡 모은 돈으로 고등학교에 다닐 수 있게 되었다.

그때부터 낮에는 일을 하고 밤에는 공부를 하기 시작했다. 남들보다 잠도 덜 자야 했고, 쉬는 시간도 없었지만 공부할 수 있다는 기쁨에 마냥 행복한 시간이었다.

'아, 정말 하고자 한다면 못할 것이 없구나. 공부하려는 마음이, 또 내 열정이 있었기에 가능했구나.'

야간에서 주간으로, 공부에만 매진

 내가 다시 학업을 이어나갈 수 있게 되자, 가장 기뻐한 사람은 바로 어머니였다.

혼자 낯선 곳에서 고생하는 나를 걱정했던 어머니는 완도 생활을 정리하고 인천으로 올라와 내 뒷바라지를 하게 됐다. 그제야 나는 주경야독하던 생활에서 벗어나 공장을 그만두고 주간반을 다니며 공부에만 몰두할 수 있었다.

그러나 고등학교만 입학하면 모든 것이 해결될 수 있을 거라는 생각은 장밋빛 환상에 불과했다. 누가 툭 건드리면 그대로 쓰러질 것 같은 날들의 연속이었다.

어머니는 인천에 올라와 나를 가르치기 위해 송내에 있는 포도밭에서 일을 했다. 그러나 힘들게 벌어도 두 사람의 생활비에다 학비까지 대는 일은 만만치 않았다.

어떤 때는 연탄 한 장 살 돈이 없어 쩔쩔맬 정도로 힘들었다.

그때 나는 '어머니께서 저렇게 고생하시는데, 학교를 그만두고 돈을 벌어야 하지 않을까? 학교는 다음에 다시 입학하면 되지 않을까?'하는 고민을 했다.

이런 생각을 어머니에게 내비치기만 해도, 어머니는 손사래를 치며 말하셨다.

"어떻게 들어간 학교인데…. 조금만 더 참자. 이런 고생은 고생도 아니다."

어머니의 격려 말씀에 나는 다시 용기를 얻었다.

더 많이 배워야 더 좋은 취직자리를 얻을 수 있고, 그러면 어머니의 고생도 그만큼 덜하리라는 생각을 하며 견뎠다.

만일 그때 포기를 하고 다시 공장에 취직했다면 어땠을까?

아마 당장은 편하고 쉬웠을 것이다. 그러나 나는 당장 먹고사는 것에 대한 괴로움보다는, 큰 꿈을 위해 버티고 또 버텼다.

이 무렵, 우리 가족은 완도에서 군산으로 모두 이사를 했고, 나중에는 군산에 살던 언니까지 인천으로 오면서 세 식구가 함께 살게 됐다.

다섯 살 위인 언니는 인천에서 회사를 다니며 내 등록금이나 생활비를 책임졌다. 나는 가족들의 피와 땀으로 학업을 마칠 수 있었다.

내가 중학교를 졸업하고 고등학교에 바로 진학하지 못했을 때, 주변 사람들은 중학교를 졸업한 것만도 대단하다고 했다. 거기에 만족하고 취직했다가 결혼을 하는 게 좋을 것이라는 말도 했다.

고등학교까지 졸업하고 나서도 마찬가지였다. 그러나 나는 여기에서 만족하지 않았다.

대학을 가겠다고 마음먹었다.

당시 여자가 대학을 간다는 것은 요즘 말로 상위 1%나 들어야 가능한 일이었다.

그러다 보니 내가 고등학교에 진학하는 것은 물론 대학교에 가기를 열망하는 일은 남들이 보기에 자칫 분수를 모르는 일일 수도 있었다. 당시 우리 집 형편에 고등학교를 졸업한 것도 기적이었다. 대학은 꿈도 꾸지 못할 신기루였다.

하지만 처지가 그렇다고 해서 꿈을 꾸지 말라는 법은 없다. 나는 언젠가는 대학에 가겠다는 목표를 세웠다.

고모와 함께 예식장 일을 하다

 내가 다닌 고등학교가 상업학교다 보니, 3학년 때 취업이 됐다.

'주안요업'이라는 회사의 경리부였다.

학비를 벌기 위해 다녔던 합판공장의 일과는 비교도 되지 않는 편한 일자리였다.

친구 중에는 졸업 후 대학에 입학한 아이들도 있었다. 그 아이들이 마냥 부러웠다. 쥐꼬리만한 월급에 연탄 한 장 살 돈도 없는 형편이었지만 공부를 계속하겠다는 열망은 가라앉지 않았다. 1년 정도 회사를 다니던 중 고모가 찾아왔다.

"정란아, 고모가 신길동에서 예식장을 차렸으니 고모와 함께 일하는 게 어떻겠니?"

고모는 새로 사업을 시작하면서 믿을 만한 사람을 찾던 중 나를 찾아오게 된 것이다. 아마 돈을 다루는 경리 일이라 가족이 믿을 만하다고 생각한 것 같다.

결국 고모의 간곡한 부탁으로 예식장에서 일하게 됐다.

예식장 업무는 그 전에 다니던 회사보다 훨씬 편했다. 더욱이 고모 집에서 살게 되어 생활이 한결 수월해졌다.

당시 어머니는 다시 군산으로 내려갔고 언니는 시집을 가서 온 가족이 다시 뿔뿔이 흩어졌다. 그런 상황에서 만난 고모는 나를 살뜰하게 챙겨 주었고, 나 역시도 고모에게 정을 느끼며 많이 의지했다. 대신 나는 집과 직장을 오가며 집안일이며, 예식장 일을 다 해야 했다.

예식장 일이 생각처럼 간단하지는 않았다.

무엇보다 주말이면 결혼식을 치르느라 정신없이 보냈는데, 그렇게 한 주 단위로 시간은 빠르게 흘러갔다. 주말 결혼식을 치르고, 주중에는 예약을 받고 정산을 하느라 대학 입학시험을 준비할 시간이 도무지 나지 않았다. 그렇게 바쁘게 살다 보니 평소에는 대학입학에 대한 열망이 가라앉았다가 입시철만 되면 신경이 곤두서곤 했다.

2

모퉁이를 지나면
기회를 만난다

살다 보면 위기는 누구나 온다. 그때 위기에 함몰되지 않고 다시 시작할 수 있는 사람과 위기에 함몰되어 재기하지 못하는 사람이 있다. 전자는 '하필이면'이라고 생각하는 사람이고, 후자는 '그럼에도 불구하고'라고 생각하는 사람이다.

2

평생 지원군, 남편을 만나다

 대학 진학 문제로 고민하고 있을 때, 나는 남자 친구, 지금의 남편을 만나고 있었다.

우리는 같은 직장에 다니면서 오빠 동생으로 지냈다. 당시 나는 어렵사리 학교를 졸업하고 직장에 다니는 터라 누군가를 사랑할 마음의 여유가 없었다. 성실하게 직장생활을 해 돈을 모은 다음 학업을 이어갔으면 하는 마음뿐이었다.

그러던 어느 날, 오빠로만 지내던 그가 내게 남다른 감정을 품고 있다는 것을 느끼게 됐다.

직장에서 일이 늦게 끝나 집으로 돌아갈 때면 대중교통이 끊겨 혼자 한 시간 이상을 걸어가야 했는데, 그는 그 길을 꼭 동행해 주는가 하면 근무 시간에는 간식까지 챙겨주었다. 처음에는 그의 친절이 좀 과하다는 생각했다.

그러다 어느 순간 늘 성의껏 나를 대해 주는 그가 마음에 들어오기 시작했다. 그는 한결같이 성실하고 예의 바른 모습을 보였고, 성품이 무척 착하다는 느낌이 들었다. 그런 그를 자연스럽게 좋아하게 되었다.

그러던 중 나는 고모네 예식장으로 직장을 옮기고 그는 군대를 갔다. 군복무 기간 동안에도 우리의 관계는 계속 이어졌고, 휴가를 나올 때마다 예식장으로 찾아오곤 했다. 그렇다고 해서 '이 사람과 결혼 해야겠다'는 생각을 한 건 아니었다.

제대하고 나서 그가 예식장으로 찾아오곤 했지만, 당시 고모의 통제로 바깥출입을 자유롭게 못할 때라 답답할 때가 많았다. 고모는 내가 남자 친구를 만나는 것을 달가워하지 않았다.

고모는 나를 좋은 집안으로 시집보내고 싶어했다. 그때만 해도 연애 결혼보다는 중매로 결혼하는 경우가 많았다.

고모는 나름대로 내 보호자로서, 나를 좋은 곳으로 시집보내고자 하는 의지가 확고했다. 그건 내 의지와는 달랐다.

그래서 원치 않은 일이 벌어지곤 했다. 당시 예식장에서 밥을 먹고 있으면, 웬 낯선 남자가 나를 보고 가는 일이 종종 있었다. 당황스러운 일이지만, 거역할 수도 없었다. 그렇다고 해서 남자 친구를 배신할 수도 없었다.

그래서 어느 날 남자 친구에게 이 상황을 털어놓았다.

"오빠, 집에서 자꾸 선을 보라고 해요."

내 말에 남자 친구는 시무룩한 표정을 짓더니, 차를 마시고 아무런 말없이 떠났다.

남자 친구는 성품이 선하고 남의 말을 쉽게 거절하지 못했다. 그래서인지 그는 그때 나의 말을 '헤어지자'는 뜻으로 이해했던 모양이다. 나중에 들은 이야기지만, 그는 그날 내 말에 충격을 받아서 사우디아라비아에 해외 근로자로 떠나려고 신청했다고 했다. 다행인지 사우디 행은 성사되지 못했지만, 어쨌거나 우리는 그날 이후 잠시 헤어졌다.

나도 이 상황을 어찌할 수 없었다.

남자 친구가 결혼을 하자고 한 상태도 아니므로, 무작정 고모에게 남자 친구와 결혼을 한다고 말할 수도 없는 노릇이었다. 다만 다시 남자 친구를 만나려면 고모의 통제에서 벗어나야만 했다.

그러나 고모의 통제는 이전보다 심해졌다.

나는 고모에게서 독립을 해야 했다.

"고모, 이제 고모 집에서 나가 살고 싶어요."

고모의 반응은 그야말로 '노발대발'이었다.

"정란아, 내가 너의 보호자야. 내가 너를 좋은 데 시집 보내려고 했는데, 어떻게 나에게 이럴 수 있니?"

고모의 마음도 이해는 갔다. 당시 고모는 내 보호자로서 책임감이 있었다. 하지만 고모가 원하는 대로 살 수는 없었다.

결혼, 녹록지 않은 시집살이

고모 집에서 나오는 것이 독립이 아니었다.

나는 고모와 공과 사, 즉 일과 생활을 모두 공유하고 있었기 때문에 집에서 나오는 것으로는 해결되지 않았다. 예식장도 그만둬야 했다.

내 삶을 고모와 분리해 차근차근 정리해야 했다. 내 인생의 또다른 장이 열리고 있었다.

일단 집을 옮겼고 다른 직장을 구했다. 다행히도 예식장에서 일했던 경력이 있어서 훨씬 좋은 조건으로 다른 예식장으로 이직할 수 있었다.

생활이 자유로워지니 오해도 풀 수 있었고 남자 친구와도 미래를 이야기할 수 있는 여건이 됐다.

떨어져 있는 사이 우리 마음은 더 애절해졌고, 양가에 인사를 다니며 결혼을 구체화하기 시작했다.

그러나 어머니는 남편과의 결혼을 반대했다. 지금 생각해도 당시 남자 친구의 조건은 좋은 편이 아니었다.

남자 친구는 제대를 하고 학원사(주부생활)의 영업 사원으로 근무하고 있었다. 일은 둘째 치고, 남자 친구에게는 시누이들이 너무 많았고 결혼하면 시어머니까지 모셔야 하는 상황이었다.

결혼하면 고생길이 훤하다는 게 어머니의 반대 이유였다. 어머니는 막내딸이 시집이라도 잘 가서 더 이상 고생하지 않았으면 하는 바람이 있었다.

하지만 나는 7년간 남자 친구와 만나면서 운명이라는 생각을 했다. 첫사랑이기도 했다.

어머니의 반대에도 나는 결국 그와 결혼을 했다.

예식장에서 근무하던 터라 우리의 결혼 비용은 전액 무료였다. 결혼하고 2년 정도 더 직장생활을 하면서, 전세를 얻을 정도의 돈도 모았다.

그러나 신혼의 단꿈도 잠깐, 어머니의 예상대로 결혼 생활은 녹록지 않았다.

형편상 직장을 그만둘 수 없었던 나는 시어머니와 사촌 시누이를 포함해 시누이 셋을 모시고 시집살이를 했다. 게다가 예식장 일이란 게 주말에는 더욱 바빠 집에서 편히 쉴 수 없었다. 그러느라 집안일은 시어머니의 손을 빌릴 수밖에 없었다. 그러자니 자연히 크고 작은 마찰이 생겼다. 특히 시누이들은 그런 나를 못마땅해 했다. 어린 나로선 그 부분이 이해되지 않았다.

이로 인해 다툼이 잦다 보니, 여간 고통스러운게 아니었다. 시집살이를 하면서 내 마음은 점점 피폐해졌다. 착한 남편도 도움이 되지 않았다.

얼마나 고통스러웠으면, '이혼'이라는 극단적인 생각까지 했을까?

어렵게 결혼한 만큼 잘 살고 싶었지만, '이대로 가다가는 모두 견디지 못한다. 상처는 곪았을 때 터트려야 한다. 그냥 두면 썩어 들어간다'고 생각했다.

나는 당장 짐을 싸들고 친정으로 갔다. 거기서 틀어지면 이혼까지 불사하리라는 마음이었다. 남편은 그제야 사태의 심각성을 깨달은 것 같았다.

우리는 맞벌이를 하면서 쉬는 날이 각각 달라 대화할 시간이 충분치 않았다. 그것도 사태가 악화된 원인 중 하나였다.

남편은 내가 친정에 갔다는 이야기를 듣고 군산으로 내려왔다. 그러나 부부가 화해한다고 해서 해결될 문제는 아니었다. 나를 찾아온 남편에게 오빠는 이렇게 말했다.

"이렇게 우유부단해서 어떻게 일하냐? 자네 아내를 지킬 생각은 있는가?"

나는 그제야 남편에게 그동안 힘들었던 이야기를 털어놓았다. 남편은 내 이야기를 다 듣더니, 그동안 얼마나 힘들었냐며 위로해 줬다.

우리는 친정에서 오랜만에 긴 대화를 할 수 있었고, 그러는 동안 나 역시 이혼까지 생각했던 마음을 되돌리고 우리 인연을 책임져야겠다는 생각을 했다.

나는 다시 집으로 돌아왔다. 그러나 달라지는 건 없었다. 일단 환경을 바꿔야 한다고 생각했다. 갈등의 원인이었던 시댁 가족들과 떨어져야 한다는 결론을 내렸다. 우리는 어머니를 모시고, 시누이들이 사는 동네와 떨어진 곳으로 이사를 갔다.

인생의 바닥에서 하나님을 붙잡다

 시댁의 갈등을 피하기 위해 이사까지 했건만, 상황은 조금도 나아지지 않았다.

물리적인 거리만 멀어졌을 뿐, 시누이들의 관심은 여전했다. 시댁과의 갈등이 나아지기는커녕 더 깊어지자, 스트레스로 인해 정신뿐 아니라 육체적인 건강에도 빨간 불이 켜졌다.

그래서인지 결혼한 지 2년이 지나도 아이 소식이 없었다. 산부인과를 찾았다. 난소에 혹이 보인다고 했다. 의구심이 들어 다른 병원을 찾았다. 그곳에서 자궁암이라고 했다. 청천벽력이었다.

'암이라니. 내가 암이라니!'

눈앞이 캄캄해하고, 하늘이 노랬다. 어떤 생각도 할 수 없었다.

'아직 젊다고 생각했는데, 아직 아이도 못 가져봤는데, 암이라니…'

하염없이 눈물만 나왔다. 그러다 정신을 차리고, '혹시 오진일 수 있지 않을까?'하는 생각에 큰 병원을 찾아 다시 진단을 받아 보기로 했다. 실낱 같은 희망이라도 붙잡고 싶었다.

아직 내가 세상에서 해야 할 일이 더 있었던 걸까?

진단 결과는 물혹. 다행히도 암이 아니었다.

'오! 하나님, 감사합니다.'

나는 또다시 눈물을 흘렸다. 이번에는 기쁨의 눈물이었다.

며칠 사이에 천국과 지옥을 오가는 경험을 했다.

병원에서는 물혹이라고 해도 혹시 모른다며 수술을 권했다.

암에 비할 바는 아니었지만 수술을 받다 보니 몸은 쇠약해질 대로 쇠약해져 있었다. 체중은 43kg까지 줄었다. 더 이상 직장생활은 무리였다.

피폐해진 건 나뿐만이 아니었다. 남편도 마찬가지였다.

남편은 나를 이해했지만, 시댁 식구들과의 갈등을 어떻게 풀어야 할지 몰랐다. 남편도 나만큼이나 괴로워했다.

그런 상황에서 남편은 큰 사고를 당할 뻔했다. 직장에서 일을 마친 후 동료들과 술 한 잔을 하고 퇴근하던 남편이 지하철 난간에서 떨어질 뻔한 것이다. 천만다행으로 친구가 남편의 손을 잡아주는 바람에 큰 사고를 면할 수 있었다. 만일 그때 친구가 도와주지 않았더라면 남편은 어떻게 됐을까? 그리고 내 삶은 어떻게 달라졌을까? 지금 생각해도 아찔하다.

우리 부부는 여러 스트레스로 인해 살아도 산 상태가 아니었다.

삶과 죽음, 그 경계에서 아슬아슬하게 발을 디디고 있었다. 그런데 그런 극단적인 상황에 이르니 정신이 번쩍 났다.

"여보, 우리 교회 가자."

예식장에 다니면서 주말 근무를 하다 보니 교회에 안 나간지 4~5년이나 됐다는 사실을 깨달았다. 나는 심장이 쿵하고 내려앉는 느낌이었다.

우리는 다시 교회에 다니기 시작했다.

그리고 나는 아이를 갖는 데만 신경 쓰기로 했다.

어려운 고비를 넘기고 나니 부부의 관계는 더욱 돈독해졌다. 그리고 어떤 일이든 우리는 반드시 대화로 해결하려 했다. 남편은 성실함과 자상함, 그리고 묵묵히 지켜보는 것으로 언제나 나를 응원해 주었다.

남편과 함께 참고서 유통사업에 뛰어들다

 '(주)도서총판 푸른언덕'은 학습지와 참고도서 유통회사다.

남편은 출판유통사업을 하고 있던 사촌형의 회사에서 착실히 경력을 쌓은 뒤 독립을 했다. 1988년 우리는 함께 도서총판 '푸른언덕'을 설립했다.

총판 일을 시작한 지 8년 만이었다. 당시 아주버님의 회사에는 남편뿐 아니라 처남, 친동생 등 가까운 가족들이 많이 일하고 있었다. 그럼에도 불구하고 친형제가 아닌, 사촌동생을 먼저 독립시킨 것이다. 그만큼 아주버님은 남편의 성실함과 착한 마음을 인정해 주셨다.

남편은 성품이 착하고 온순한 사람이다. 어디서든 성실히 일했고, 궂은 일도 솔선수범해서 했다. 누구든 다툼 없이 수용할 줄 알고 이해하는 능력도 지녔다. 이런 성품을 아주버님께서 높이 평가해주셨다.

아주버님은 현재 사업을 접으셨지만 그 분야에서 상당한 성공을 이루신 분이다. 그분에게는 돈을 주고도 배울 수 없는 노하우가 있었다. 아주버님은 남편을 독립 시킨 뒤에도 1년이나 재무 관리를 해주셨다. 고객을 만나는 영업은 우리가 했지만 1년여간의 입출금 관리를 손수해 주시면서 노하우를 하나하나 전수해주셨다.

'푸른언덕'의 첫 사무실은 사촌 아주버님의 건물에서 시작했다. 사촌형님이 다른 곳으로 이사를 가시 면서 우리에게 세를 주신 것이다. 2층 건물이었는데 1층은 사업장으로 2층은 살림집으로 사용했다.

내가 총판 일에 뛰어든 것은 그때였다. 수술 후 건강을 회복하고 있던 나는, 다른 곳에 취직을 할 것이 아니라 차라리 남편을 돕는 편이 낫다고 판단했다. 고등학교 때 상과를 다닌 덕에 회계에는 자신이 있었다. 그렇게 나는 푸른언덕의 회계를 맡고, 남편은 영업을 담당하게 됐다.

직원이 남편과 나를 포함해서 총 네 명뿐이었지만 책임감은 막중했다. 직장생활을 하면서 꼬박꼬박 월급을 받는 때와는 달랐다. 우리 부부 말고도 두 사람의 생활을 책임져야 하는 위치에 있었다.

게다가 총판 일은 쉬운 일이 아니었다. 항상 선어음을 끊고 책을 공급받는 시스템이다 보니 자금의 여유와 신용이 있어야 했다. 우리는 차근차근 성실하게 사업을 일궈나갔다.

우리 회사는 학습지와 참고도서 위주의 유통 회사이기에 학교와 학생들을 상대로 영업을 해야 했다.

초창기 매출은 쉽게 늘지 않았다. 우리는 밤낮없이 일에 몰두했다. 영업은 신용이 재산이다. 신용은 성실과 근면에서 나온다. 우리 부부는 새벽에서부터 늦은 밤까지 단 하루도 쉬지 않고 고객을 만났다.

창업한 지 2년째 되던 해, 당시 2주일에 한 번씩 가정으로 배달되는 새로운 형태의 학습지인 에이플러스가 우리 회사에서 거래하는 중앙교육진흥연구소에서 개발되었는데 학생들 사이에서 선풍적인 인기를 끌었다.

그 학습지의 강남 지역 판매 보급을 맡고 있었던 우리는 학습지가 하루라도 빨리 학생들의 손에 전달되어 공부할 수 있도록 하자는 목표를 세웠다. 때문에 우리는 출판사에서 학습지가 아무리 늦게 도착해도 그때까지 기다렸다가 즉시 학생들에게 배달했다. 어쩔 때는 밤 12시에 전해주기도 했다. 그런 성의 때문인지 회원들이 쑥쑥 늘었다. 학생들이 줄을 서서 학습지를 신청했다.

그러자 매출도 기하급수적으로 늘어 한 해에 수십억 원의 매출을 기록했다.

사업이 번창하면서 새로운 사옥을 지었다. 지하 1층, 지상 5층짜리 건물이었다.

당시 32세였던 내게 사옥을 짓는 것은 큰 도전이었다.

남편은 회사에 전념하고, 나는 사옥 신축을 맡았다. 부지를 마련하고, 설계를 하고, 건축을 하는 일의 모든 총괄 관리를 직접 했다. 그런데 사옥을 짓는다는 것은 돈만 있다고 해서 할 수 있는 일이 아니었다.

공사를 하다 보니 주변 이웃들과 소음이나 일조권 문제, 관공서와의 감리나 건축 허가 문제, 인부들과의 문제 등 뜻하지 않은 크고 작은 문제들이 끊임없이 발생했다. 때문에 아무런 경험이 없는 사람이 함부로 집을 짓는 것을 반대하는 사람들도 많다.

그러나 서른두 살의 어린 나는 한 번도 해본 적이 없는 건물을 지으면서 그 모든 문제들을 하나하나 해결해 나갔다. 어려움이 많았지만, 그 과정에서 나도 모르게 엄청난 능력이 생긴 듯했다. 웬만한 일은 다 할 수 있을 것만 같은 자신감이 붙었다.

그런 가운데 건축을 시작한 지 7개월 만에 지하 1층 지상 5층짜리 번듯한 사옥이 완공되었다.

사옥을 짓고 나니, '주님, 이렇게 아름다운 집을 주셔서 감사합니다'라는 기도가 절로 나왔다.

퀀텀 점프

퀀텀 점프(Quantum Jump)라는 물리학 용어가 있다. 원자에 에너지를 가하면 전자의 회전속도가 빨라지다가 임계치 이상의 에너지를 가하면 전자는 한 단계 더 높은 궤도로 팍 뛰어오르는 현상을 말한다. 어떤 일이 연속적으로 조금씩 상승 곡선을 그리며 발전하는 것이 아니라 계단을 뛰어오르듯 뛰어올라 다음 단계로 올라간다는 것, 즉 대약진을 의미한다. 경제학에서도 이 개념을 들여와 기업이 사업 구조나 사업 방식 등의 혁신을 통해 단기간에 비약적으로 실적이 좋아지는 경우를 말하기도 한다.

인생에도 퀀텀 점프가 일어나는 시기가 있다. 날마다 꾸준히 무언가를 하다 보면 자신도 모르는 사이에 실력이 자라나고, 어느 순간 쑥 뛰어올라 한 단계 업그레이드 된다. 사실 하루하루 살다 보면, 삶이 얼마나 변화되어 있는지 모른다. 그러나 어느 시점에 뒤를 돌아보면 자신의 실력이 훌쩍 자라 있다는 것을 알게 되는 순간이 온다.

남편과 사업을 시작하고, 사옥을 짓는 과정에서 나도 모르던 잠재 능력이 폭발적인 성장을 이루었다는 생각이 들었다. 일종의 퀀텀 점프가 일어난 것이다.

이후, 내 인생에는 여러 번의 퀀텀 점프가 일어났다. 외형적이고 물리적인 성장만이 아니라 내면의 성장도 따라 이루어졌다고 확신한다. 내가 과거의 나보다 훨씬 높고, 깊은 곳에 닿아 있는 것은 분명한 사실이다.

인생을 산다는 것은 자신을 발견하는 과정이다. 미지의 나를 향해 걸어가는 과정이다. 어릴 때는 자신이 얼마만큼의 능력이 있는지, 얼마나 성장할 지 잘 모른다. 그러나 자신을 믿고 성실하게 길을 걸어가다 보면 어느 순간 자신이 큰 나무가 되어 있다는 것을 느낄 수 있다.

신앙으로 하나 되었던 고부

 되돌아보면 '푸른언덕'이 자리잡기까지 많은 사람들의 도움이 있었다. 그중에서 시어머니를 빼놓을 수 없다.

사옥을 짓기 전 상가 2층에서 살다 보니 공과 사가 분리되지 못했다. 매 끼니를 집에서 해결하곤 했는데, 당시 시어머니께서 직원들의 식사까지 맡아 주셨다. 뿐만 아니라 집안일도 도맡아 주셨다.

우리 부부가 사업에만 전념할 수 있었던 것은 모두 시어머니의 보살핌이 있었기에 가능했다. 시어머니를 생각하면 후회되는 마음이 많다.

시어머니는 성격이 대쪽 같은 분이다. 정리정돈이 철저하시고 빈틈이 없으셨다. 시어머니와 6년 정도 함께 살았는데 시어머니의 꼼꼼한 성격은 내가 일과 가사 일을 병행하는 데 큰 도움이 되었다.

사실 나와 시어머니와는 사이가 좋은 편이었다. 중간에 시누이들이 있다 보니 갈등이 생겼고 시어머니와의 관계도 어쩔 수 없이 틀어졌던 것이다.

시누이 입장에서는 내가 사업이나 가정일 모두 다 해내는 슈퍼우먼이 되길 바란 것 같다. 각자 자신의 입장이 있고, 서로 이해할 노력조차 하지 않으니 갈등은 점차 커져갈 수 밖에 없었다.

시어머니와의 관계가 개선된 것은 시어머니께서 신앙을 갖게 되면서 부터다. 사옥을 방배동으로 옮기면서 어머니는 교회에 다니기로 결심하셨다. 그리고 세례도 받으셨다. 예배에도 참석하시고 틈나는 대로 성경도 보셨다.

우리 고부는 믿음으로 하나가 되면서 인간적으로는 이해할 수 없는 미묘한 감정들이 서서히 풀리게 되었다. 서로를 이해하는 폭이 깊어졌고 그러다 보니 친정 어머니보다 더 가까워졌다. '이렇게 화목한 가정이 또 있을까?'라는 감탄이 저절로 나왔다.

그러나 시어머니와 진정한 가족이 된 지 2년 정도 됐을 때 청천벽력 같은 일이 벌어졌다. 큰형님 댁으로 시아버지의 제사를 드리러 내려가신 어머니가 갑작스럽게 쓰러지신 것이다. 어머니는 신부전증을 앓고 계셨다. 무엇이 그리 급하셨던 것일까. 어머니는 그로부터 3일 만에 세상을 떠나셨다. 불과 예순여섯, 너무도 가슴 아픈 일이었다.

어머니를 생각하면 지금도 마음이 아프다.

'우리 부부가 잘 되는 모습을 보시고 가셨으면 좋았을 텐데' 하는 마음이다. '푸른언덕'이 막 시작했을 때라 어머니는 우리가 고생하는 모습만 보다 가셨다. 당시 에이플러스가 인기 있던 때라, 우리 부부는 문제집이 나오면 한밤중에라도 빨리 전달하기 위해 이리 뛰고 저리 뛰곤 했다.

'어머니를 좀 더 편히 모시고 더 잘해 드릴 것을…'

후회는 남겨진 자녀들의 몫이다.

가장 큰 '기쁨', 기쁨이를 얻다

사업이 한창 잘 될 시기, 나는 크나큰 기쁨을 얻었다.

지난 6년 동안 그렇게 바라고 또 바랐는데 "하나님, 아이를 주신다면 하나님께 크게 쓰임 받도록 키우겠습니다"라고 서원 기도한 지 얼마 되지 않아 딸 기쁨이를 품에 안았다.

그때의 기쁨은 이루 말할 수 없다. 결혼해서 6년 동안 겪었던 아픔들이 떠올랐다. 시댁과의 갈등, 건강 이상…. 우리 부부는 "한 명만 낳아 잘 키우자"라고 결심했었다.

"아무것도 염려하지 말고 오직 모든 일에 기도와 간구로, 너희 구할 것을 감사함으로 하나님께 아뢰라. 그리하면 모든 지각에 뛰어난 하나님의 평강이 그리스도 예수 안에서 너희 마음과 생각을 지키시리라."(빌립보서 4장 6절)

항상 이 말씀을 붙잡고 살았다. 기도할 때마다 이 말씀을 떠올렸다.

기쁨이를 갖고 나서 나는 이렇게 기도했다.

'하나님 이보다 더 좋을 수 없습니다. 기쁨이는 제게 주신 최고의 선물입니다. 이렇게 큰 기쁨을 주시려고 많은 시련과 아픔을 주셨군요.'

'기쁨'이라고 이름을 지은 건, 많은 사람들에게 기쁨을 주는 아이가 되라는 소망에서다. 아이의 이름을 부를 때마다 그야말로 기쁨이 되는 상상을 했다. 딸은 그야말로 부모의 기쁨이고, 내 소망이자 희망이다.

딸을 얻은 후 나는 더 열심히 신앙생활을 했다.

기쁨이가 태어난 이후 우리 사업도 나날이 번창했다. 모든 것이 탄탄대로였다.

천재지변, 시련이 오다

 출판 유통 사업을 시작한 지 몇 년이 지난 어느 해 여름이다.

사업이 자리잡기까지 남편과 나는 단 한 번도 휴가를 간 적이 없었다. 형님이 운영하시던 회사에서 경력을 쌓기는 했지만, 출판 유통은 매년 출판사와 계약을 통해 이루어지는 일이라 어떻게 보면 매년 사업을 새로 시작한다고 할 수 있다.

출판사와의 계약을 유지하기 위해서는 신뢰와 성실성을 바탕으로 한 매출 능력이 관건이다. 때문에 남편과 나는 열과 성을 다해 일에 몰두했다. 그 결과 우리 회사의 매출은 하루가 다르게 늘어났고, 거래하는 출판사들은 우리 회사에 대한 신뢰도가 높아 매년 재계약을 하고 싶어 했다.

그렇게 어느 정도 사업이 안정되자, 남편과 나는 결혼 후 처음으로 여름 휴가를 떠났다. 오랜 기간 회사를 비울 수 없었고, 마침 부산에 지인이 있어 우리는 그곳으로 겸사겸사 가게 된 것이다.

우리도 드디어 휴가란 걸 즐길 수 있게 되었다는 생각에 가슴이 설레였다.

부산에 도착해 지인의 집에서 막 짐을 풀자마자 전화 한 통이 걸려 왔다. 순간 불길한 예감이 들었다.

서울에 집중호우로 인해 도로가 물에 잠기고 한강이 범람했는데, 우리 회사로 물이 들어온다는 것이었다.

정신이 아찔했다. 수십 만 권의 책이 물에 젖으면 어떻게 되지…. 종이는 물에 치명적인데…. 우리는 전화를 끊고는 바로 서울로 올라왔다.

차 안에서 별별 생각이 다 들었다.

'하필이면 비가 그렇게나 많이 와서…, 하필이면 여름휴가 첫날에…. 하필이면 우리 회사일까.'

서울에 도착하니 비는 더욱 세차게 내렸고 회사 안에는 이미 물이 들어차 막을 방법이 없었다. 그나마 아직 물에 젖지 않은 책이라도 구해야겠다는 생각에 두 발을 걷어붙였다. 밤새 비를 맞으며 책을 옮기자니 처절한 느낌마저 들었다. 물이 다 빠지고 나니 더 처참했다. 우리는 소위 말해 '완전히 망했다'.

그러나 비가 그치고 나면 또다시 환한 햇살이 비친다. 먹구름 속을 헤치고 나온 햇살이 더욱 찬란하다. 그렇듯 고난을 겪고 난 뒤에 얻는 아주 작은 행복은 더 소중하게 느껴지는 법이다. 빗속에서 어느 정도 책을 옮기고 나자 문득 이런 생각이 들었다.

'그럼에도 불구하고 이만큼 책을 구할 수 있어서 얼마나 다행인가?'

그리고 다행히 우리 측의 실수가 아닌 천재지변으로 인한 일이라 출판사 측에 책값 변상을 하지 않아도 되었다.

살다 보면 누구에게나 위기가 온다. 그때 위기에 함몰되지 않고 다시 시작을 할 수 있는 사람과 위기에 함몰되어 재기를 하지 못하는 사람이 있다. 전자는 '하필이면'이라고 생각하는 사람이고, 후자는 '그럼에도 불구하고'라고 생각하는 사람이다.

나는 천재지변의 시련을 통해 위기가 닥쳤을 때 거기에 함몰되거나 위축되지 않는다면 언제든지 새로운 기회가 온다는 것을 깨달았다. '그럼에도 불구하고' 굳건히 버티기만 한다면….

성공의 꽃을 피우다

 당시 우리는 네다섯 군데 출판사의 총판이었다.
교육 출판이 호황세를 맞은 데다 좋은 출판사들을 많이 맡고 있어서 사업은 승승장구했다.

처음부터 그랬던 건 아니다. 우리가 맡은 출판사는 단 한 곳이었다. 하지만 점차 거래처를 늘려갔고, 좋은 출판사들과 거래를 할 수 있게 되었다.

우리의 성공 비결은 첫째 성실함이었다. 오랫동안 성실하게 일하다 보니, 차츰 업계에서 소문이 나기 시작했다. 당시 출판사 직원이 서점을 다니며 "어느 총판이 잘 하냐?"고 물으면, "푸른언덕이 잘한다"고 답했다고 한다. 그런 소문으로 거래하는 출판사가 하나씩, 하나씩 늘어났다. 성실함뿐 아니었다. 남편의 성품 역시 인정을 받았다. 언제나 긍정적이고 성실한 남편은 사업하는 사람들 사이에서는 '무골호인(無骨好人)'이라는 평을 들을 정도였다.

또 한 가지 재산이 있어야 했다. 책을 받아 오기 위해서는 담보 설정을 해야 하는데, 그걸 하지 못하면 총판 사업을 할 수 없다. 우리는 성실성, 인품, 재산까지 갖춰서 사업이 번창할 수 있었다.

그렇게 승승장구 할 무렵, 뜻하지 않은 일이 벌어졌다. 공들여 지은 사옥을 헐어야 할 상황이 온 것이다. 지은 지 5년 만에 사옥 인근이 재개발되면서 아파트 단지로 결정됐다.

아파트 건설사인 대기업을 상대로 힘겨운 싸움이 시작됐다. 건축비만 해도 당시 3억이었고, 땅값까지 치면 5억이 넘는 사옥이었다. 들인 공은 그 이상일 것이다. 재건축 협회와 보상 협의가 잘 되지 않으면 법정 싸움까지 갈 상황이었다.

그렇게 된다면 변호사를 선임해야 하는데, 비용이 엄청나게 들게 뻔했다. 모든 것이 하나님의 은혜였을까. 우리는 변호사 선임을 하지 않고, 10원도 손해 보지 않고, 다 보상받을 수 있었다.

그리고 우리는 봉천동에 건물을 샀다. 지하 2층, 지상 5층, 대지 150평의 건물이었다. 당시 가격이 14억이었다. 보상받은 금액에 부족한 금액은 은행에서 대출을 받아 충당했다.

바로 그때 세무 조사를 받게 됐다. 갑자기 14억짜리 건물을 사다 보니, 자금의 출처가 의심스러웠던 모양이다.

나는 오랫동안 회사의 회계 일을 맡아 왔다. 작은 영수증 하나도 놓치지 않고 간직하고 있을 정도로 모든 자료를 완벽하게 보관하고 있었다. 얼마를 보상 받았고, 얼마를 융자를 받았고…, 모든 것이 깨끗했다. 세무 조사가 끝난 뒤 단 한푼의 세금도 추징당하지 않았다. 그동안 정직하게 살았고, 하나님의 은혜 덕분이다. 열심히 살아온 흔적은 그렇게 여기저기에 남아 있었다.

3

도전과 열정은
새 관계를 만든다

나는 사업이 잘 되는 것에 매우 성취감을 느끼며 살았다. 하지만 주님의 도우심으로 보다 큰 비전
과 목표를 가졌다. 나 자신이 끊임없이 발전하는 것, 그런 나로 인해 주변 사람이 행복해지는 것이
바로 그것이었다. 나로 인해 누군가가 행복하다면 그것이 성공한 사람이라고 생각한다.

3

다시 공부를 시작하다

 누군가 나의 브랜드를 묻는다면, '실천하는 사람'이라고 답하고 싶다.

나는 어떤 일을 하고자 계획을 세우면 반드시 실천한다. 남편은 내게 "참 추진력이 강하다"고 말하곤 한다. 삼십대 중반, 늦은 나이에 대학을 간 것도 그런 나의 특징 덕분이었다.

'꼭 대학을 가겠다'는 꿈은 있었지만, 남편을 만나 결혼을 하고 사업에 매진하느라 대학 진학의 꿈은 아주 멀어지는 듯했다. 사업이 우선일 수밖에 없었다. 남편은 영업을 하고 나는 사무실에서 회계와 경리 일을 하다 보니 하루하루가 정신없이 지나갔다. 그렇게 열심히 일 한 결과 사업은 점차 안정되어 갔다. 사옥도 짓고 직원도 늘어나면서 조금씩 생활에 여유도 생겼다.

그러자 오랫동안 참아 왔던 공부에 대한 열망이 고개를 들었다.

고등학교를 졸업한 뒤 직장 생활과 결혼으로 대학에 진학하지 못한 나는 늘 공부에 대한 갈증이 있었다. 그러나 바쁜 일상으로 대학 진학은 잊고 살았다.

그런데 사업이 연 매출 1백억 대에 이르는 규모로 성장하다 보니, 보다 전문적인 경영 지식이 필요하다는 자각이 들었다. 그러자면 대학에서 경영학 공부를 해야 한다고 생각했다. 나는 종종 남편에게 대학에 가고 싶다는 이야기를 꺼내곤 했지만, 현실적인 여건으로 실현하지 못하고 있었다.

그러던 어느 날, 남편이 내게 좋은 정보가 있다면서 보고 있던 신문을 건넸다.

신문에는 숭실대학교에서 경영인을 위한 전문가 과정의 학생을 모집한다는 광고가 실려 있었다. 남편은 내게 "늘 공부에 대한 열망을 갖고 있었으니 우선 여기부터 다니면서 공부를 해봐"라고 권유했다.

숭실대는 당시 우리나라 최초로 여성 경영자 전문 과정(WAMP)을 개설했고, 나는 그 과정에 등록했다.

1992년, 서른세 살이 되던 해였다. 그때부터 낮에는 회사 일을 하고 밤에는 공부를 시작했다. 비록 6개월이라는 짧은 시간이었지만 이곳에서 다시 배움의 초석을 다질 수 있었다. 그것은 아주 작은 시작이었다.

숭실대 최고위 과정을 다니면서 사회적인 경력이 있다면, 수능을 보지 않아도 특별전형으로 대학에 입학할 수 있다는 정보를 얻었다. 그야말로 내게 꼭 맞는 전형이었다. 나는 수능 공부에 대한 부담 없이, 이듬해 입시를 통해 대림대학에 특별 전형으로 합격했다.

대학에 입학했을 당시의 기쁨과 설렘은 말로 표현할 수 없을 정도였다.

'내가 대학생이 되다니!'

어릴 때 학교를 다니기 위해 부단히 노력했던 때가 떠올랐다.

나는 늘 공부에 대한 열망이 식은 적이 없었고, 그 꿈을 잊지 않았다. 그랬더니 그 꿈이 현실이 됐다.

'뜻이 있는 곳에 길이 있다'는 말은 틀림이 없었다.

회사 일이 아무리 바빠도 단 하루도 빠지지 않고 학교에 갔고, 단 한 번의 지각도 하지 않았다. 그 덕분에 나는 장학금을 받고 학교에 다닐 수 있었다.

2년제인 대림대학을 졸업하고도 배움의 갈증이 해소되지 않았다. 나는 바로 4년제인 안양대학교에 편입 시험을 보았다. 편입 시험은 생각보다 경쟁률이 높았다. 2명 모집에 무려 70명이나 응시를 했다. '떨어지면 어쩌나?' 걱정도 되었다. 하지만 그것은 기우였다. 나는 1등으로 합격했고 어엿한 4년제 대학교 학생이 되었다.

그러는 동안 학문의 깊이는 더해졌고, 내 전공에 대한 애정을 가지게 됐다.

무엇보다 공부가 즐거웠다. 어렸을 때부터 지금까지 나는 배울 때 가장 행복하고, 가장 생기가 넘치는 것 같다.

계획한 것들을 실천하면서 한 단계 한 단계 조금씩 나아지는 나를 발견했다. 그저 구체적으로 공부에 목표가 있기보다는 공부를 하면서 느끼는 만족이 컸다.

안양대학교를 졸업하고 나니, 좀 더 전문적인 공부를 하고 싶다는 욕구가 생겼다.

이번에는 상명대 대학원에 진학해 경영학 석사 과정을 밟게 됐다. 여기에서 만족하려 했을 때는 교수님들이 그냥 놔두지 않았다. 평소 내 배움의 열정을 잘 알고 있던 교수님들은 내게 박사 과정까지 권했다. 나로서는 상상할 수 없는 영광이었다.

물론 공부하면서 어려움도 많았다. 특히 늦깎이 대학생으로 컴퓨터로 과제를 해야 한다는 것부터가 익숙하지 않았다. 배움에서 어려움에 부딪칠 때마다 늘 내 곁에는 격려해 주는 사람들이 있었다. 그들의 도움으로 나는 무사히 공부를 마칠 수 있었다.

달리는 말에도 채찍이 필요하다

내가 "대학에 가고 싶다"고 했을 때 만일 남편이 "뒤늦게 무슨 대학이냐"고 단 한 마디라도 불편한 기색을 보였다면 나는 대학 진학을 포기했을지도 모른다.

대학 졸업 후, 내가 석·박사 학위를 받으려고 대학원에 다닐 때도 남편은 말없이 응원해 주었다. 남편은 언제나 든든한 지원자이자 동료이고, 동반자이다. 또한 진솔한 멘토이기도 하다.

남편이지만 존경스러운 점이 참 많은 사람이다.

남편은 사람들과 관계를 잘 맺고, 오랫동안 그 관계를 유지한다. 누구 하나 미워하는 사람이 없다. 남편은 내가 무슨 일을 하든 믿어 주고 밀어 주었다. 내가 공부를 하다 지쳐 자신감을 잃었을 때는 "당신은 잘 할 거야"라는 격려의 말을 아낌없이 해주어 기운을 불어넣어 주었다. 30년간 남편은 변함없이 그런 신뢰를 내게 보내 주었고, 오늘의 내가 있게 했다.

공부하는 기쁨은 컸지만 아이를 키우는 엄마로, 또 사업을 하는 사람으로, 공부까지 병행한다는 것이 쉬운 일이 아니었다.

스스로를 하나님께 맡기고 늘 관리를 해야 했다. 게다가 기쁨이는 엄마 손이 한창 필요한 초등학생이었다. 교회에서는 안수집사를 맡고 있었다.

"인생 뭐 있나? 그냥 편하게 살아라. 왜 그 나이에 힘들게 사냐?"

"그 나이에 새삼 웬 공부냐?"

서른 중반을 훌쩍 넘긴 나이에 대학원에 진학하는 나를 보고 주변 사람들은 이렇게 말했다. 내 인생의 목표를 모르는 사람들이 그렇게 반응하는 것은 어찌 보면 당연한 일이다. 때문에 나는 그들의 말이 조금도 섭섭하지 않았다. 그래서 이렇게 답했다.

"달리는 말에 채찍을 가해야 한다고 하지 않나요. 지금에 만족한다면 발전이 없어요."

생각해보면 그때 나는 남편과 함께 시작한 사업이 안정기에 접어들었고 생활도 윤택한 시기였기 때문에 흔히 말하는 것처럼 충분히 즐기며 살 수 있었다. 그런데 새삼 대학에 가서 낮에는 일하고 밤에는 공부를 하는 바쁘고 고달픈 생활을 하니 주변의 만류가 있을 법도 했다.

그러나 만일 내 인생의 목표가 오직 부자였다면, 그들 말대로 돈은 벌 만큼 버는데 더 공부할 필요가 없었을 것이다. 사업도 충분히 잘 되었기에 소비 욕구나 충족시키면서 살 수도 있다.

하지만 내 목표는 단순히 부자가 되는 것이 아니었다.

남들을 도울 수 있는 삶을 사는 것이었다. 나로 인해 주변 사람들이 행복해지는 것 바로 그것이 나의 성공이고 목표였다. 물질적으로는 얼마든지 남을 도울 수 있지만 정신적 혹은 정서적 도움을 줄 수 있는 사람이 되려면 좀 더 공부하고 좀 더 배워야 했다. 때문에 나는 그 고단한 길을 택한 것이다. 그런 목표가 있었기 때문에 나는 남들보다 뒤늦어도 초조하지 않았고, 즐겁게 공부할 수 있었다.

숭실대에서 만난 귀한 인연들

 손인춘, 양금숙. 20년 전, 대학에서 이 두 분을 처음 만났다.

이 두 분은 나와 함께 숭실대학교 경영 전문가 과정 수업을 들었는데, 나이도 비슷한 데다 각자 전문적인 일을 하고 있어서 우리는 자연스레 가까워졌다.

손인춘 씨는 건강식품을 제조 판매하는 '인성내추럴'의 경영자로, 고등학교를 졸업한 후 여군에 입대했다가 제대한 특이한 경력의 선배다. 사업 실패와 인간에 대한 엄청난 배신감에 건강을 잃고 힘들어하던 때 한의사이신 아버지의 도움으로 자연치유를 통해 기적적으로 건강을 회복한 후, 자신의 치유 경험과 아버지의 노하우를 전수받아 건강보조식품을 제조하는 사업체를 일으켜 마침내 성공했다.

그는 '바보 경영자'로 유명하다. 자신의 이익에 급급하기보다 좋은 상품을 만들어 소비자들이 보다 건강하고 행복한 삶을 영위할 수 있도록 하는 것이 그의 철학이다. 뿐만 아니라 자신보다는 사원들의 이익을 위해, 나아가 사회 소외계층을 돌보는 데도 소홀하지 않았다. 고등학교를 졸업하고 여군에 갔던 그는 사업이 어느 정도 안정이 되자 나처럼 못다 한 공부에 대한 열망으로 숭실대학교 전문가 과정에 왔던 것이다.

양금숙 씨는 은행원이었다. 고등학교를 졸업한 여자 텔러로 시작해 지점장 자리에 오른 입지전적인 분이다.

당시는 지금과는 달리 여자들이 직장생활하는 것이 쉽지 않은 때였다. '여자'라서 승진의 기회도 잡기 어려웠고, 남자들과의 경쟁 자체가 꿈같은 일이었다. 눈물로 사표를 쓰고 싶은 날이 한두 번이 아니었지만, 그런 부당한 차별을 견뎌 내고 지점장 자리에 올랐다. 그도 마찬가지로 학업에 대한 열망 때문에 숭실대학교 전문가 과정을 찾았던 것이다.

이렇듯 삼십대 후반 같은 공간에서 만나 지금까지 인연을 이어 오고 있는 우리는 나이를 떠나 서로에게 진정한 친구 관계로 성장했다.

또한 공교롭게도 셋 다 기독교인이라 우리는 더욱 관계가 좋아졌다.

우리는 함께 성장하면서 서로의 아픔도 함께 겪었고, 기쁨을 나누게 되었다. 특히 우리는 어려움을 겪을 때마다 서로에게 든든한 벽이 되어 주었다.

사람이 살다 보면 어려운 일들이 종종 찾아온다. 때로는 그 일들이 혼자서는 극복하기 어려울 때도 있다. 그럴 때는 아주 작은 위로도 힘이 된다. 그런데 우리 셋은 마치 어깨를 걸고 서 있는 담장처럼 주님 안에서 서로를 지탱하는 힘이 되었다.

부도 위기를 겪었을 때, 두 사람이 나에게 한 말은 지금도 잊히지 않는다.

"힘겹겠지만 그것은 하나의 시기이고 과정이다. 모든 것은 지나 간다. 함께 기도하자."

그 말은 내게 큰 용기를 주었다.

'그래, 모든 것은 변화된다. 지금은 변화되는 과정이다. 변화의 과정에는 고통이 따른다.'

생각이 그렇게 미치자 당장 처한 어려움에서 마음이 놓여날 수 있었다. 그리고 나는 그들과 함께 기도로 어려움을 극복했다.

나뿐만 아니다. 모두의 인생이 그렇듯 우리 세 사람도 어려운 고비들을 마치 산을 넘듯 넘어왔다.

양금숙 지점장은 뜻밖에도 암 진단을 받고 회사를 퇴직했다. 그러나 양 지점장은 그 시련에 꺾이지 않고 모든 상황을 담담하고 당당하게 이겨냈다.

나는 십여 년 전 명품 도자기 전문 매장을 열어 새로운 사업에 매진하고 있고, 양금숙 지점장은 암 치유와 가정의 어려움을 극복하고 안정된 삶을 시작했다. 손인춘 대표는 19대 국회의원이 되어 나라의 일꾼으로 거듭났다. 손인춘 의원은 남에게 영향력을 끼치기 위한 은사를 받았는지, 많은 어려운 사람들을 돕고 신앙의 본이 됨으로

2016년 8월 4일 고향 방문.
사후도 나룻배에서 양금숙 지점장님,
김옥연 세무사님과 함께(왼쪽 김정란)

써 전도도 많이 하는 분이다.

이 모든 것은 서로가 서로에게 힘이 되어 주었기에 가능한 일이었다.

가느다란 물줄기 하나는 바다에 이르기 어렵다. 그러나 그 물줄기가 모여지고 그것들이 합쳐지면 반드시 바다에 이른다는 것을 우리는 경험을 통해 알게 되었다.

모교 강단에 서다

 2006년, 모교인 대림대학에서 '회계학 원리' 강의 요청이 왔다.

대학원 성적도 우수할 뿐 아니라 결석 한 번 하지 않은 성실성이 인정받은 것이었다.

반갑고 고마운 일이지만 한편으로는 과연 내가 강의를 맡아 할 수 있을지 걱정이 되기도 했다.

대학원에서 석사 과정을 공부하며 나도 언젠가는 강단에 설 수 있겠다는 생각을 했지만, 막상 강의 요청을 받고 보니 두렵고 막막했다. 20년간 회계 일을 했기에 현장 경험이 풍부했지만, 학교에서 학생들을 가르친다는 것은 다른 문제였다. 그때 나는 차분히 나를 돌아보았다.

상고 졸업 후, 오랫동안 회계 관련 일을 했기에 현장 경험은 누구보다도 많았다. 그리고 자신 있었다. 하지만 내가 현장에서 몸으로 부딪혀서 얻은 경험과 지식을 어떻게 학문적으로 잘 전달할 수 있을지가 의문이었다.

그래서 강의 제의를 받고 나서 한 달 동안 아무에게도 이야기를 못했다. 스스로가 결정한 뒤 이야기를 하자는 생각때문이었다. 일단, '당당하게 강의를 할 수 있을까?', '과연 내 콘텐츠, 내 지식이 풍부할까?', '내가 아이들에게 도전을 줄 만한 사람일까?' 하는 고민이 앞섰다.

기도하며 한 달이 지났을 무렵, 남편에게 전화로 이 사실을 털어놨다.

"여보, 사실 한 달 동안 말 못했는데… 나 대림대학에서 강의 제안을 받았어. 당신은 어떻게 생각해? 당신 생각이 궁금해."

남편의 첫 마디는 "당신은 할 수 있어. 한 번 해봐!"였다.

이처럼 확실한 남편의 지지에도 마음을 못 잡고 있었다. 그때 문득 한 사람이 떠올랐다.

어릴 때부터 나를 지켜봐 온 고향 동생 경희대학교 김태영 교수다.

그는 나보다 어리지만 나의 스승 노릇을 해주는 사람이다.

어릴 적 그의 집은 집안이 일하는 사람들로 북적댈 정도로 부잣집이었다. 집안도 좋고, 본인도 스스로 성실하게 자신의 일에 최선을 다하는 사람으로 흐트러짐 없는 생활을 해왔다. 그러니 여러모로 내게 도움을 줄 사람이라 생각하고 김 교수에게 자문을 구했다.

"김 교수님, 내가 강의 제안을 받았어요. 가슴이 뛰지만, 걱정이 많아요. 제가 과연 남들을 가르칠 수 있을까요?"

그는 내 말이 끝나자마자 크게 기뻐하며 말했다.

"누님, 할 수 있습니다. 지금이 기회입니다. 제가 도와드리겠습니다."

그리고는 자신의 강의 경험을 전수해 주는 등 강의를 할 수 있도록 조목조목 정리하여 친절하게 가르쳐 주었다.

나는 그의 도움으로 강의안을 작성하고, 나의 현장 경험과 강의안을 접목시켜 교재를 만들었다. 하루 6시간이 넘도록 공부도 했다.

그리고 열심히 주님께 기도했다.

"제게 자신감을 주세요. 그게 없으면 감당 못합니다."

그때 주님의 메시지를 받았다.

"너는 할 수 있어."

나는 빌립보서 4장 6절의 말씀을 되새기게 됐다

"아무것도 염려하지 말고 다만 모든 일에 기도와 간구로 너희 구할 것을 감사함으로 하나님께 아뢰라."

기도를 통해 자신감을 얻은 나는 마침내 학생들 앞에 당당히 설 수 있었다.

백지연 아나운서에게 배운 지혜

강의를 하겠다는 결심이 선 후, 누구보다 많이 열심히 준비하고 있었지만 여전히 불안했다. 강의의 관건은 강의하는 사람이 많은 청중들 앞에서 자신감 있고 당당하고 자연스럽게 말을 하는 것이다. 아무리 많이 알고 있어도 잘 전달하지 못하면 소용이 없다. 얼마나 효과적으로 잘 전달하는가가 중요하다. 나는 방송인 '백지연의 스피치 학원'을 찾아갔다.

백지연 씨를 만나 대학에서 강의 준비를 하는데 남들 앞에서 자신감 있게 말할 수 있도록 도와달라고 했다. 그는 나에게 이야기 주제를 주었고, 그 주제를 바탕으로 이야기하도록 했다. 백지연 씨는 나의 말을 유심히 듣더니 여러 가지 중요한 조언을 해주었다.

"김정란 씨는 다 좋은데, 소심함이 엿보이네요. 무엇보다 자신감을 가져야 해요. 아이들 앞에 서려면 당당해야 합니다. 40명의 눈빛이 김정란 씨에게 집중될 텐데, 아이들 앞에서는 부족함을 보여서는 안 됩니다. 준비가 안 된 상태에서 강의해서는 안 돼요. 자격이 없는 사람이 그 자리에 서게 되면 학교에 누를 끼치는 거예요."

일주일에 한 번, 하루 세 시간의 강의를 13주 동안 들으면서 자신감 있고 당당하게 말할 수 있는 능력을 키웠다.

"확실한 콘텐츠를 준비하고, 학생들과 시선을 맞추고, 자신감을 가져라."

이를 바탕으로 13주 동안 한 번도 빠지지 않고 성실하게 강의에 임하고 나니 나 자신이 달라졌다는 것을 느낄 수 있었다.

4명이 함께 수업을 들었는데, 아나운서 지망생이나 대기업 면접을 앞두고 있는 사람도 있었다. 모든 과정을 마치고 나서, 백지연 씨가 내게 말했다.

"김정란 씨를 겪어 보니 진국이세요. 흐트러지지 않고 강의를 잘할 수 있을 것 같아요. 무엇보다 콘텐츠를 잘 준비해서 당당하게 한다면 명강사가 될 것 같습니다."

또한, 내가 추천하는 사람은 강의료를 50% 감면해 주겠다는 이야기도 했다.

나는 남편을 추천했다. 남편도 나만큼이나 소심하기 때문이다.

첫 수업에서 백지연 씨는 남편에게 이렇게 물었다고 한다.

"요즘 생활이 어떠십니까?"

남편이 답했다.

"교회 잘 다니고 있습니다."

백지연 씨가 다시 물었다.

"교회요, 교외요? 다시 한 번 이야기 해보세요."

아마도 발음의 문제를 지적했던 것 같다. 남편은 지금도 그 시간이 좋았다고 한다. 말을 잘한다는 것은 분명 대단한 무기임에 틀림이 없다. 꼭 강단에 서지 않더라도 사업상 사람을 만나거나 그저 친교로 사람을 대할 때도 말하는 기술은 큰 힘을 발휘한다. 나와 남편은 백지연 씨 덕분에 인생의 큰 교훈을 얻게 됐다.

첫 강의를 성공적으로 마치다

 만반의 준비를 마쳤고, 드디어 강단에 서는 날이 왔다. 너무 떨린 나머지 청심환도 먹었다.

그리고 차를 타고 가면서 계속 기도를 했다.

'주님, 제가 학생들 앞에서 당당하게 설 수 있도록 도와주세요. 주님, 제게 자신감을 주세요. 자신감을 주지 않으시면 제가 이 자리에 설 수 없습니다.'

마음이 차분해졌다.

기도의 능력은 엄청났다.

그야말로 자신감 있게 이야기가 나오기 시작했다. 내가 당당하게 강의하는 모습에 나 스스로 놀랄

대림대학 세무학과 강의실에서

정도였다. 학생들은 이 강의가 나의 첫 수업이라는 것은 아예 눈치도 못채는 것 같았다.

당시 나는 강의 전에 기도를 했다.

'주님 감사합니다. 학생들에게 도전을 줄 수 있고, 학생들이 내 모습이 아닌 주님의 모습을 내 안에서 볼 수 있도록 도와주세요. 지혜를 주세요.'

남해의 작은 섬 사후도에서 태어나 중학교를 졸업한 후 온갖 고생을 다 하고 거친 공장 생활을 거쳐 대학 강단에 섰다는 사실은 벅찬 감동이었다. 나는 스스로에게 "대견하다"고 칭찬을 해주었다.

이 모든 것은, 공부를 하고 싶은 작은 소망을 등불 삼아 멀고 험한 길을 걸어올 수 있었던 것은, 분명 주님의 도우심 덕분이었다. 만일 내가 고등학교만 졸업했으면 좋겠다는 꿈을 가졌으면 고등학교 졸업 후 거기에 만족하며 살았을 것이다. 만일 부자가 되겠다는 것이 인생의 목표였다면 사업이 잘 되는 것에 성취감을 느끼며 살았을 것이다. 하지만 나는 주님의 도우심으로 보다 큰 비전과 목표를 가졌다. 나 자신이 끊임없이 발전하는 것, 그런 나로 인해 주변이 행복해지는 것이 바로 그것이었다. 권력, 명예, 부도 삶의 중요한 요소가 될 수 있다. 그러나 나는 부와 권력이 없어도 나로 인해 누군가가 행복하다면 그것이 성공한 사람이라고 생각한다.

비전은 보이는 것과 보이지 않는 것이라는 뜻을 동시에 가지고 있다.

보이지 않는 미래는 보이는 지금에 따라 달라진다. 지금 이 순간의 노력이 뒷받침되지 않으면 비전은 끝내 보이지 않는 것으로 그칠 수도 있다.

내 사업을 주제로 박사 논문을 쓰다

내게 공부는 언제나 체력과 시간과의 싸움이었다.

석·박사 과정을 밟으면서도 여전히 참고서 유통일과 도자기 사업을 병행하며, 낮에는 일하고 밤에는 공부하는 생활을 계속했다. 그야말로 주경야독의 시간이었다. 시간도 문제였지만, 체력적인 한계에도 부딪혔다.

그런 이유로, 2010년 박사과정을 시작할 때는 '수료만이라도 하자'는 생각이었다.

그것 자체로도 내겐 큰 도전이었다.

그러나 배움이나 학위는 다음 단계로 나아가게 하는 관문이다.

한 단계 더 나아가기 위해서는 박사 학위가 필요했다. 지도교수였던 김인호 교수님은 "이왕 시작한 공부, 박사까지 학위를 마치세요. 지금 강의를 하고 있고, 앞으로 또 어떤 일을 할지 모르는데 끝까지 했으면 좋겠다"고 조언하셨다. 나 역시도 강단에 서면서 많은 콘텐츠를 갖고, 아이들 앞에서 더 당당하려면 박사 학위가 필요하다고 느꼈다.

먼저, 논문의 주제를 잡아야 했다. 나는 당시 청계산 자락에 명품 도자기 숍을 새로 시작했다. 때문에 눈문의 주제는 내가 하고 있는 일과 연관성이 있었으면 했다.

전공이 마케팅이니 '생활 도자기 중심으로 재구매를 할 때 어떤 생각을 가지고 있는지 조사해 보는 건 어떨까?'하는 생각이 들었다. 재구매의 결정적인 요인이 질인지 가격인지 궁금했다. 매장을 찾을 때 어떤 점에 끌리는지, 어떨 때 구입하고 싶은지, 또 어떨 때 행복한지 등 평소 사업을 하면서 궁금했던 부분들을 설문지로 작성해서 돌렸다. 참고서 유통업을 오래했지만, 도자기 사업은 시작한 지 얼마 안 된 시점이었다.

잘 아는 내용으로 논문을 써야 했고, 또 앞으로 계속 사업을 하기 위해서는 도자기 쪽으로 주제를 잡으면 좋을 거라고 판단했다.

막상 설문을 시작하고 논문을 진행하면서 나는 많은 것을 배우게 됐다. 사업가로서의 안목은 있다고 생각했지만, 막상 소비자의 이야기를 듣고 그것을 바탕으로 되돌아보니 내 생각이 맞은 것도 있었지만 또 그렇지 않은 것들도 있다는 사실을 알게 됐다.

역시 배움과 실제는 별개가 아니며, 서로 영향을 주기 때문에 어느 한쪽도 소홀히하지 말아야겠다는 깨달음을 얻게 됐다.

그동안 사업을 하면서 공부를 하는 것이 많이 힘들어서 어떨 때는 '공부만 한다면 얼마나 편할까?'하는 생각도 했다. 그러나 결국 그 시간들이 쌓여 상호 보완을 이루면서 내게 도움이 되고 있었다. 지난 시간은 어느 한 순간도 그저 낭비하는 시간이 아니었다.

덕분에 나는 논문 마지막 발표 날, 모든 교수님들께 A+를 받았다. 아마도 논문 주제가 내가 하고 있는 일이기 때문에 정확하게 맥을 잡아 쓸 수 있었던 것 같다.

박사 논문을 마치면서 나는 그간 하나님이 나를 올바른 방향으로 인도하고 계심을 다시 한 번 느꼈다.

인내가 준 아름다운 열매

학위 축하 만찬장으로 향하는 길. 고작 15분밖에 안 되는 짧은 거리를 차로 가면서 말로 표현할 수 없는 기분을 느꼈다. 가슴은 쿵쾅거렸고 손은 떨렸다. 만찬장에 도착하니 많은 사람들이 먼저 도착해 나를 기다리고 있었다. 문을 열고 들어서자 나를 향해 쏟아지는 박수 소리, 그리고 격려의 인사들이 쏟아졌다.

"축하합니다!"

"정란 씨, 수고 많았어요!"

내 박사 논문이 통과된 후 마련된 자리였다. 그 순간, 오직 이 생각만이 머릿속에 맴돌았다.

'나는 모든 것을 다 이룬 것 같다. 나는 이제 여기서 더 무엇을 바랄 것인가.'

박사학위 수여식에서 남편과 함께

2015년 2월 10일, 나는 안양대학교에서 경영학 박사 학위를 받았다. 내 생애 가장 가슴 벅차고 행복한 순간이었다. 그간의 불행했던 시간에 대한 보상이었고, 최선을 다해 살아온 삶에 대한 대가였다. 열심히 살고, 열심히 공부하고, 끝없이 배우려고 한 열정의 결과가 '박사 학위'라는 결과물로 열매를 맺었다.

대한민국에 박사는 차고 넘칠지 모르나, 내게 '박사'는 그 이상의 의미다. 나는 배움이 불가능한 상황에서 고등학교까지 졸업했고, 늦은 나이에 대학에 들어가 석사에 이어 박사 학위까지 받았다. 나를 이끈 것은 오직 공부에 대한 열정이었다. '과연 내가 공부를 계속 할 수 있을까?'하는 어려운 상황 속에서 한 학기, 한 학년을 마쳤다.

총판 일과 도자기 사업을 병행하며 시간도 문제였지만 때론 체력적인 한계에도 부딪혔다. 이러한 이유로 박사과정을 시작할 때 '수료만이라도 할 수 있다면…' 하는 마음뿐이었다. 내겐 그것만으로도 큰 도전이었다.

내게 배움이나 학위는 다음 단계로 나아가게 하는 관문이 됐다. 그러나 단 한 번도 '공부를 해서 무엇을 해야겠다'고 생각해본 적이 없다. 그저 공부가 즐거웠고, 그 자체를 즐겼을 뿐이다. 즐거운 마음에 공부하다 보니, 지금 이 자리까지 올 수 있었다.

이 모든 것이 주님의 은혜다.

내 힘만 있었더라면, 감히 여기까지 올 수 있었을까? 주님의 은혜가 아니고서는, 아무리 내게 지혜가 있다고 할지라도, 내가 과연 이 자리에 설 수 있었을까? 주님께서 이 모든 것을 가능하도록 지혜를 주시고, 건강을 주신 것에 대해 감사한다.

내겐 어느 한 순간도 쉽지 않았지만, 그 시간이 있었기 때문에 오늘의 내가 있다고 생각한다. 하나님의 섭리 가운데 나는 정해진 길을 지나온 것이다. 나는 지난날을 '그럼에도 불구하고' 잘 견뎌 왔다. 그 견딤의 결과는 아름다운 결실로 맺게 됐다. 견뎌 내지 못 했으면 오늘이 없었을 것이다.

4

벼랑 끝에도
도움의 큰 손이 있다

삶은 내 의지대로, 나 혼자만의 노력으로 살아지는 것이 아니다. 삶에는 곳곳에 조력자가 있어 한
사람을 완성시킨다. 내 삶에도 곳곳에 조력자들이 숨어 있다. 내가 겸손하게 살아야 할 이유가 바
로 이것이다.

4

위기 앞에 서다

지금은 저출산과 출판 산업의 전반적인 부진으로 총 판 사업이 호황은 아니지만, 한창 때에는 연간 매출 200 억, 직원 50명 이상인 때가 있었다. 그러나 어음결제를 원칙으로 하는 상황은 그때나 지금이나 달라지지 않았다.

총판은 어음으로 돌아간다. 선 어음을 끊고 물건을 가져온다. 결제해야 하는 어음은 월별로 돌아온다. 수금이 안 될 수도 있고, 판매한 물건 값과 수금된 돈이 안 맞는 경우도 부지기수다.

항상 마이너스라고 보면 될 정도다. 10억을 결제하면, 수금된 돈은 5억 밖에 안 되는 일도 벌어진다. 말이 안 되는 일의 연속이다. 그럼에도 불구하고 우리 부부는 이 일을 30년간 해왔다. 산 넘어 산이고, 자금은 내 담당이기 때문에 매달 '돌아오는 어음은 결재를 해야 한다'는 긴장 속에 살 수 밖에 없다.

자금이나 경제권 모두 내가 가지고 있으니, 남편은 돈에 대한 긴장이 많지 않았다. 당장 5억을 결제해야 하는 상황에서도, "어려움은 없어?"라고 물어본 적도 없다.

어떨 때는 야속할 수 있었지만 '무거운 짐은 나만 지자. 나 혼자로 족하다'는 생각에 꿋꿋이 이겨냈다. 남편은 거래처 관리에 여념이 없었기 때문이다.

어려움 속에서도 사업은 승승장구했다. 그러나 뜻하지 않은 사건이 벌어지고 말았다. 우리 회사와 거래하는 블랙박스라는 출판사에서 학습지를 개발했는데, 그 학습지가 전국적으로 큰 인기를 끌어 수백억 매출을 올리게 되었다. 갑자기 큰돈을 벌게 되면 비생산적인 욕구가 생길 수 있다. 때문에 자신의 욕구를 잘 조절하지 않으면 쉽게 그 돈을 잃게 되는 것은 자명한 사실이다.

그 사장도 예외는 아니었다. 그러다 보니 자연히 회사 관리에 소홀하게 되고, 어느새 매출이 서서히 줄어들기 시작했고, 자금이 부족해지기 시작했다. 곧 부도가 날 거라는 소문도 돌았다.

그때 그 회사의 부장이 남편에게 도움을 요청했다.

남편은 자신이 도와주면 그 회사는 위기를 넘길 것이라고 판단해 수억 원을 쓸 수 있는 백지어음을 덜컥 빌려주었다. 그뿐만이 아니었다. 또 다른 총판을 하고 있던 사촌동생네 어음까지 빌려서 건네준 것이다. 내게 상의 한 마디 없이 벌어진 일이다.

그런데 얼마 후 그 회사는 결국 부도가 났다. 그 여파로 우리 회사도 위기가 닥쳤다. 매달 갚아야 할 어음이 돌아오고, 자칫 우리 회사까지 부도를 맞을 위기에 처한 것이다. 만일 우리가 미처 어음을 막지 못하면 이제껏 사업을 하면서 쌓아온 은행에 대한 신뢰는 물론 거래처에 미치는 여파도 이만저만이 아니었다. 갚아야 할 돈이 10억 원이 넘었다.

나는 아는 변호사를 찾아 자초지종을 털어놓고 의논을 했다.

변호사는 세 가지 방법이 있다고 알려주었다.

"첫 번째 방법은 남편을 고소하는 거예요. 사모님이 대표이사인 상태에서 회사 어음을 허락도 없이 남에게 주었으니까요."

가장 쉬운 방법일 수 있었다.

남편을 고소하면 돌아오는 어음을 막을 책임이 없다. 그러나 남편과 이혼을 해야 했다.

"두 번째 방법은 맞부도를 내는 거예요. 신용은 떨어져도 다른 사람에게 재산을 돌려 놓으면 압류를 면할 수 있죠."

이 방법은 당장은 편할 수 있어도 다시 사업을 시작하기 힘들 수 있었다. 사업에서 신용은 제일 중요한 덕목이다.

"두 가지 다 못하겠다면 방법은 하나예요. 어음이 돌아올 때마다 결제하는 것 밖에 다른 도리가 없습니다."

나는 이야기를 듣는 순간 가슴에 돌덩이를 얹은 것 같았다.

어떤 것을 선택해야 할 것인가?

최선을 선택해야 하는데, 과연 그것이 무엇일까?

결국 내가 선택할 수 있는 방법은 세 번째였다.

돌아오는 어음을 꼬박꼬박 결제하는 방법을 선택했다.

이혼이 아닌, 용서를 택하다

남편과의 관계는 불 보듯 뻔했다. 일을 이렇게 만든 남편도 괴로웠겠지만, 나는 그야말로 죽고 싶은 심정이었다. 우리 부부는 매일 눈만 마주치면 싸웠고, 밤이면 남처럼 등을 돌리고 잠이 들었다. 그렇게 잔다고 해도 자는 게 아니었다. 부도를 내면 구속이 될 테니 '이걸 어떻게 감당할 수 있을까?' 하는 걱정과 남편에 대한 미움으로 새벽에도 수시로 깼다.

우리가 그토록 피땀 흘려 이루어 놓은 회사가 하루아침에 무너질 위기에 처했으니 홧병이 났다. 그해 겨울은 그렇게 지칠 대로 지쳐서 해서는 안 되는 생각만으로 가득했다.

괴로운 시간이 이어지던 그 시절, 나는 그 마음을 가라앉히려고 날마다 기도했다. 남편을 미워하는 내 마음이 지옥이었다.

그러던 어느 날 새벽이었다.

비몽사몽 꿈을 꾸었는데 하나님 목소리가 들렸다.

"딸아, 너에게 지금까지 많은 물질과 사랑을 주었건만, 너는 남편의 작은 실수로 그토록 마음 아파하느냐? 모든 것을 내려놓아라. 그것도 용서하지 못하고 사랑한다고 얘기할 수 있니?"

나는 잠에서 깼다. 망치로 머리를 맞은 듯한 느낌이었다. 그간 나의 지나간 삶들이 마치 파노라마처럼 흘러갔다. 그랬다. 나는 아무것도 없었다. 남편이 잃은 그 돈은 원래 없던 돈이었다. 그런데 나는 무엇이 아까워 이렇게 남편을 미워하고 나 자신을 괴롭히고 있는가. 하나님 말씀대로 나는 이미 많은 것을 가졌다. 하나님께서 이렇게 일으켜 세워 주셨는데, 이것만으로도 감사했다. 그런 자각이 들자 눈물이 흘렀다. 두 손을 모으고 기도를 했다. 그때 주님의 말씀이 떠올랐다.

"무슨 일을 하든지 마음을 다하여 주께 하듯 하고 사람에게 하듯 하지 말라"(골로새서 3:23)

그 이후로 나는 정말 거짓말처럼 마음이 편해졌다. 비로소 남편이 너무도 안쓰러워 보였다. 남편 역시 나만큼이나 불행했다. 마지못해 사는 것처럼 느껴졌다. 남편은 분명 자신이 저지른 실수에 대해 죄책감과 자괴감을 가질 사람이었다. 그런 사람에게 그의 잘못을 닦달한다는 것은 가혹한 처사일 것 같았다. 그래서 나는 남편의 잘못에 대해 앞으로 어떤 상황이 올지라도 어음에 대해서는 따져 묻지 않기로 했다. '남편을 살리고 용서하자'고 마음먹었다.

나는 자고 있는 남편을 깨웠다.
"여보, 우리 드라이브 가요."
우리 부부가 갈등을 빚은 지 3개월이 지났을 때였다. 우리 부부에게는 분위기 전환이 필요했다. 그건 내가 진정으로 남편을 용서하는 것이고, 그런 의미로 남편이 원하는 것을 들어준다면 달라질 것 같았다. 드라이브를 하면서 내가 물었다.
"여보, 당신이 가장 하고 싶은 게 뭐예요? 뭐든 말해 봐요."
남편은 쉽게 대답하지 않았다.

"당신 차를 바꾸는 것은 어때요?"

내 말에 남편이 조심스레 "글쎄…"라고 말했다.

우리는 아무 일도 없던 듯, 자연스럽게 새 차에 대한 이야기를 나누었다. 차를 바꿀 만한 분위기도 상황도 아니었으나, 예전부터 "차를 바꾸고 싶다"던 남편의 말이 떠올라 제안했다. 사실 이 시점에서 우리 부부에겐 뭔가 분위기 전환이 필요했다. 나의 제안에 남편의 표정이 한결 편안해 보였다.

감당할 수 있었던 어려움

이제 매달 돌아오는 어음을 막는 일이 남았다.

나는 남편 문제부터 금전적인 문제까지 감당하기로 마음 먹었다. 물론 내가 감당하기에는 너무도 힘에 부친 시련들이었다. 그러나 내가 가진 생각은 단 한 가지였다.

'내게 주어진 거라면 최선을 다해서 감당하자.'

우선 살고 있는 집을 처분했다. 당시 방배동에 살고 있던 아파트를 팔아 급한 어음을 막고, 내곡동에 집을 짓기로 했다.

내곡동의 땅은 오래전에 매입한 것이었으나 마땅한 세입자를 찾지 못한 상태였다. 그래서 그곳에 새로 집을 짓기로 결정했다. 설계도를 만들고 자재를 사고…, 새 집을 짓기 위해 발품을 팔며 동분서주 뛰어다녔다.

집을 짓는 동안 나는 괴로움이 거짓말처럼 사라졌다. 그 정신없는 과정을 겪으면서 모든 고통을 잊어버리려고 노력했다. 신기하게도 스스로 감당이 됐다. 기도를 하면서 '하나님이 함께 하시니 못할 것이 무엇이 있을까' 하는 생각을 했다.

하나님은 내게 용기를 주시고 힘을 주셨다.

"무슨 일을 하든지 마음을 다하여 주께 하듯 하고 사람에게 하듯 하지 말라"(골로새서 3:23)

나는 이 말씀을 마음 깊이 새기며 주님 섬기듯 남편을 섬기려고 노력했다. 가끔 속에서 울화가 치밀 때마다 '주님인데 어떻게 화를 낼 수 있을까' 하며 마음을 다잡았다. 그런 마음을 가지니 내게 주어진 상황이 감당됐다. 이후 남편에게 어음 사건에 대해서 일절 말하지 않았고, 원망 한 번 해본 적 없다. 그러니 남편 역시 좋아질 수밖에 없었다.

지혜를 구할 때 주신 하나님의 은혜

어음 사건 발생 후, 이혼이 아닌 용서를 택했지만 후유증도 만만치 않았다. 어음이 돌아올 때마다 어떻게 해결해야 할지, 내 마음은 엉킨 실타래처럼 힘겨운 나날을 보내고 있었다. 그러던 어느 날, 남편이 외출 후 돌아와 뜻밖의 제안을 했다.

"요즘 원화는 은행 이자율이 높지만, 엔화가 시중에 많이 돌고 있어 엔화 이자율이 1.4%대라고 하니 은행에서 엔화를 빌리면 어떻겠냐?"는 것이었다.

2005년 당시 엔화 가치는 840원이었다. 원화 이자율이 높던 시기라 남편의 제안을 은행에서 알아보기로 했다. 서울 한복판의 00은행 00지점을 찾아가 자초지종을 이야기하고 서류를 준비해 7천만 엔(한화로 약 6억 원 정도)을 대출받았다.

은행에서 받은 대출금으로 돌아오는 어음을 차근차근 결제하며 1년 정도가 지났을 때, 생각지도 못한 일이 벌어졌다. 처음 빌릴 때 840원대였던 엔화 환율이 1년 만에 1천 600원대로 급등한 것이다. 한화로 6억 정도였던 원금이 12억이 되었고, 원금이 상승하자 이자 또한 2~3배로 껑충 뛰었다. 한 달에 이자만 700만 원 정도를 감당해야 하는 상황이 벌어진 것이다. 이 상태가 지속된다면 결국 또 부도 위기에 처할 것이 뻔했고, 최선을 다해 지켜온 기업의 신용은 바닥으로 떨어질 게 뻔했다.

전전긍긍해 봤자 문제가 해결될 것이 아니었다. 끊임없이 방법을 모색하던 중 하루는 컴퓨터에서 무언가를 검색하다가 번쩍하고 생각이 떠올랐다. 은행 관련의 문제를 해결해 주는 금융감독원에 혹시 해결 방법이 있는지 문의를 해보자는 생각이었다.

나는 즉시 금융감독원 홈페이지 민원 신청란에 글을 썼다.

「지금까지 은행과의 거래에 있어 최우수 신용 등급을 유지하며 자부심을 갖고 사업을 해왔습니다. 그런데 갑작스럽게 자금에 어려움이 있어 서울 한복판의 00은행 00지점에서 이자율이 낮다는 엔화를 빌려 쓰게 되었습니다. 은행 이자는 하루도 밀린 적이 없고, 원금 역시 은행이 요구하는 대로 착실하게 상환해 왔습니다. 그러던 차에 최근 엔화 가치가 급등하면서 덩달아 이자마저 크게 올라 사업자로서 감당하기 어려운 상황이 되었습니다. 이 부분을 어떻게 해결해야 할지, 혹시 금융감독원에서 어떤 해결 방안이 있을까요? 답답한 심정에 글을 올리게 되었습니다. 담당자님께서는 이 문제에 꼭 답을 주시기 바랍니다.」

글을 올리고 나서 큰 기대를 하지 않고 기다리고 있는데 금융감독원에서 연락이 왔다.

"금융감독원에서 은행에 김정란 씨 이자를 내려 달라고 직접 말할 수는 없습니다. 하지만 은행에서 연락을 할 테니 조정을 요청해 보세요. 그리고 어떻게 조정되었는지 반드시 알려주십시오."

이틀 만에 거래 은행의 지점장이 "만나서 이야기를 하자"며 직접 전화를 했다.

나는 이 어려운 일이 즉시 해결되기를 기대하며 약속 장소로 향했고 차 안에서 "주님, 모든 일이 잘 해결될 수 있도록 도와주세요"라고 기도했다.

지점장은 인사를 나누자마자 금감원에서 연락을 받았다며 "대표님, 무엇을 도와드릴까요?"라고 물었다.

나는 '아, 뭔가 해결이 될 수도 있겠다. 하나님 감사합니다'라며 속으로 감사 인사부터 올렸다.

"이자율을 좀 내려주십시오."

"어떻게 내려 드릴까요?"

"제가 감당할 수 있는 정도로 부탁드립니다."

그리고는 처음 돈을 빌렸을 때 월 230만 원 정도였던 이자가 엔화 환율이 오르면서 700만 원까지 올라 감당하기 힘든 상황이 되었다는 이야기를 했다.

지점장은 내 이야기를 다 듣고는 "320만 원 정도로 조정하면 될까요?"라고 물었다. 그간 우리 회사가 이자도 밀리지 않고 성실하게 거래를 했기에 은행은 우리 회사의 어려움을 이해하고 이자 조정을 해주겠다는 것이었다. 그러면서 금감원에 올린 글을 내려달라고 요청했다. 서비스 업종인 은행에서는 그런 민원이 금감원에 올라가 있다는 사실이 썩 좋은 일이 아닐 것이었다. 나는 "그렇게 하겠다"라고 약속했다.

요즈음은 불만 사항이 생기면 금융기관은 물론이고, 정부 기관에까지 SNS나 인터넷에 사연을 올리는 일이 비일비재하지만 2006년 당시만 해도 그런 일이 매우 드물었다. 그리고 사실 그런 해결책은 생각도 못 하는 일이었다. 은행이 일개 개인의 요구를 들어줄지 의문이었다. 하지만 당시는 많은 기업인들이 환율 변동으로 인한 환차손을 입던 상황이라 그것이 고려되었던 것 같다.

나중에 알고 보니 당시 병원을 개원한 의사들도 의료 기계를 사느라 엔화를 빌려 썼다가 불어난 빚을 감당하지 못해 어려움을 겪은 경우가 많았다고 한다.

그러나 나는 그런 어려움을 하나님이 주신 지혜로 극복해 낼 수 있었다. 나는 이 일을 통해 '두드려라. 그러면 열릴 것이다'라는 성경 말씀을 온전히 경험했다.

해결하기 어려운 일이 닥쳤을 때 모든 걸 포기하고 넋을 놓고 있을 게 아니라, 끊임없이 기도하고 간구하여 해결 방법을 찾으면 주님이 주신 지혜가 떠오르게 되고 그 지혜를 사용할 수 있게 된다는 것을 다시 한 번 깨닫는 순간이었다.

말씀으로 거듭난 남편의 변화

어음 사건으로 인해 금전적으로는 큰 손실을 입었지만, 나는 타인을 용서하고 이해하는 법을 배웠다. 그리고 무엇보다 변호사가 제시한 세 가지 방법 중 최상의 선택을 했다는 것에 나 스스로가 대견했고, 자부심을 가질 수 있었다. 그리고 지금도 그 일을 조금도 후회하지 않는다.

가끔, '그때 이혼했으면 어땠을까?'하는 상상을 해본다. 남편은 착한 성품 때문에 남에게 이용당했을 수 있다. 나는 나대로 힘겨운 삶을 살고 있을 것이다. 이혼 후 얼마간은 모아 놓은 돈으로 넉넉히 살았겠지만, 길지는 않았을 것이다. 기쁨이도 부모의 힘든 모습을 보면서 힘겨워 했을 것은 불보듯 뻔하다.

다행히도 우리 부부는 그 고비를 잘 넘겼고, 다시 제자리를 찾을 수 있었다. 또한 남편의 인생을 되돌아봤을 때, 그때의 시련이 나쁜 일만은 아니었다.

남편은 자신을 돌아보는 시간을 가졌다. 그리고 스스로 삶에 변화를 가져왔다. 거래처 사람들과 술과 골프를 즐기던 생활을 버리고 성실한 신앙인으로 거듭나기 위해 노력했다.

"아내 말을 듣지 않다가 아내도 힘들게 하고 나도 건강이 나빠지게 되었다. 이제는 전에 하던 나쁜 습관들을 다 끊고 싶다."

남편은 이런 마음으로 교회생활을 열심히 했다.

하지만 신앙이 자라는 데는 개인의 의지와 노력만으로 되는 일이 아니다. 언제 어디서나 신앙생활을 방해하는 요소들이 생긴다. 남편도 쉽사리 신앙이 자라지 않아 겉도는 생활을 했다. 이때 그런 남편의 마음을 알아본 '온누리교회' 구재영 장로님께서 남편에게 공동체의 총무 역할을 맡기셨다.

책임감이 강한 남편은 교회 일을 맡으니 적극적으로 일을 하기 시작했다. 골프를 치러 가느라 종종 빠지던 금요 기도 모임도 골프를 포기하고 참석했다.

남편은 위기를 겪으며 회사에서는 물론이고 가정에서도 자신의 역할을 제대로 하지 못했다는 자괴감에 빠져 쉽사리 회복하지 못하고 있었다. 그때 교회의 한 장로님으로부터 교회에서 운영하는 '아버지 학교'에 다녀보는 게 어떻겠느냐는 권유를 받았다. 남편은 처음에는 매우 망설이더니 "한 번 해보겠다"라며 등록을 했다. 3개월 과정의 '아버지 학교'는 '아버지로서의 역할이 권위를 내세우는 것이 아닌, 권위를 내려놓는 것이다'는 것에서부터 시작했다.

전통적으로 가부장적인 가정에서 자란 우리 세대의 남편들은 모두 아버지로서의 권위를 매우 중시하는 편이다. 그래서 자녀들과의 문제도 대화가 아닌 일방적으로 야단을 치거나 충고를 하는 것으로 풀었다. 그러다 보니 자녀들과는 진정한 대화를 나눌 수 없었다. 남편은 아버지로부터 엄하게 교육을 받고 자라 딸인 기쁨이에게도 똑같은 방식으로 매우 고지식하게 훈육을 했다.

특히 외동딸인 기쁨이가 혹여 버릇이라도 나빠질세라 매우 엄하게 대했다. 이런 것은 안 된다, 저런 것은 하지 마라 등 아빠의 입장을 내세워 일방적인 요구를 했다. 그러다 보니 기쁨이는 아버지를 어려워했다.

그런데 아버지 학교를 다닌 후 남편에게서 조금씩 변화가 나타났다. 아버지 학교에서 일종의 과제로 편지와 이메일을 쓰기 시작했다. 마침 사춘기를 보내고 있던 기쁨이는 아버지의 편지와 메일을 받으면서 자신의 고민을 털어놓고, 자신의 꿈에 대해서도 의논을 하기 시작했다.

학교에서 공부를 하고 지쳐서 돌아오는 딸을 안아 주기도 하고 따뜻한 위로의 말도 건넸다. 그러자 기쁨이는 아빠를 대하는 태도가 한결 부드러워졌고, 학교에서 있었던 일들을 의논했다. 그러면서 둘의 소통의 장이 열렸다. 덕분에 기쁨이는 사춘기의 고민과 갈등을 최소화할 수 있었다. 사춘기 딸과 서먹했던 부녀 사이는 몰라보게 달라졌고, 나와의 관계도 한층 달라졌다.

남편이 아버지 학교를 통해 거듭났다면, 나는 6개월 코스인 예수제자학교를 졸업하면서 달라졌다. 제자학교를 통해 내 자신을 많이 돌아봤다. 남편에 대한 원망이 가득한 시간이었지만 내 탓도 크다는 사실도 깨달았다. 남편의 입장을 생각하지 못하고 남편을 내 맘대로 움직이려는 마음이 있었다. 남편을 인정하거나 안아 주지 못했고, 무조건 몰아붙일 때가 많았다. 그러니 남편은 집을 지옥이라 생각할 정도로 엇나가기만 한 것이다.

이런 시간을 통해 서로에 대한 이해가 깊어지니 우리 부부는 퍼즐이 맞춰지는 것처럼 하나하나 변화되기 시작했다. 우리도 여느 부부들처럼 소소한 문제에서부터 큰 문제까지 의견이 달라 서로의 자존심 때문에 갈등도 있었지만, 남편이 스스로 성숙된 삶을 살기 위해 노력하면서 몰라보게 달라졌다. 말다툼이 아니라 대화를 하게 된 것이다. 남편의 변화를 바라보면서 내 신앙도 아울러 성숙해졌다. 또한 한 사람의 신앙의 멘토가 얼마나 중요한지도 알게 되었다.

삶은 내 의지대로, 나 혼자만의 노력으로 살아지는 것이 아니다. 삶에는 곳곳에 조력자가 있어 한 사람을 완성시킨다. 내 삶에도 곳곳에 조력자들이 숨어 있다. 내가 겸손하게 살아야 할 이유가 바로 이것이다.

5

새로운 도전은
새로운 기회를 준다

새로운 일을 할 때는 그만큼 대안을 가지고 있어야 한다.
실패할 경우나 어려움에 처했을 때 그것을 헤쳐 나갈 수 있는 능력이 있는지 자기 자신을 점검해야
한다. 그리고 하나님께 지혜를 구하기 위해 기도해야 한다.

5

새 사업을 시작하다

"여기 사장님이 누구시죠? 제가 유럽을 수도 없이 다녔는데 그곳에서 보던 집이 여기에 있네요. 사장님이 대단한 안목을 갖고 있는 분 같아요. 동화 속에 들어온 느낌도 들고…"

고개를 갸우뚱하며 가게에 들어선 분은 "오랫동안 교단에 있다가 은퇴했다"는 멋진 신사분이었다.

청계산 입구에 위치한 '푸른언덕'.

우리 숍에 들어서는 많은 사람들이 이같이 말한다.

'푸른언덕'은 해외 명품 도자기 판매와 카페를 겸하는 사업장이다.

1층에는 유럽풍 인테리어로 꾸며진 카페, 2층에는 세계 명품 도자기의 전시 판매장을 마련했다. 누구나 이곳에 오면 2층으로 올라가 전시된 다양한 도자기를 감상한 뒤 내려와 여유롭게 식사나 차를 즐긴다. 말하자면 유럽의 정취를 느낄 수 있는 복합 공간인 셈이다. 서울에서 자연과 더불어 유럽에 온 느낌을 재현해 보자는 것이 내 의도였다.

2010년 11월 23일 온누리교회 이재훈 담임 목사님의 예배 인도로 도자기 사업장을 오픈하게 되었다.

'푸른언덕'은 나의 두 번째 사업이다. 상호는 같지만, 그동안 30년 넘게 해왔던 출판 유통 사업이 아닌, 전혀 새로운 분야다.

새 사업을 시작하게 되면, 대부분 '이 분야는 내가 잘 모르는 분야인데 할 수 있을까'하는 두려움을 갖기 마련이다. 하지만 나는 도자기 카페를 열면서 잘할 수 있다는 자신감이 있었다.

막연한 자신감이 아니었다. 지금 사업이 잘 되고 있어 생기는 오만함에서 오는 무모한 자신감도 아니었다. 오랜 사업을 하는 동안 실패와 성공을 거듭하면서 얻은 경험과 노하우의 축적에서 오는 자신감이다. 그간 유통업을 해오면서 어떤 문제도 해결할 수 있는 사업 마인드를 키웠다. 그것은 경륜이 내게 준 선물인 셈이다.

새로운 일을 할 때는 그만큼 대안을 가

2010년 11월 23일 도자기 사업장 오픈식

지고 있어야 한다.

실패할 경우나 어려움에 처했을 때 그것을 헤쳐 나갈 수 있는 능력이 있는지 자기 자신을 점검해야 한다. 직원을 돌보는 일을 비롯해 회사에 관련한 모든 일은 내가 책임을 져야 한다. 회사의 대표는 어떤 일이든 책임을 지는 능력을 가지고 있어야 한다.

내가 청계산 옛골 입구에 명품 도자기 매장을 마련한 것도 이런 자신감이 있어서였다. 주변 사람들은 대부분 "누가 산 밑에 고급 도자기 그릇을 사러 가겠냐?"며 말리기도 했다. 명품 도자기는 으레 백화점이나 도심의 고급 매장에서 판매해야 한다는 것이 일반적인 상식이기 때문이다. 그런데 도심과는 멀리 떨어진, 그것도 산 아래에 매장을 연다니 만류하는 것도 무리가 아니었다.

하지만 나는 오히려 역발상의 아이디어를 가지고 있었다.

요즘은 삶의 여유를 찾아 교외에서 여가를 즐기는 사람들이 많은 데다 특히 주 고객층인 중년 여성들이 건강을 위해 산을 많이 찾는다는 것에 착안을 했다. 그들이 청계산 자락에 차 한 잔을 하러 왔다가, 혹은 등산을 왔다가 매장을 찾을 거라고 생각한 것이다.

과거 경제개발 시대에는 끼니만 해결하면 되었지만 우리나라도 어느 정도 경제적으로 여유도 생기고 문화적인 발전을 이루면서 삶의 질을 추구하는 수준이 되었다. 그러다 보니 식탁을 하나 차리는 데도 문화적 개념이 들어가게 되었다.

사업은 아이디어만으로 승부할 수 있는 건 아니다.

여건이나 운뿐 아니라 부단한 노력이 필요하다.

내가 꼽는 스스로의 강점은 바로 '성실성'이다.

내 성실성을 무기로 열심히 고객의 니즈를 충족시키기 위해 노력했다.

손수 물건을 고르기 위해 해외에 나갔고, 디스플레이나 고객 관리를 직원들에게 미루지 않았다.

그릇이라기보다 예술 작품에 가까운 해외의 명품 도자기는 물론 일상생활에서 아주 작은 돈을 들이더라도 분위기를 바꿀 수 있는 집안 소품까지, 아름답고 예쁜 물건들을 골라 수입을 했다. 나는 집안 살림이나 인테리어에 관심이 많아 자연 그 방면에 남다른 안목을 갖고 있다고 자부했다. 당연히 다른 매장과는 차별화된 제품을 구비할 수 있었다.

내 예상은 적중했다. 사업은 생각보다 잘 되었다. 문을 열자마자 고객들의 발길이 이어졌다.

등산을 하고 내려오다가 차 한 잔을 마시러 들어온 여성들은 레스토랑에 전시된 제품에 관심을 보이고, 자연스레 2층 도자기 숍을 둘러보게 되었다. 그것이 곧 구매로 이어졌다.

나는 명품 도자기의 본고장을 직접 방문해 구석구석 발품을 팔아 제품을 구입해 오는데 여성의 입장, 주부의 입장에서 생각하면 좀 다른 것들이 눈에 띄었다. 백화점 등 다른 매장에서는 볼 수 없는 제품들이 다양하게 구비되어 있고, 직수입해 중간 마진을 없애니 제품 가격 또한 다른 곳에 비해 싼 편이다.

또한 단순히 제품을 디스플레이 하는 데 그치지 않았다.

유명 수입 도자기들은 백화점에 가면 손쉽게 만날 수 있다.

그러니 우리 매장은 차별성을 가지고 있어야 했다. 일단 아름다운 식탁을 콘셉트로 진열했다. 그릇을 돋보이게 하는 것은 식탁이다. 단순히 그릇만의 나열이 아닌, 실제 유럽 식탁에 앉은 것 같은 느낌을 냈다.

이야기가 있는 디스플레이를 했다. 고객이 매장을 한 번 둘러보면 마치 '해피엔딩'의 동화책 한 권을 읽은 느낌이 드는 콘셉트로, 고객 스스로 행복감을 느끼게 했다.

그러다 보니 소비자의 만족도가 매우 높았다. 입소문이 났고 지방에서도 물건을 보기 위해 오는 고객들도 늘어났다. 그리고 사업을 시작한 지 3년 만에 연 매출 10억을 달성하게 되었다.

생활 도자기뿐 아니라 생활 소품까지 판매했는데, 그것들을 적절히 이용해 분위기를 냈다. 그러니 방문한 손님들은 도자기뿐 아니라 그 도자기를 향유하는 즐거움까지 누리게 된 것이다. 흔히 "그릇 안 좋아하는 여자는 없다"라는 말을 자주하는데 아름다운 소품은 여자의 마음을 끌어당기는 힘이 있는 것 같다.

'푸른언덕'이 고객에게 사랑 받는 이유는 세 가지라고 생각한다.

첫 번째는 여자들의 로망이다.

'푸른언덕'은 현실로 이루어진 곳이며 여자들의 행복을 안겨 주는 곳이다.

두 번째는 가격이다.

백화점보다 저렴한 가격을 유지했다.

세 번째는 서비스이다.

반품이나 교환을 용이하게 했다.

'언제든 문제가 있으면 해결해 준다'는 것이 내 방침이다.

매장 내 카페를 마련한 것도 이런 이유에서다.

고객이 매장을 방문하면 차와 케이크를 대접한다. 다시 오고 싶은 마음이 들게끔 하는 것이다. 그러면 다음에는 고객의 모임장소로 활용된다.

모임에 오는 사람들은 자연스럽게 도자기를 구경하게 되고 구매로 연결되는 것이다. 도자기를 감상하고, 차를 마시고, 본인이 원하는 것을 산다면 여자로서 이보다 더 행복한 '힐링 코스'가 또 있을까?

친절하고, 반품이나 교환도 용이하며, 가격도 저렴한 데다가, 정서적인 만족감까지 채워 준다면, 고객으로서는 다시 올 수밖에

청계산 입구의 명품 도자기 매장 '푸른언덕'

없을 것이다.

그리고 나는 물건(도자기)을 팔지만 내 물건을 사가는 고객에게서 신용과 믿음으로 그의 마음을 사는 것도 중요하게 생각한다.

유럽에서 만난 새로운 꿈

 도자기에 대한 관심은 기쁨이가 유학 생활을 하면서 시작되었다.

기쁨이는 뉴질랜드 유학 중 지역 가정에서 아이를 돌봐주는 홈스테이를 했다. 꼼꼼하게 따져서 아이를 믿고 맡길 집을 찾았지만, 아무래도 낯선 가정에서 아이가 지낼 생각을 하니 걱정이 될 수밖에 없었다.

하는 수 없이 나는 회사 일을 잠시 쉬고 4개월간 아이와 함께 뉴질랜드에 머무르게 됐다. 4개월 정도면 아이가 낯선 환경에 적응하기에 충분한 시간이라고 생각했다. 그러는 사이 홈스테이 가정의 한국인 매니저와 친분이 생겨서 이런저런 이야기를 나누게 됐다.

그러던 어느 날 그분이 "사장님은 해외 여행을 자주 해야겠어요. 그때만이 오직 일에서 놓여 휴식의 시간인 것 같네요"라고 말했다.

나는 그 말에 크게 공감했다.

그동안 회사일과 공부에 시간을 쏟다 보니, 정작 쉴 수 있는 시간이 없었다.

집에 있을 때도 마찬가지다.

평소 나는 주변 사람들로부터 '살림의 여왕'이라고 불릴 정도로 집안일에도 열심이었다.

집안 인테리어는 물론 정원 관리까지 손수하기 때문이다. 그러다 보니 낮잠 한 번 잘 틈이 없다. 그걸 당연하게 여겼는데, 기쁨이와 뉴질랜드에서 보내는 4개월 동안 생각이 많이 달라졌다.

'나도 이제 내 삶을 누려 보자'는 생각을 그때서야 하게 됐다.

우연찮게도 그즈음 해외 여행을 갈 기회가 자주 생겼다. 무리하고 싶지 않은 마음에 참고서 총판 일을 하면서 방학 때마다 유럽 여행을 다녔다.

여행을 다니며 나도 모르던 내 성향을 발견했다.

처음에는 그저 쉼이 목적이었던 것 같다. 여행을 가면 모든 것을 다 내려놓고 쉴 수 있었다.

누구나 여행의 스타일이 존재할 것이다.

나는 여행을 다니면서, 좋은 풍경이나 유명한 명소를 방문하는 것보다는 골목골목 알려지지 않은 공간을 다니며 그 지역만의 독특하고 예쁜 물건들을 구경하느라 바빴다. 그 지역 작은 상점에서 파는 소품들이나 벼룩시장에서 만나는 오래된 물건을 구경하다 보면, 정작 관광할 시간은 많지 않았지만, 그것이 내 여행의 큰 기쁨이었다.

그릇에 대해 관심을 갖게 된 것도 유럽 어느 작은 식당에서였다. 기쁨이와 함께 유럽 여행을 하던 중 들른 식당에서, 비싸지 않은 음식을 주문했는데 너무나 예쁜 그릇에 담겨져 나왔다. 그것을 보면서 삶의 질이라는 것이 그릇 하나에도 이렇게 달라질 수 있다는 데 감탄했다.

'라면을 먹더라도 아름다운 그릇에 담는다면, 맛이 달라질 것'이라는 생각이 들었다. 그것이 바로 문화였다.

'식탁'이라는 공간은 단순히 음식만이 오가는 곳이 아니다.

음식과 대화를 통해 가족은 물론 모든 사람들과 친밀한 정이 싹트는 곳이다.

식탁이 아름답다면 그 즐거움은 배가 될 것이다. 나는 그 식탁을 더욱 아름답게 꾸미고 싶었고, 예술적인 감각이 가미된 식기와 소품이 적절히 배치된다면, 더 없이 아름다운 공간이 될 것이라 생각했다.

유럽 여행을 다닌 지 15년쯤 되면서 유럽에서 구입한 소품이나 도자기들을 남들과 나누고 싶다는 생각이 들었다. 한두 번을 넘어서 30번 정도 반복되니 물건은 계속 늘어났고 보관할 장소가 필요했다. 그러면서 이런 소품 가게가 국내에도 있으면 좋지 않을까 하는 생각에 도자기 사업을 구상하게 됐다. 국내에 매장이 있다면 굳이 유럽에 가지 않아도 소비자들이 찾을 수 있겠다는 마음에서였다.

스위스, 독일, 오스트리아, 체코, 핀란드 등 유럽 전역을 다니며 사업을 구상했다.

아이디어가 생겼으니 내가 할 수 있는 건 기도였다.

"하나님, 제가 이런 것들을 구상하고 있는데, 제가 할 수 있을까요?"

기도 중 응답이 들려왔다.

"할 수 있다. 내가 함께라면 못할 게 뭐가 있겠는가…."

남편에게 새 사업에 대한 의견을 슬쩍 비치자 "그래 한 번 해봐"라고 힘을 실어 주었다. 감사하게도 남편은 웬만해서는 내 일에 반대하지 않는다. 그만큼 나를 믿는 것이다. 또 함께 유럽을 다닌 오랜 친구 연희에게도 의견을 물었다.

"그래. 너라면 충분히 할 수 있어."

연희는 항상 내 편이었다. 내 주변에는 내 의견을 존중해 주고 용기를 주는 사람들이 많다. 그들의 기대에 부응해 나는 새 사업에 도전할 수 있었다.

도자기 판매 사업은 나에게 단순히 돈벌이 수단이 아니다.

아름다움과 가치, 문화를 공유하는 특별한 나눔인 셈이다.

허름한 식당에서 도자기 레스토랑으로

 처음부터 푸른언덕이 청계산 옛골에 터를 잡은 것은 아니었다.

처음에는 참고서 총판 '푸른언덕' 본사 사옥의 한쪽에 매장을 마런했다. 말하자면 '숍인숍'인 셈이다. 사옥 안에 가게를 낸 것은 예산을 줄이기 위해서였다. 새 사업을 시작하며, 확신은 있었지만 일단 고객의 반응을 보고 규모를 늘려 가고 싶었다.

우선 시장 조사를 하면서, 이 계통에 종사하는 사람을 찾아내 자문을 구했다.

그는 숍의 위치와 규모, 예산에 대해 묻더니, 최소한의 공간은 60평, 인테리어 공사에 물건 값 등을 합쳐 보니 2억 정도의 예산이 들 것이라고 조언했다. 그 정도라면 당장이라도 할 수 있을 것 같았다.

매장은 본사 사옥 안에 창고형으로 들이기로 했다.

30여 평의 공간을 2층으로 올려 60평으로 만들었다. 그리고 그 공간을 정성스럽게 유럽풍으로 인테리어 했다. 사업이 정착이 되어 이윤이 날 때까지는 어느 정도 시간이 필요한데, 대개의 경우 그 기간 동안 임대료도 나오지 않은 경우가 부지기수다.

매장을 따로 구하지 않으니 자금 면에서 훨씬 수월했고, 임대료 부담 없이 사업을 시작할 수 있었다.

2010년 11월 23일, 개업 예배를 시작으로 새 사업이 시작됐다.

임대료 부담은 없었지만, 아무래도 단독 숍이 아니다 보니 누가 찾아올까 하는 마음이 있었다. 최선을 다해 공간을 만들어 놓았지만, 숍인숍인만큼 알아야 찾아오는 곳이었다.

이를 위해 몇몇 신문사와 잡지사에 광고를 해서 가게 오픈 소식을 알렸다.

광고를 내고 나니 한두 사람씩 구경을 오기 시작했다. 아마도 이분들이 내 진심을 알아주셨던 모양이다.

초창기 방문한 고객들을 통해 입소문을 타기 시작하면서, 고객들이 줄이어 찾아왔다. 한 번 매장을 방문한 사람들은 다시 방문했고, 주변 사람들을 데려왔다.

새 사업이 자리를 잡고 나니, 도자기 사업을 위한 단독 사옥에 대한 간절함이 생겼다.

딱 1년 만에 새 사옥을 마련하게 됐다. 그러나 그 과정은 우연처럼 보이지만, 결코 녹록지 않았다.

나는 유럽의 분위기를 그대로 재현한 공간을 만들고 싶었다.

유럽풍 건물에 아름다운 정원 그리고 유럽의 소품으로 장식되어, 건물에 들어선 순간 유럽으로 공간 이동을 한 듯한 기분이 들게끔 하는 것이다. 그런 동화 같은 공간이 필요했다.

지금의 건물은, 새 사업을 시작하기 전부터 눈여겨보던 곳이었다. 인근으로 친구와 커피를 마시러 왔다가 이 건물을 발견했다.

당시 이 건물에는 음식점이 있었다.

지금의 모습을 상상하지 못할 정도로 지저분했고, '과연 누가 이곳에 음식을 먹으러 올까?' 싶을 정도로 형편없었다. 그런데 나는 이 식당을 보면서 막연히 '이곳을 잘 꾸며 카페를 하면 괜찮지 않을까?'란 생각을 했다.

건물을 매입한 지 얼마 안 되어 세입자한테서 전화가 왔다.

"사장님, 아무래도 장사가 너무 안 돼서 월세도 못 내겠습니다.

권리금을 받고 나가고 싶네요."

아무리 허름한 식당이라도, 사용하기 위해 나름 돈을 들였을 테니 나가는 세입자 입장에서는 초기 투자 비용이 아쉬울 것이다. 그러나 그런 사정과는 별개로, 그 가게에 권리금을 지불하고 들어올 새 세입자는 없어 보였다. 세입자 입장에서는 손해나는 장사를 계속하면서 세를 낼 수도 없고, 그렇다고 권리금도 못 받고 나가자니 고민이 될 법도 했다. 게다가 계약 기간은 10개월이나 남아 있었다. 세입자가 이에 대한 보상을 하거나 내가 손해를 감수해야 할 상황이었다. 그때 나는 과감하게 제안했다.

"어떻게 하면 좋겠어요? 나갈 의향이 있으시다면 지금이라도 가게 보증금은 내드릴 수 있습니다."

"일단 아내와 상의해 보고 다시 말씀드리겠습니다."

고민의 시간은 길지 않았다.

나와 이야기를 나눈 지 10분도 되지 않아서 전화가 왔다. 보증금을 내주면 나가겠다는 이야기였다. 세입자가 권리금을 포기한 대신, 나는 10개월 남은 계약 기간에 대한 손해를 따로 묻지 않기로 했다. 그렇게 졸지에 가게가 비워졌지만, 다른 세입자를 들이면 안 될 것 같다는 생각이 들었다. 일단 인근 상권이 좋지 않아 어떤 업종이든 잘 안 될 것은 불 보듯 뻔했다. 그때 불현듯 아이디어가 떠올랐다.

'내 건물이라 세 나갈 일 없으니 내가 한 번 해보자.'

결정을 하고 나자 허름한 식당을 유럽 어딘가에 있을 법한 동화 같은 공간으로 변화시켜야 할 숙제가 주어졌다. 이미 숍인숍을 낼 때 한 차례 인테리어 공사를 하면서 터득한 것들이 있었지만, 이번에는 단독 공간인 만큼 더 아름다워야 했다. 시간이 좀 걸리더라도 내가 꿈꾸는 공간으로 바꾸고 싶었다.

일단 건물 곳곳을 사진 찍어 인테리어 전문가와 의논을 했다. 내 생각과 전문가의 생각을 얹어서 발전적인 인테리어 콘셉트가 나왔다.

한 번 찾아온 고객들은 다시 찾아왔다.

그냥 오는 것이 아니라, 친구들까지 데려왔다.

공간이 아름다우니 방송에도 나가고, 잡지 촬영도 하게 되면서 점점 더 알려지기 시작했다. 첫해는 1억 가까이 매출을 냈으나 결과적으로 손해였다. 4년이 지난 후에는 매출이 10배로 뛰었다.

비전을 가지고 이루었으니, 푸른언덕은 '하나님이 보시기 좋았더라'가 되지 않을까?

나는 성격상 어떤 일을 대충대충 건성으로 하지 못한다.

성실함은 어떤 일을 하든 제대로 하는 데 밑바탕이 되었고, 어려움이 있을 때 이겨낼 수 있는 힘이 되었다. 나는 성실함과 꼼꼼함, 그리고 일을 함에 있어 완벽함을 추구한다.

지금도 나는 회사에서 장부 점검에서부터 매일 일어난 입출금 관리 혹은 거래처 수금 관리를 직접 하나하나 챙긴다.

심지어 아침 일찍 출근하면 회사의 화장실 청소도 직접 한다. 직원들에게 본이 되어야 한다는 생각때문이다. 그러다 보니 직원들이 자신의 업무에 충실할 수밖에 없다.

누군가가 무엇을 하길 원한다면 나부터 솔선수범하는 모습을 보여야 한다는 것이 나의 지론이다. 이 모든 것은 나의 성실성이 밑바탕이 되었다.

우리 회사가 짧은 시간에 큰 성공을 이룰 수 있었던 것은 나의 성실성이 보탬이 되었다고 자부한다. 또한 새로운 사업을 시작하는 것에 나는 어떤 두려움도 없었다. 무엇이든 성실하게 하면 성공할 수 있다는 것을 경험했기 때문이다.

멀리 가려면 함께 가라

 도자기 사업을 시작했다고 해서, 총판 일에서 손을 뗀 건 아니다.

이전보다 바쁘게 살고 있을 뿐이다. 사람들은 내게 "그 많은 일들을 어떻게 해내냐?"고 묻곤 한다.

내 시간 관리의 원칙은 반드시 밤 12시 전에 잠이 들고, 오전 6시에 일어나는 것이다.

오전 9시에 총판으로 출근해 오전 11시까지는 신문도 보고 인터넷을 체크하면서 그날 하루의 일을 정리한다. 수금해야 할 것들이나 만나야 할 사람들에 대해서도 꼼꼼히 챙긴다. 점심 시간에는 만나야 할 사람들을 만난다. 거래처 사람이나 친구 등과 식사를 함께 한다. 오후에는 도자기 카페로 출근해 카페 업무를 본다.

사람들은 사업을 한다고 하면 당연히 저녁에 거래처 사람들과 술자리를 할 것으로 생각한다. 그러나 나는 사업을 하면서 한 번도 저녁 약속을 잡지 않았다. 저녁에 약속을 잡아서 무리하게 시간을 갖는다면 충분한 휴식을 취하지 못한다. 그래서 약속은 보통 점심에 잡는다. 그래도 사업이 가능하다.

사업은 돈만으로 되는 것이 아니기 때문이다.

사람 관계나 신용 등 모든 것이 조화로워야 지속 가능하다.

이때 내가 정당히 돈을 지불하고, 무리하지 않고 신용을 지킨다면 거래처에 술을 사거나 밥을 사줄 의무는 없다. 이것이 사업의 기본이다. 돈이 없는 상황에서 사업을 한다거나 신용이 불안하다면 접대를 할 수밖에 없을 것이다.

사업에 있어서 지혜도 필요하다.

어떻게 이 사업을 이끌어 갈 것인가에 대한 고민이 끊임없이 있어야 한다. 그래서 나는 하루도 빠짐없이 매일 기도를 한다.

'하나님 아버지, 제가 사업을 벌이고 있는 것은 하나님의 뜻에 달려 있습니다. 하나님의 사업체로 키워 주십시오. 이곳이 행복을 얻을 수 있는 장소가 될 수 있도록 축복해 주세요.'

그리고 나머지 시간 동안 최선을 다해 고객이 원하는 것을 친절하게 서비스 한다. 모든 것은 지혜고 분별력이다.

출판 시장은 예전보다 많이 위축되었다. 일반 출판물은 물론이고, 참고도서 시장도 마찬가지다. 참고도서 시장은 정부에서 정책적으로 EBS를 밀다 보니, EBS 교재는 또 하나의 교과서처럼 됐다. 나머지 참고서들이 설자리를 잃은 것이다.

그동안 우리와 함께 일했던 수많은 출판사들이 문을 닫았다.

출판사들이 하나씩 사라질 때마다 우리도 덩달아 휘청하곤 했다. 그 고비를 잘 넘길 수 있었던 힘은 바로 신용이었다. 신용이 없으면 은행 거래도 중단이 된다. 모든 일의 지렛대 역할을 하는 것이 바로 신용이다.

그동안 총판을 하면서 어떤 회사가 오래 가고, 어떤 회사가 문을 닫는지 지켜보면서 나름의 사업 흥망에 대한 규칙을 찾아낼 수 있었다.

회사가 호황기일 때 사장이 계속 정직하게 초심을 잃지 않은 경우가 있는가 하면, 성공의 기쁨에 빠져 흥청망청거리는 사장도 있다. 후자의 경우에는 위기가 닥치면 반드시 넘어지게 되어 있다. 반면 전자라면 위기가 닥쳐도 이겨낼 수 있는 뒷심이 있다.

아무리 사장이 잘한다고 해도, 직원들이 문제가 있어서 회사에 위기를 맞게 하는 경우가 있다. 그러나 대부분 직원은 사장을 닮게 되어 있다. 사장이 정직하면 직원도 정직하다. 사장이 바른 생각을 갖고 있으면 직원 역시 그렇다. 잘 되어도 겸손한 사장이 있는가 하면, 잘 됐을 때 교만하고 직원을 함부로 대하는 경우도 많이 봤다. 결국 이 시장에서는 정직한 자만이 끝까지 살아남는 것 같다.

나름대로 지난 30년간 쌓은 노하우를 가지고 있다, 그것은 하루 아침에 이뤄 낸 것은 아니다. 오랜 시간 투자해야 열매가 열린다.

내가 가장 좋아하는 말이 있다.

'멀리 가려면 함께 가라.'

총판 일은 여전히 치열한 경쟁 속에 있다.

강남·서초 노른자 땅에서 30년간 요동하지 않고 지킬 수 있었던 것은 남편이 맺어온 인간관계, 신용 등이 있었기에 가능했다. 출판사와 총판은 1년 단위로 계약을 하며, 언제든 끝낼 수 있는 갑을 관계다. 그럼에도 불구하고 지금까지 올 수 있었던 것은 하나님의 은혜라고 밖에 설명할 수 없다.

6

받은 은혜를
이웃과 나누다

주님은 내게 많은 좋은 것을 주셨고, 좋은 사람들을 만나게 하셨으며, 내가 원하는 일을 이루게 하
셨다. 주님은 지혜의 왕이시고, 내게 가장 큰 힘이시다. 이러한 이유로, 나는 주님의 일이라면 어떤
일이든 해야 하고, 그게 어디든 달려가야 한다는 생각으로 살고 있다.

6

주님의 일이라면 무엇이든

 시골에서 태어나 어렵게 자란 내가 지금 이 자리에 있기까지는 하나님 은혜가 아니면 불가능했다.

주님은 내게 많은 부를 누리게 하셨고, 좋은 사람들을 만나게 하셨으며, 내가 원하는 일을 이루게 하셨다. 주님은 지혜의 왕이시고, 내게 가장 큰 힘이시다. 나는 만 입이 있어도 주님의 은혜를 다 말할 수 없고, 아무리 노력해도 그 은혜는 다 갚을 길이 없다. 이러한 이유로, 나는 주님의 일이라면 어떤 일이든 해야 하고, 그게 어디든 달려가야 한다는 생각으로 살고 있다.

지금은 온누리교회 대표 권사로 맡은 사역을 감당하고 있다.

내 전공이 경영학이기 때문에 6년이 넘게 공동체 안에서 회계 일을 맡고 있다. 굳이 내가 잘할 수 있는 일이 아니더라도, 내게 주어진다면 나는 흔쾌히 해낼 것이다. 그것이 설거지든, 해외 봉사든 가리지 않고 감당할 각오가 되어 있다. 건강이 허락하는 한, 주님의 일은 계속해 나갈 것이다.

회사의 규모가 커지고 안정되자 나와 남편은 나눔에 대해 자연스레 생각하게 되었다.

직원들과 함께 이루어 낸 풍요로움을 같이 나누기 위해 주변 이웃을 두루 돌보는 삶을 살아야 한다는 게 우리의 결론이었다.

우선 어려운 형편에 있는 학생들을 돕고 싶었다. 어릴 때부터 난 여러 사람의 도움으로 공부를 계속할 수 있었고, 지금의 성공을 이룰 수 있었으니, 이제 내가 도울 차례였다.

"재학생 중, 형편이 좋지 않지만 공부에 열의가 있는 아이가 있으면 추천해 주십시오. 제가 어려운 상황에 있더라도, 그 아이를 위해서 기꺼이 장학금을 내놓겠습니다."

모교 교수님과 나눈 이야기다.

남편과 나는 몇 개 대학 재학생에게 장학금을 지원하기 시작했다. 대림대학교와 안양대학교 재학생일 때부터 나는 매달 혹은 학기별 학교 발전 기금을 지원해 오고 있다. 어려운 후배들이 마음 놓고 공부할 수 있었으면 좋겠다는 마음에서다. 나도 어려운 환경에서 공부했기 때문에 그들의 마음을 누구보다도 잘 안다. 앞으로는 여기에 더해 '푸른언덕' 이름으로 장학 재단도 만들고 싶다. 이건 아주 오래전부터 꿈꿔 온 일이다.

사업을 하다 보면 때로 한 푼이 아쉬울 때가 있다.

그럼에도 남을 돕는 것이 필요하다고 생각되면 기꺼이 내놓게 된다. 나눔은 경제적 여유나 물리적인 형편으로 하는 것이 아니다. 마음만 있으면 못할 것이 없다.

신앙생활을 하면서 봉사활동은 자연스러운 일상이 되었다.

비록 작은 회사지만, 우리 회사가 사회로부터 이익을 창출하는 만큼 그에 비례하는 사회적 책임을 져야 한다는 게 나와 남편의 생각이다.

그 과정에서 우연히 시각장애인 전도사님과 고엽제 피해자를 만나게 되었다.

고엽제 환자는 베트남 전쟁에서 희생당한 분들이다.

당시 나라를 위해 남의 나라의 전쟁에 뛰어들었지만 고엽제 피해를 입고도 제대로 보상을 받지 못했다. 그런 분들을 돌보는 것이 또한 우리의 책임이라고 생각했다. 오늘날 우리가 누리는 풍요로움이 결국 그분들의 희생에서 온 것이기 때문이다.

시각장애인 전도사님은 수십 년간 후원하며 인연을 이어왔다.

첫 만남은 온누리교회 성가대를 통해서다. 당시 성가사님이 전도사님을 우리 교회로 초청했다. 나는 전도사님이 앞이 보이지 않는데도 피아노로 하나님께 영광을 돌리는 모습을 보면서 깊이 감동했다. 스스로 어려움을 극복해 나가는 모습은 존경스럽기까지 했다.

나는 그가 음악을 계속할 수 있도록 물질적으로 돕고 싶어 매달 후원금을 보냈다. 그러다 보니 어느새 우리 인연이 수십 년이나 됐다. 그 사이 석사학위까지 마치고 결혼도 해서 행복한 가정을 꾸리고 있다.

우리는 그동안 세 번의 만남을 가졌다.

그 중 한 번은 얼마 전이었다.

그동안 여러 가지 일로 바쁘고 정신이 없어 전도사님의 전화를 못 받는 상황이 이어졌다.

어느 날 문득, '전도사님과 통화한 지 오래됐네?' 하는 생각에 전화를 드렸다.

"김정란 대표님이시죠?"

그는 내 목소리를 단번에 알아챘다. 전화통화로 서로의 안부를 묻다가, 그분이 우리 카페에 한 번 오시고 싶다는 말씀을 하셨다. 그렇게 세 번째 만남이 이뤄졌다.

카페를 찾은 전도사님은 피아노 앞에 앉아 연주를 하셨다.

카페 피아니스트 자와드와 듀엣으로 연주하기도 했다. 당시 카페에는 목사님들 십여 분이 앉아 계셨는데, 우연찮게도 그중 한 분이 전도사님과 친분이 있었다. 카페에 모인 모든 사람들은 두 사람의 연주를 들으며 은혜가 충만한 시간을 보냈다.

비록 큰돈은 아니었지만, 주님의 도우심으로 보낸 내 후원이 타인의 삶을 변화시킬 수 있다는 것에 크게 감사하고 보람을 느꼈던 하루였다.

스리랑카, 해외선교 봉사의 시작

교회를 다니면서 너무나 감사하고 행복한 일이 있다면 바로 봉사활동에 참여하는 일이다. 봉사활동은 예수님의 희생과 사랑을 실천하는 가장 좋은 방법이라고 생각한다. 우리 교회에서는 조직적으로 봉사활동을 한다. 봉사활동은 단순히 물질적으로나 정신적으로 남을 돕는 것에 그 의미가 있지 않다. 나 자신도 엄청난 성장을 받고 도움을 받는다. 그것에 참여함으로써 리더십도 기르게 된다.

교회에서는 국내뿐 아니라 해외에 '아웃리치'를 자주 가는데, 팀을 구성해 매우 조직적으로 움직인다.

처음에는 국내에서 경험을 쌓고, 차차 해외에도 파견된다.

우리 교회에서는 아웃리치 활동을 하러 가기 전에 예수제자학교를 통해 교육을 받는다.

예수님은 최후의 만찬에서 제자들의 발을 손수 씻겨 드렸는데, 그것은 이를 테면 섬기는 리더십이었다. 예수제자학교는 그런 예수님의 길을 따라 섬기는 리더십을 훈련받아 봉사활동과 선교 활동을 할 수 있는 인재를 기른다.

내 이웃과 형제를 항상 섬기는 마음가짐, 무엇이든지 어려운 일은 내가 먼저 한다는 마음가짐, 남을 부리고 지시하고 가르치는 게 아니라 내가 먼저 해서 남들이 보고 배울 수 있도록 하는 등의 교육을 6개월 정도 받는다.

나는 예수제자학교 1기로 등록해 일주일에 한 번, 오전 10시에 시작해서 오후 3시에 끝나는 훈련을 받았다. 그 시간 동안 섬기는 리더십을 교육받으면서 진정한 겸손이라는 것이 무엇인지 깨달았고, 진정한 리더는 남들 위에 군림하는 것이 아닌 남을 섬기는 것이라는 것을 알게 되었다. 리더가 되려는 사람은 마음가짐이 이와 같아야 한다고 생각한다.

흔히 회사에 처음 들어가면 대학을 나오든 아니든 사무실 내에서 선배들의 하찮은 심부름을 해야 할 때가 있다. 이때, 어떤 사람은 내가 대학을 나왔는데 기껏 이런 일이나 해야 하는가 하고 불만을 갖고, 어떤 사람은 기왕 심부름할 거 기쁘게 하자는 마음으로 일한다. 나중에 그 회사에서 좋은 평가를 받고 리더의 자리에 오를 수 있는 사람은 후자가 된다.

어떤 동기든 남을 섬길 수 있는 마음에서 겸손이 우러나오고 그 겸손이 상대로 하여금 편안함을 주고, 편안함이 그 사람을 자주 찾게 하고, 그러다 보면 그 사람은 자신의 일의 영역을 넓혀 갈 수 있다. 리더로서의 능력을 키워 갈 수 있는 기회를 얻는다.

진정한 리더는 어떤 일이든지 주어지는 대로 해결할 수 있는 능력과 설령 그 일이 아주 궂은일이라 할지라도 먼저 해내는 모습에서 리더십이 키워진다고 생각한다.

나는 예수제자학교에서 섬기는 리더십을 훈련받은 뒤, 2004년 처음으로 스리랑카 아웃리치 팀의 '팀종'이 되었다.

팀종은 아웃리치 팀의 리더를 말한다. 흔히 사회에서는 어른 장

(長) 자를 써서 '팀장'이라고 하지만, 우리 교회에서는 장이 아닌 '종'이다. 말하자면 '종'이 되어 팀원들을 섬기라는 의미이다.

그때 나와 일곱 명의 여성 팀원들은 7월 11일부터 20일까지 있을 아웃리치를 위해 두 달 전부터 일주일에 두 번씩 모임을 가졌다. 우리가 해야 할 일은 종족, 종교 분쟁으로 내전이 일어나 폐허가 된 스리랑카를 방문해 그곳 선교사들과 만나 의료 봉사 및 선교 활동을 하는 것이었다. 여자들로만 구성된 팀을 이끌고 낯설고, 열악한 환경에서 10박 11일 봉사활동을 떠나는 것에 책임감이 막중했다. 혹여 사고라도 나면 어쩌나, 낯선 환경에서 병이라도 나면 어쩌나 하는 걱정도 있었다. 하지만 우리는 모든 상황에 철저하게 대비하기 위해 열네 차례의 모임을 갖고 회의를 하고 기도를 했다.

그렇게 두 달 동안 정신적, 영적 준비를 하고 훈련을 한 우리들은 교통비 외에는 수중에 한 푼도 없이 아웃리치를 떠났다.

돈이 있으면 물건을 사고 맛있는 것을 먹고 싶어진다. 우리는 이러한 잡생각을 미연에 방지하고, 예수님처럼 오직 어려운 이웃을 섬기는 마음으로 현지 주민들을 만날 수 있게 하기 위해서 여분의 돈 없이 떠났다. 콜롬보 공항에 내려 현지 선교사님이 안내하는 대로 선교 사역지로 향했다.

우리가 받은 첫 느낌은 두려움이었다.

선교사님이 우리에게 전한 첫 당부가 "눈 뜨고 기도하라"였다.

눈을 감는 순간 언제 어디서 어떻게 될지 모른다고 했다. 우리의 짐이 없어질 수도, 또 우리의 목숨이 어떻게 될지도 모르는 상황이었다. 종족 분쟁으로 인해 각 종족의 마을을 이동할 때는 검문 검색을 받아야 해 긴장의 연속이었다. 우리는 눈 뜨고 기도하면서 주어진 사명을 감당해야 했다. 습한 열기와 낯선 환경 역시 우리가 극복해야 할 문제였다.

스리랑카는 인도의 눈물이라고 한다.

지형이 눈물처럼 생겼기 때문이다. 우리는 콜롬보에서 자푸나까지 거의 9시간을 버스로 가야 했다.

우리가 가는 마을은 자푸나에서도 맨꼭대기였다. 자푸나까지 가는 여정은 험난했다. 일단 그곳은 국교가 힌두교로, 기독교는 전체 인구의 1%도 안 된다. 그렇기 때문에 절대 성경을 보여서도 안 됐다. 성경은 짐 가장 깊은 곳에 숨겨서 눈에 띄지 않게 했다. 엄청난 내전이 있는 곳을 지날 때는 여권을 뺏긴 채 서너 시간 잡혀 있기도 했다. 우리가 할 수 있는 일은 정말로 눈 뜨고 기도하는 것뿐이었다. 다행히 이상이 없다고 판단되어 그곳을 통과할 수 있었다. 이런 일들 때문에 우리가 자푸나에 도착한 건 예정 시간을 훌쩍 넘긴 한밤중이었다.

우리에게는 섬기는 사람, 중보기도 하는 사람, 사진 촬영하는 사람, 짐을 옮기는 사람 등 각기 다른 사역이 있었다. 나는 전체 관리를 맡았다. 스리랑카는 끊임없는 내전으로 과부와 고아가 너무나 많았다. 상처받은 그들을 위로해야 하는 것이 우리의 임무였다.

그곳 교회에 가서 중보기도를 했다. 또 그들의 집을 방문해 위로하고 선물로 가지고 간 구호물품을 나누어 주는데, 아웃리치를 떠나기 전 교회 분들이 지원해 준 엄청난 양의 물품들(학용품, 장난감, 옷, 신발, 음식, 간식 등)이 부족할 정도였다.

너무나 처절한 환경에서 살림이라곤 다 찌그러진 냄비 한두 개에 맨바닥에서 자면서 겨우 죽만 끓여먹는 스리랑카 난민을 보면서 안타까움에 가슴이 쓰라렸다. 식량이 없어 굶주리는 이들을 위해 눈물로 기도하지 않을 수 없었다. 며칠 지내는 동안 아이들은 그새 정이 들어 우리에게 안기기도 했다.

이들에 비해 우리는 너무나 많은 것을 누리고 있다는 것을 깨닫게 되었고, 지금 우리에게 주어진 것에 감사했다.

또한 어려운 이웃을 위해 애쓰고 힘쓰며 살아야겠다고 다짐했다. 고통에 눈물 흘리는 아이들을 닦아 주고 씻겨 주면서 아이들이 어떤 꿈을 가지고 살 수 있을지 눈물이 절로 났다.

'예수님이 당시 사람들을 보는 마음이 이러하지 않았을까. 예수님이 이 땅에 오셨을 때 그런 아프고 고통스런 마음으로 사람들을 보지 않았을까.'

'예수님은 그런 사람들에게 얼마나 크고 깊고 무한한 사랑을 주셨는가…. 사람들을 무조건적으로 사랑해 주셨다.'

10박 11일 짧은 기간이었지만 그들의 아픔을 헤아리고 위로할 수 있어서 뿌듯했고, 예수님의 큰 사랑을 다시 한 번 깨닫게 되어 기뻤다. 나는 우리가 뿌려진 씨앗들이 백 배 열매를 맺는 계기가 되었으면 했다. 그리고 모든 영광을 하나님께 드리며 버스 안에서 눈물을 흘렸다. 사역은 너무나 아름답게 끝냈다.

케냐와 중국에서 만난 하나님

 또 한 번 해외 봉사 기회가 있었다.
이번에는 남편과 함께였다.

2012년 7월, 교육과 의료, 보건 등의 혜택을 제대로 받지 못하는 아프리카 케냐의 해안 마을에 열흘 일정의 선교와 봉사 활동에 다녀왔다.

집합 장소인 교회로 가는 동안 나는 한없는 감사의 기도를 드렸다. 어릴 적부터 꿈꾸어 왔던 일들이 하나하나 이루어지고 있는 것에 대한 감사였고, 나도 누군가를 위해 어떤 보탬이 되는 일을 할 수 있다는 것에 대한 감사였다. 나로 하여금 주변이 행복해지는 일을 하게 되었다는 데 대한 감사였다.

그 일을 이룰 수 있었던 것이 어찌 나의 노력으로만 가능한 일이겠는가. 수많은 사람들의 도움의 손길이 있었고, 무엇보다 하나님이 큰 사랑으로 기적에 가까운 은혜를 내려주셨기에 가능했다.

13시간의 비행 끝에 아프리카 케냐에 도착했다.
남반부인 그곳은 영상 13도로 쌀쌀한 날씨였다.

현지에 도착한 나는 색다른 감흥에 젖었다.

100여 년 전 우리나라에 처음 선교사들이 와서 복음을 전할 때 심정이 이랬을까. 이젠 우리가 그들처럼 아프리카의 오지에 복음을 전할 수 있다고 생각하니 마음이 벅차올랐다.

아프리카는 우리나라와는 풍토, 자연 환경, 종교 등이 많이 달라 여행을 하는 데 위험 요소가 많은 곳이다. 풍토병인 말라리아에 걸릴 위험은 물론, 납치와 강도, 자동차 탈취, 불법체포 등의 폭력적인 위협도 도사리고 있었다. 그 모든 위험을 감수하고 의료 혜택을 받지 못하는 아프리카 사람들에게 의료봉사를 통한 선교를 한다는 것은 하나님의 손길 없이 우리의 의지와 용기만으로는 불가능한 일이었다. 감사하게도 우리는 케냐에 도착하면서부터 따뜻한 환대를 받았다.

공항에는 케냐 주재 대사님과 그곳에서 선교를 하는 온누리 교회 집사님이 마중 나오셨다. 그들은 우리를 위해 많은 준비를 하셨다. 선교사님들은 생명의 위협이 없는, 비교적 안전한 곳으로 안내하셨다. 함께한 동료들의 얼굴에는 저마다 자부심과 결연한 의지가 엿보였다. 팀의 행정팀장을 맡고 있는 남편은 대원들이 신속하고 책임감 있게 움직일 수 있도록 팀을 구성해 주었다.

우리는 첫 방문지인 말린디의 박원근 신학교로 이동했다.

머나먼 아프리카에서 선교 사역을 묵묵히 감당하시는 박원근 선교사님의 모습은 많은 것을 일깨워 주었다.

그곳 아이들에게 우리는 작은 선물을 나누어 주고 우리의 사역지인 움페케토니로 다시 길을 떠났다.

케냐는 전 지역이 여행 자제 지역으로 날이 어두워지면 치안이 문제였다. 때문에 우리는 어두워지기 전에 움페케토니에 닿기 위해 서둘러 길을 떠났다. 차창 밖 풍경은 내가 아주 먼 이국에 와 있다는 것을 실감케 해주었다.

끝없이 펼쳐진 평원에 망고 등 열대과일이 주렁주렁 매달린 나무가 서 있고, 옥수수 밭이 이어지고 있었다. 멧돼지들이 떼를 지어 도로를 횡단하고, 원숭이들이 오르락내리락 나무를 타며 즐거운 한때를 보내고 있었다. 어린 소년은 장대를 휘두르며 소와 염소를 몰고 집으로 돌아가고 있었다.

두 시간쯤 달리다가 우리는 비포장도로에 들어섰다.

차가 어찌나 덜컹거리는지 급기야는 문짝이 열려 차 뒤에 싣고 가던 짐이 떨어지는 사고도 있었다. 날은 점점 어두워지고 지나다니는 차량도 없었다. 치안이 불안한 곳이라 우리들 마음속에 불안감도 생겼다. 그때 시편 23편 4절 말씀이 생각났다.

"내가 사망의 음침한 골짜기로 다닐지라도 해를 두려워하지 않을 것은 주께서 나와 함께 하심이라. 주의 지팡이와 막대기가 나를 안위하시나이다."

내가 자리에서 일어나 찬송을 부르니 모든 대원들이 따라 불렀다. 먼지와 무더위 속에서 우리는 두려움도 잊고 목적지로 달려갔다.

다행히 저녁 무렵 무사히 움페케토니에 도착했다.

그 지역에서 가장 좋은 호텔이었는데, 아직 공사 중이라 4층부터는 방문도 창문도 없고, 물도 나오지 않았다. 모기장이 쳐져 있기는 하지만 드문드문 구멍이 뚫려 있어 행여 말라리아 모기에 물릴까 봐 온몸에 약을 뿌리고 있어야 할 정도였다.

저녁을 먹은 후, 우리는 예배를 드리며 무슬림 지역인 이곳에서 하나님의 기준과 사랑으로 섬김을 다할 것을 다짐했다.

이튿날 아침, 마침 라마단 기간이라 호텔 바깥에서는 무슬림들의 기도 소리가 크게 들렸다. 그 소리에 잠을 깬 우리는 아프리카의 강렬한 햇살을 맞으며 의료봉사를 위해 분주하게 움직였다.

움페케토니의 진료소는 지난 6개월 동안 한 번도 사용하지 않았다고 하니, 이곳 사람들의 건강 상태가 적잖이 걱정되었다.

4개의 진료소에서는 피부과, 가정의학과, 이비인후과, 치과 산부인과의 진료준비를 하고, 약무팀이 꾸려졌다. 그리고 진료소와 움페케토니 마을 사이 잔디밭에 미용팀과 어린이 사역팀이 자리를 잡았다.

나는 경험 많은 분들이 차근차근 준비하는 모습을 보면서 많은 것을 배웠다. 궂은일, 힘든 일도 마다 않고 서로 배려하고 존중하며 일을 하는 모습은 아름다움 그 자체였다.

조금 있으니 사람들이 몰려들기 시작했다.

신발도 신지 않고 땡볕에 먼 길을 걸어온 사람들은 우리를 향해 순박하게 웃으며 인사를 건넸다.

예수님은 병든 자, 연약한 자, 가난한 자를 만나 그들을 치유해 주실 때 육신의 질병뿐 아니라 영혼 구원에 더 관심을 가지셨다. 지금 여기 많은 예수님의 제자들이 예수님의 뜻을 받들어 저들을 치료하고 위로해 주고 기도해 주고 있으니, 이보다 더 아름다운 나눔이 있을까? 그런 생각을 하자 눈물이 났다.

소나기가 한 차례 지나고 오후가 되자 환자들은 더욱 밀려들었다. 학교 수업을 마치고 온 아이, 아이를 안고 온 엄마, 할아버지, 할머니 등 환자들 행렬은 끝이 없었다. 그간 제대로 된 치료를 받지 못한 환자들은 상태가 심각했다.

뜨거운 햇빛에 얼굴이 심하게 상해 눈에 파리가 달라붙어도 쫓아낼 생각조차 하지 않는 아이, 맨발로 걸어 발에 못이 박혀 온 아이, 한 번도 귀를 파지 않아 귀에 귀지가 꽉 막힌 아이, 온 머리에 부스럼이 뒤덮인 사람, 에이즈 환자, 이가 뿌리까지 썩어 기계로 이를 뽑아야 하는 사람 등을 치료하느라 의사와 간호사들은 파김치가 되도록 지쳤지만 아무런 내색도 않고 모두 묵묵히 자신의 일을 감당했다. 나머지 인원들은 찬송가를 부르고, 미용 봉사도 하고, 환자들에게 선물도 나누어 주며 바쁜 일정을 보냈다.

의료 봉사의 결과

중국 도문에서 2014년 8월,
단기 의료선교 활동 중에

는 예상 밖이었다. 이틀간 1천 200명의 환자를 치료했다.

나중에는 가지고 간 약품이 부족해 즉석에서 약을 제조하면서 환자들을 끝까지 돌보았다. 이밖에도 우리는 우물을 파 주기 위해 마부노 지역을 찾았고, 잠시 짬을 내어 암보셀리 국립공원에서 사파리 관광도 하면서 9박 10일 일정을 마쳤다.

아프리카 선교 봉사를 다녀온 후 나의 조그만 힘이 누군가에게는 생명을 살리는 일이 된다는 사실이 한편으로는 무척 고마운 일이지만 한편으로는 책임감이 느껴지는 일이라는 생각이 들었다. 남을 돕는 일은 일회성으로 끝나서는 안 된다는 생각도 들었다. 지속적으로 이루어져야 그 효과를 볼 수 있기 때문이다.

중국 선교 봉사도 다녀왔다. 중국은 스리랑카나 케냐보다는 접근하기 쉽지만 선교는 어렵다. 그래서 우리는 관광객으로 위장해 방문해야 했고, 우리가 할 수 있는 일들도 극히 제한적이었다. 한인학교에서 찬양을 했을 뿐, 큰 사역은 못했고 청소만 하다가 왔다.

내 도움으로 타인의 삶이 변화될 수 있다면

 나는 도움이 필요한 사람들을 보면 그냥 지나치지 못한다. 내가 도움으로 인해 타인의 삶이 변할 수 있다면 내 힘이 닿는 데까지 도와주고 싶다.

온누리 교회 안산 M센터에서 무소반 나랫을 만났다. 안산 M센터는 외국인들이 신앙생활을 할 수 있도록 돕는 기관이다. 그곳에서 공동체별로 아웃리치를 진행했는데, 그들과 함께 예배를 돕는 과정이었다. 그때 나는 전도 활동에 나갔다가 캄보디아 식당에서 나랫을 만난 것이다. 나는 첫눈에 그녀에게 관심이 갔다.

"한국말 할 줄 아니?"

"네, 조금요."

"평일에는 무슨 일을 하니?"

"한국어 공부를 해요."

"그럼 우리 카페에서 아르바이트 해볼래?"

"좋아요!"

우리 인연은 그렇게 시작됐다. 나랫은 그때부터 우리 카페에서 2년간 일을 했다. 열심히 일하면서 돈을 모은 덕분에 캄보디아에 있는 가족들을 도와주었고, 한국어도 많이 익힐 수 있었다. 또한 딸 또래의 여자아이가 타국에 와서 고생하는데 혹여 나쁜 일이라도 당할까 염려하여 우리 집에서 지내도록 했다. 마침 기쁨이가 영국 유학 중이라 기쁨이 방을 쓰도록 했다. 나는 나랫을 친딸처럼 여겼고 나랫 또한 나를 친엄마처럼 잘 따라 주었다.

그러나 나랫이 우리를 떠날 날이 다가오고 있었다.

비자 연장이 되지 않아 다시 캄보디아로 가야 했던 것이다. 그동안 이곳 생활에 적응해 잘 살고 있는 그녀가 다시 고향으로 돌아간다는 것은 쉽지 않은 일이었다. 무엇보다 나랫은 우리나라에서 터를 잡고 살고 싶은 생각이 뚜렷했다.

'나랫이 이곳에서 계속 살 방법이 없을까?'

그녀의 사연을 알고 난 뒤, 내 일처럼 고민됐다.

그러던 중 우리 카페에 온 지인이 나랫을 보고는 괜찮은 자리가 있는데 선 볼 생각이 있는지 물었다.

나랫도 혼기가 찼고, 신랑감의 면면을 알아보니 꽤 괜찮은 자리라 나랫에게 의사를 물어보았다. 나랫도 만나보고 싶어 했다. 그리하여 선이 성사되었다.

두 사람은 13세 나이 차이와 국적의 차이를 뛰어 넘어 부부의 인연을 맺게 되었다. 지금은 아들을 낳아서 남편과 아주 잘 살고 있다. 뿐만 아니라 시부모님의 사랑도 많이 받고 있다. 나랫이 잘 살고 있는 모습을 보면 정말 뿌듯하다.

나랫 결혼식날

나랫은 결혼과 동시에 우리나라에서 살고 싶은 소망도 해결되었다.

모로코에서 온 자와드(jawad)와의 인연도 정말 우연찮은 계기로 맺게 됐다.

방송에서 간증을 한 적이 있었는데 그 모습을 보고 장신대 음대 교수이자 온누리 교회 성가대 지휘자인 홍정표 장로님이 연락을 해오셨다.

"김정란 권사와 좋은 사역을 함께 하고 싶습니다."

홍정표 장로님은 합창단을 만들어 좋은 일을 하시는 분이었다. 그런데 합창단 연습을 하기 위해서는 공간이 필요했고, 내가 그 장소를 대여해 합창단을 돕는다면 '서로 윈윈 할 수 있는 사업이 되지 않을까?'라는 제안을 하셨다.

내게도 좋은 그림이 그려졌다. 합창단이 상주하는 숍을 운영하면 푸른언덕이 더 아름다운 명소로 거듭날 것 같았다.

"장로님, 그렇다면 제가 무엇을 준비하면 될까요?"

"피아노와 접이식 의자가 있으면 좋을 것 같습니다."

그 말을 들은 후 푸른언덕의 1층 한쪽을 공사해 피아노와 의자가 갖춰진 합창단 연습실로 바꾸었다. 피아노를 구비해 놓고 보니, 피아노를 칠 사람이 있으면 좋겠다는 생각을 했다.

자와드를 알게 된 건 피아니스트를 구하면서부터다.

그는 러시아 콩쿠르에서 우승한 실력파 피아니스트다. 피아노뿐 아니라 아코디언이나 전통 악기인 잼버도 잘 다룬다. 지난 7월 장구와 피리를 전공하는 우리나라 학생들과 음악회를 준비하는 것을 계기로 우리나라에 입국했다. 공연을 성공적으로 마친 후, 자와드는 우리나라에서 계속 음악 활동을 하고 싶다고 했다. 그러나 그의 바람과 달리 상황은 녹록지 않았다. 카페에서 피아노를 치는 아르바이트를 했는데, 카페 사정이 나빠져 그동안 일했던 임금도 받지 못하고 나왔다고 했다. 그의 앞날 역시 불투명했다.

상처만 입은 채로 '다시 고향으로 돌아가야 하나?' 고민하고 있을 때, 친구의 도움으로 푸른언덕에서 피아니스트를 구한다는 구직 정보를 보게 된 것이다.

나는 첫 만남에서 자와드가 마음에 들었다. 우선 피아노 실력이 뛰어났고, 인상도 괜찮으니 우리 카페와 잘 맞을 것 같다는 생

자와드의 프로필

각이 들었다. 또 그간의 사정을 들어보니 돕고 싶은 마음도 들었다. 기쁨이보다 두 살 많으니 자식 같은 생각이 들었다.

나는 상대가 누구든 절대 함부로 대하지 않는다. 특히 내 사람이라고 생각하면 더 그렇다. 자와드와의 첫 만남에서도 그가 면접을 보러 왔을 뿐이었지만 그날부터 임금을 지급했다. 그리고 그에게 프로필을 달라고 해서 카페에 액자로 만들어놓았다. 한국에 관한 기억은 대부분 상처뿐이었던 그에게 내 행동은 놀랄 만했나 보다. 그때부터 그는 나를 믿고 따르기 시작했다.

그는 항상 내게 "우리 보스가 최고다!"라고 말했다.

자와드가 나를 통해 변화된 것 중 가장 값진 것은 하나님을 알게 된 것이다. 그는 어려서부터 무슬림이었는데, 내 모습을 보고 크리스천이 될 것을 결심했다고 한다. 그리고 온누리교회 불어 예배에 나가기 시작했다. 이 이상 기쁜 일이 또 있을까?

덕분에 푸른언덕의 분위기도 더 좋아졌다. 자와드는 매일 12시

부터 3시까지 연주를 한다. 피아노뿐 아니라 아코디언을 연주하기도 한다. 3시간 동안은 자와드의 콘서트 시간이다.

푸른언덕을 방문하는 사람들의 반응도 좋다. 음악다운 음악을 즐길 수 있다면서 좋아한다.

감사와 행복은 나눌수록 커진다.

그리고 그것은 신기하게도 남과 나누면 내 것이 반으로 줄어드는 것이 아니라 내 것도 커지고, 남에게 나누어 준 것도 커져 두세 배로 불어난다.

나는 어려서 많은 고생을 했지만 정말 많은 것을 갖게 되었다.

내가 부도위기에 있었을 때 주신 하나님 말씀처럼, 나는 아무 것도 없었는데 너무나 많은 것을 얻고 이루었다. 지금 나는 너무나 행복하다. 이 행복을 나만 가지고 있다면 겨우 나만의 것이 되겠지만 나는 이것을 남과 나누어 함께 행복을 키워 나가고 싶다.

영향력 있는 그리스도의 향기

2015년 7월, 나는 지난 삼십여 년간의 기업 활동을 객관적으로 인정받는 상을 받게 되었다. 다름 아닌 중소기업청 주최 '2015년 여성 기업 유공자 포상식'에서 중소기업청장으로부터 '모범 여성 기업인 상'을 받게 된 것이다.

기업을 한다는 것이 누구로부터 칭찬받기 위해서 하는 것도 아니고, 상을 받기 위해 하는 것도 아니지만, 이 상을 받고 나니 열심히 일한 데 대한 보상을 받은 기분이 들어 감개무량했다.

다시 한 번 하나님께 감사를 드릴 수 있는 기회여서 더욱 기뻤다.

그간 회사를 건실하게 잘 운영하고, 그리하여 직원들, 더 나아가 많은 사람들과 그 결실을 나눈다는 생각으로 열심히 일만 하다가 최근 새로운 기회를 만났다.

우연히 국민일보의 '기독 여성 CEO 열전' 이라는 연재 코너에 내 이야기가 소개되었고, 그 코너에 소개된 여성 CEO 42명이 모여 좀 더 조직적으로 사회에 봉사해 보자는 취지로 만든 '국민 여성 리더 포럼'의 회장직을 맡게 된 것이다.

국민일보 기독여성 CEO 리더스 포럼으로 모인 사람들은 모두 성공한 여성 기업인들이다. 우리가 해야 할 일은 이제 사회적으로 도움이 필요한 곳을 찾아 손길을 내미는 것이다.

그동안 우리는 전문가를 초청해 포럼을 열었고, 기업의 현황을 공유하면서 기업 활동에 필요한 다양한 정보를 주고받는 것은 물론 소외 계층을 찾아 물리적으로 돕는 등 적극적인 활동을 펼쳤다. 우리는 더 많은 일을 하기 위해 법인 설립을 추진했고 나는 '사단법인 국민 여성 리더스

2014년 11월 14일,
국민일보 기독여성 리더스 포럼 창립 멤버들
(아랫줄 오른쪽에서 4번째 김정란)

포럼'의 초대 이사장을 맡게 됐다.

우리는 기도하는 여성 CEO들이면서, 소외계층을 돕는 재단이 되기를 희망한다. 한부모 가정, 미혼모, 소년소녀 가장 등이 우리가 관심을 갖는 사람들이다. 일회성이 아닌, 꾸준히 그들을 돌보고 도와주고 싶다. 물론 몸이 열 개라도 부족한 사람들이지만, 우리가 도울 일이 있다면 발벗고 나설 생각이다. 우리의 기도와 도움이 사회적으로 어두운 곳에 빛을 밝힐 수 있다면 더 바랄 것이 없을 것 같다. 그래서 '대한민국을 대표하는 기독여성 CEO'가 되고 싶다. 그래야 우리가 생각하는 일들을 더 추진할 수 있게 된다. 회원수도 대폭 늘릴 생각이다.

나에게는 또 다른 도전이다. 그러나 자신이 있다. 모인 사람 모두가 한마음 한뜻으로 다부지게 일한다면, 못할 일은 없을 거라 생각한다. 기업의 이익이나 매출 향상도 중요하지만 한 걸음 더 나아가 사회와 국가에 이바지하는 여성 기업인으로서의 '한 알의 밀알'이 될 생각이다.

국민일보가 모태가 되어 조직됐으니 국민일보도 회사 차원에서 적극 지원을 약속했다.

7

삶을 지키는
몇 가지 원칙이 있다

삶에는 꼭 원칙이 필요하다. 어떤 삶의 방향이 정해지면 그것을 이루기 위해 '구체적으로 어떻게 실천할 것인가?' 등을 자신의 가치관이나 목표에 따라 정해 놓는 것이 바로 삶의 원칙이다.

7

하나님의 지혜가 가장 큰 삶의 원칙

농부 두 사람이 밭을 가는데, 둘은 각각 다른 방식으로 갈았다. 한 사람은 먼저 밭으로 들어가 소의 엉덩이를 보고 따라가며 밭을 갈고, 한 사람은 밭둑에 서 있는 나무를 보고 밭을 갈았다. 소의 엉덩이를 보고 밭을 간 농부의 밭두렁은 삐뚤빼뚤했다. 반대로 밭둑 나뭇가지를 따라간 농부의 밭두렁은 아주 곧고 골랐다.

어릴 적, 선생님으로부터 들은 이야기이다.

선생님은 어떤 목표를 가지고 사는 삶과 그렇지 않은 삶에는 사소한 차이가 있는 것 같지만 결과는 매우 큰 차이가 난다고 말씀하셨다.

어린 나는 그 이야기를 듣고 심장이 두근거리는 느낌을 받았다.

어떤 감흥을 느꼈던 것 같다. 그때 이후로 이 이야기를 잊어본 적이 없다. 크면서 그 말이 곧 삶의 원칙의 중요성에 대한 가르침이라는 것을 깨달았고, 금과옥조(金科玉條)처럼 여기게 되었다.

나는 아침에 일어나 가장 먼저 기도와 함께 하루 할 일을 차분히 정리한다. 그날 하루의 계획을 아침에 정리하다 보면 하루의 시작이 매우 뿌듯하다. 그리고 그 계획에 따라 하루를 충실하게 산다. 그러고 나면 저녁은 매우 충만한 하루를 보냈다는 데에 대한 기쁨으로 하루를 마무리한다.

하루, 일주일, 한 달, 일 년, 십 년…, 나는 이렇듯 아주 가까운 미래에서부터 먼 미래까지 계획을 세운다. 물론 모든 계획을 다 실행할 수 있는 것은 아니다. 하지만 계획 없이 어떤 일을 했을 때 저지를 수 있는 실수를 줄이고, 시간과 몸의 에너지를 낭비하지 않고, 그러다 보면 목표에도 도달해 있는 나를 발견한다.

삶에는 꼭 원칙이 필요하다. 어떤 삶의 방향이 정해지면 그것을 이루기 위해 '구체적으로 어떻게 실천할 것인가?' 등을 자신의 가치관이나 목표에 따라 정해 놓는 것이 바로 삶의 원칙이다. 살다 보면 여러 갈래의 길이 나타나고, 고통과 즐거움의 시간들이 생긴다.

또한 인간관계 속에서 고통스러운 일들도 나타난다. 그럴 때 삶의 원칙은 스스로를 지탱해 주고 이끌어 주는 지표가 된다.

삶의 방향이 뚜렷하지 않으면 기회가 왔을 때 그 기회를 잡지 못한다. 그것이 기회인지조차 모를 수도 있다. 삶의 방향이 뚜렷하면 헛된 곳을 헤매지 않고, 지름길을 찾아갈 수 있다.

어려서부터 신앙생활을 해온 나는 하나님이 주신 지혜가 가장 큰 삶의 원칙이 되었다.

신앙은 어렵고 힘들 때마다 나를 바로 세워 주었다.

초등학교 5학년 때 친구를 따라 처음 교회에 간 그때부터 지금까지 신앙생활을 한 번도 소홀히 하지 않았다.

군산에 있는 중학교에 다닐 때는 군산 성원교회에 다녔는데, 그곳의 목사님은 소아마비를 앓아 다리를 절었다. 당시만 해도 우리 사회는 장애인에 대한 편견이 심했다. 그래서 많은 장애인들이 자신의 꿈을 펼칠 수도 없던 시절이었다. 하지만 목사님은 온갖 편견과 장애를 극복하고 목회자가 되어 많은 사람들에게 몸소 희망의 증거가 되었다. 언제나 밝은 얼굴로, 열정적으로 설교를 하시는 모습을 보면 저절로 희망이 생겼다. 모든 어려움을 극복해내고 삶의 성공을 이룬 사람의 얼굴이었다.

특히 나는 목사님을 보면서 좌절하지 않고 살아갈 수 있는 용기를 얻었다. 그리고 신앙의 힘, 하나님의 힘이 얼마나 중요한지 깨달았다.

나는 기독교 신앙이 큰 삶의 원칙이지만, 세부적으로 실천할 수 있는 원칙도 필요하다. 그런 원칙이 있으면 일이 생길 때마다 갈등 없이 원칙대로 행할 수 있다. 나는 스스로 지키고자 하는 삶의 원칙과 다른 사람을 대할 때의 원칙, 어려운 일이 있을 때의 대처 방법 등을 구체적으로 정해 놓았다.

나는 스스로에게 좀 엄격한 편이다.

신독(慎獨)이라는 말이 있다. '홀로 있을 때에도 스스로를 삼가라'는 뜻으로, 스스로에게 진실되고 정직하라는 교훈이다.

나는 나 자신의 이야기를 남에게 들려줄 수 있는 사람이 되고 싶었다. 그러자면 정직하고 당당하며 성실한 삶을 살아야 하는데, 스스로에게 엄격하지 않으면 안 된다.

어떤 일을 맡겨도 신뢰 가는 사람이 되자는 것도 나의 원칙 중 하나이다. 우리는 날마다 타인과 관계를 하고 살아간다. 사람과 사람 사이에 가장 중요한 원칙은 바로 신뢰이다. 신뢰는 타인과 조화로운 삶을 사는 데 바탕이 되는 덕목이다. 나 스스로 신뢰받는 사람이 되어야 내 주변을 신뢰 있는 사람으로 채울 수 있다.

그리고 나는 관대함과 여유를 느낄 수 있는 사람이 되고 싶다. 나이가 들수록 관대함과 여유가 더 필요하다.

최근 우리 사회에서는 'OO녀' 'OO남'라고 이름 붙여진 동영상들이 인터넷 등에 올라오곤 한다. 그 동영상들의 내용은 주로 남을 고발하는 내용들인데, 그런 동영상에는 곧장 수백, 수천 개의 댓글들이 달려 크게 이슈화되어 방송에도 등장한다.

그런데 많은 동영상들이 사실과 진실이 왜곡된 채 올라오는데, 그것이 문제이다. 진실을 제대로 알지도 못한 채 남의 잘못을 질타하는 것이다. 그들을 질타하기 전에 우리는 먼저 그를 반면교사로 삼고, 그를 통해 나를 먼저 돌아보면, 그들을 용서할 수 있는 여유가 생길 것이다.

또한 자신의 실수는 남의 탓으로 돌리지 말고 즉시 인정할 수 있어야 한다. 또한 남의 실수에 관대할 수 있어야 한다.

남에 대한 배려는 그 사람의 어려움과 단점을 알고 이해해 주는 데서부터 시작된다. 남을 이해하고 배려해 주면 그때마다 나는 관대해지고 여유로워진다.

많은 사람들에게 존경받는 헨리 나우웬은 이렇게 말했다.

"긍휼히 여기는 마음을 갖게 되었을 때 우리는 사랑에 대한 갈망 및 세상에 만연해 있는 잔인함이 자신의 충동 속에도 뿌리내리고 있음을 인식할 수 있습니다. 또한, 긍휼히 여기는 마음을 통해 우리는 친구의 눈 속에서 용서를 바라는 자신을 발견할 수 있고, 친구의 신랄한 얘기 속에서 증오심을 느끼는 자신을 발견할 수 있습니다. 살인을 저지른 사람들을 보면 우리도 그럴 수 있었다는 것을 깨닫습니다. 자신의 생명을 바치는 사람들을 볼 때, 자신도 똑같은 일을 할 수 있다는 것을 깨닫습니다. 긍휼히 여기는 사람에게는 인간에 속한 모든 것이 낯설지 않습니다. 즉 어떤 기쁨이나 어떤 슬픔도, 어떤 삶의 방식이나 어떤 죽음의 방식도 그에게는 이질적으로 여겨지지 않습니다."

타인에 대한 사랑, 용서, 증오, 미움이 모두 나 자신 속에 속한 것이라는 것이다.

그렇다면 우리가 어떤 마음으로 살아야 할까는 뚜렷해진다.

'나를 사랑과 용서로 채울 것인가? 미움과 증오로 채울 것인가?'

또 다른 내 삶의 원칙은 바로 나눔이다.

나는 어릴 때부터 '돈을 많이 벌어 다른 사람을 돕고 살겠다'는 생각을 많이 했다.

그런 생각을 하다 보니 이젠 제법 큰 규모의 사업을 하게 되었다. 나는 생활이 안정되고, 사업이 확장되면서 가장 먼저 생각한 것이 어릴 적 꿈을 이루는 것이었다. 그래서 형편이 어려운 학생들에게 장학금도 주기 시작했다. 지금은 큰 규모가 아니지만 점차 늘려갈 생각이다. 그러나 그것보다 중요한 것은 나의 꿈과 비전을 나누는 것이 더 중요하다고 생각한다.

하나님이 나를 키워 주신 것은 대학에서 회계 원리만을 가르치는 선생이 되라는 것은 아니었다. 나의 삶의 모습을 통해 꿈과 비전을 가질 수 있도록 해주기 위함이었다.

미래는 견디는 자의 몫

 일주일에 한 번 나는 회계학 원리를 강의하기 위해 안양에 있는 대림대학교에 갔다.

파릇파릇 생기가 돌고, 무한한 미래의 가능성을 갖고 있는 젊고 밝은 학생들을 만나는 시간은 무척이나 즐겁고 행복했다.

아직은 천진하지만 삶의 무게 또한 만만치 않은 그들을 보면 나는 엄마같은 심정이 되곤 했다.

'저 아이들도 사회에 나가면 갖가지 시련을 겪을 테지. 저토록 순수하고 맑은 얼굴들에 삶의 무늬들이 생기겠지. 기쁠 때도 있겠지만, 힘들고 어려운 고난도 만날 테지.'

이런 생각을 하면, 학생들에게 그 고비마다 헤치고 나갈 수 있는 힘을 기르라고 말해 주고 싶었다. 그래서 종종 나의 이야기를 들려주곤 했다.

어릴 적 집이 가난해 고등학교 진학을 제때 못한 이야기, 사업을 하면서 부도 위기에 놓였던 이야기 등 그간 살아오면서 정말 힘들고 어려웠던 순간들을 이야기해 주었다.

그리고 나는 이렇게 말했다.

"어떤 경우도 자기 자신을 포기해선 안 된다. 어려움은 오래 가지 않는다. 그 모든 어려움은 성숙해지는 과정이다. 견디는 사람에게 미래가 있다."

누군가 인생은 파도와 같다고 했다.

파도는 쉼 없이 밀려오는 가운데, 파고가 높을 때도 있고, 낮을 때도 있고, 평온할 때도 있다.

가끔 이런 생각도 해본다. 삶이 평온하기만 하다면 과연 좋기만 할까. 그리고 평온하기만 한 삶이 있을까. 결론부터 말하자면 그렇지 않다.

물론 자신의 삶은 평온했다고 자평하는 사람들이 있을 수 있겠지만, 거의 모든 사람들은 살면서 수많은 고비를 넘기고, 어려움을 겪기 마련이다. 그런 시간들을 견디고 지내면서 사람들은 성숙해지고 어른이 되어간다.

이스라엘의 다윗 왕이 어느 날 궁중의 보석 세공인에게 이르기를, 자신을 위하여 아름다운 반지 하나를 만들되 기쁠 때 기쁨에 도취되거나 교만해지지 않는, 슬프거나 절망할 때 용기와 희망을 줄 수 있는 글귀를 새겨 달라고 했다.

보석 세공인은 아름다운 반지를 만들었지만, 어떤 글귀를 넣어야 할지 고민에 빠졌다. 결국 지혜롭기로 소문난 다윗의 아들 솔로몬을 찾아가 도움을 청하자 솔로몬은 이렇게 대답했다.

"이것 또한 곧 지나가리라."

이 말처럼, 세상 모든 것은 변한다. 고정되어 있는 것이 없다. 슬픈 일도, 기쁜 일도, 고통도, 즐거움도 순간일 뿐 모든 것이 지나간다.

우리의 삶에는 주어진 시간과 에너지의 총량이 있다고 생각할 때가 있다. 즉 우리에게 주어진 시간과 에너지 속에 행복의 총량, 고통의 총량 등이 포함되어 있다면, 지금 내가 당장 나쁜 일로 고통을 겪고 있으면 다가올 인생에는 그만큼 고통의 양이 줄어든다는 것이 아닌가.

그렇기 때문에 쉽사리 절망하거나 포기할 필요가 없다. 또 만일 지금 너무 좋은 일이 많아 행복하다면, 그만큼 행복의 양이 줄어들 것이므로 기쁨에 들떠 있을 것이 아니라 오히려 겸손하게 받아들이고 준비해야 한다고 생각한다.

"나쁜 일 없이 좋은 일은 진짜 좋은 게 아니다."

〈하와이언 레시피〉라는 영화에 나오는 대사이다. 만일 아무런 시련이나 고통 없이 어떤 결과를 얻는다면 우리는 그것의 소중함을 모를 것이다. 복권에 당첨된 사람들이 쉽게 파멸의 길로 들어선 예를 우리는 많이 보아 왔다. 쉽게 얻은 것이기 때문에 그들은 돈을 대부분 쉽게 탕진해 버린다. 돈만 탕진해 버리는 것이 아니라 그들의 인생도 탕진해 버리기도 한다.

삶을 살면서 나도 여러 번의 역경의 시간들이 있었다.

어려운 집안 사정으로 학교를 제때 다니지 못했던 청소년기, 결혼 초기의 힘들었던 생활, 사업에서의 위기 등을 거치면서 좌절하고 절망했던 시간들이 많았다. 하지만 결코 포기하지 않았고, 하루하루를 성실하게 지내면서 극복해 냈다.

모든 것은 지나간다. 하지만 그 고통의 시간을 그냥 흘려보내서는 안 된다. 어려움을 극복하려는 노력이 없으면 안 된다.

인간은 고통을 통해 성장한다. 때때로 나는 젊을 시절 내게 주어진 고통들이 지금의 나를 만들었다는 데 감사한 마음이 생긴다. 만일 그 고통들이 없었다면 어려움이 처했을 때 그것을 헤쳐 나오는 힘을 가지지 못했을 것이고, 비슷한 고통 속에 처한 사람들을 이해하지 못했을 것이다.

어떤 때는 그 고통과 역경 속에서 좌절하지 않고 잘 견뎌 온 내가 대견하다는 생각도 든다.

만일 힘들고 고통스럽다고 도중에 포기해 버렸다면 뒤에 달디단 행복의 열매를 얻지 못했을 것이다.

또한 인생은 어느 한 순간에 모든 것이 결정나지 않는다. 육상에 비교하면 단거리 경주가 아니라 마라톤이다. 마라톤 선수들은 그 긴 레이스에 심장이 터질 듯한 고통을 겪는다고 한다. 도중에 수없이 포기하고 싶은 유혹에 시달린다고도 한다. 그러나 그 유혹을 참고 견뎌 내면 어느 순간 '러너스 하이(runners high)'를 느낀다고. 몸이 가벼워지고 머리가 맑아지면서 경쾌한 느낌이 든다는 것이다. 그것은 오로지 고통을 견뎌 낸 사람의 몫이다.

삶을 살다 보면 어렵고 힘든 일이 있을 것이다. 하지만 그것을 견뎌내면 '러너스 하이'의 순간이 반드시 오리라는 것을 믿는다.

준비된 사람에게 기회가 온다

운명, 숙명이라는 말이 있다.

어떤 사람들에게 이 말은 '벗어날 수 없는 삶의 굴레' 혹은 '예정된 길'이라는 뜻으로 받아들여진다. 그래서 사람들은 흔히 어려운 일을 당했을 때 운명이라고 쉽게 체념하거나 포기하는 것을 본다. 곁에서 보면, 분명 조금만 노력하면 그 상황에서 벗어날 수 있는데 자신은 정작 그 상황 속에 빠져 현실을 제대로 보지 못하는 경우가 많다

운명이라는 것은 단순하게 보면, 타고난 환경이나 본인의 성격에 의해 좌우된다. 그런데 만일 운명이 예정된 길이라면, 나처럼 전라도의 아주 작은 섬에서 아버지 얼굴도 모른 채 태어난 사람은 평생 가난하고 불행하게 살아야 한다는 것이 아닌가!

사실 타고난 환경이나 사람의 성격은 얼마든지 바꿀 수 있다. 따라서 운명도 바뀔 수 있다고 생각한다. 더구나 하나님을 믿는 믿음을 가지고 있다면 더 가능하다. 성경에도 얼마나 많은 인물들이 무명의 사람에서 유명한 사람으로 운명이 바뀌었는가!

지금 만일 가난하고 불행한 사람이 평생 그렇게 살아야 한다면 인생이 얼마나 불공평한가.

내가 인생을 살아볼 만하다고 생각하는 것은 의외성과 예외성이 포함되어 있기 때문이다. 의외성과 예외성은 기회이다. 기회는 열심히 노력하고, 준비하는 사람에게 찾아온다. 지금 자신의 환경을 바꾸어 보고 싶은 사람은 먼저 준비를 해야 한다.

세계적인 명지휘자 이탈리아의 토스카니니(1867~1957)는 원래 첼로 연주자였다. 그런데 그는 연주자로서는 아주 치명적인 약점이 있었다. 지독한 근시라서 악보를 잘 볼 수 없었던 것이다. 그래서 그는 첼로 연주를 할 때마다 항상 악보를 미리 몽땅 외워 연주를 했다.

그러던 어느 날, 연주회 직전에 갑자기 지휘자가 오지 못하는 사건이 발생했다. 악단에서는 급히 지휘자를 대신할 사람을 찾았다. 악단을 연주하기 위해서는 연주곡을 전부 외우고 있어야 했다. 하지만 단원들 중 토스카니니 외에는 누구도 전곡을 외우고 있는 사람이 없었다. 불과 열아홉 살이던 토스카니니는 그 자리에서 임시 지휘자로 발탁되었고, 연주를 매우 훌륭하게 마칠 수 있었다. 세계적인 지휘자가 탄생하는 순간이었다.

버저 비터(buzzer beater)는 농구 경기에서 종료를 알리는 버저 소리와 함께 성공한 골을 말하는데, 이는 경기의 승패를 가르기도 한다. 그런데 버저 비터는 운이 좋아 우연히 들어가는 것이 아니다. 기회가 왔을 때 골을 만들 수 있는 능력을 키우기 위해 수도 없이 연습하고 노력한 결과이다.

펜싱 선수는 단 한 번 상대방의 정곡을 찌르기 위해 평생 찌르기 연습을 한다. 이처럼 준비를 하고 있으면 기회가 왔을 때 그 기회를 잡을 수 있게 된다. 아무것도 하지 않은 사람한테는 기회가 오지 않을 뿐더러 어쩌다 온 기회도 놓치게 되고 만다.

성경에는 준비를 하지 않아 결혼할 기회를 놓친 처녀들의 이야기가 나온다.

이스라엘에서는 저녁에 해가 질 때 결혼을 하는 풍습이 있다. 신랑이 도착하면 캄캄하기 때문에 처녀들은 손에 등불을 들고 신랑을 기다린다. 신랑이 언제 도착할지 모르지만 불을 환하게 밝히고 신랑을 맞이하기 위해서다. 신랑이 올 때 불을 밝히지 못하면 이는 대단히 큰 무례를 범하는 것이기도 하다.

성경에 나오는 열 명의 처녀도 흰옷을 입고 신랑을 맞이하러 나갔다. 그들은 각각 불이 켜진 등잔과 기름을 담은 작은 병을 갖고 신랑들이 오기를 고대했다. 그러나 한 시간이 지나고 두 시간이 지나도 신랑들은 나타나지 않았다.

신랑을 기다리던 처녀들은 지친 나머지 그만 잠이 들고 말았다. 잠을 자고 있던 처녀들은 한밤중에 갑자기 "보라, 신랑이로다. 맞으러 나오라"고 외치는 소리를 들었다. 처녀들은 황급히 일어나 등불을 환히 밝히고 신랑을 맞이하러 나갈 준비를 했다. 그런데 그 중 다섯 처녀는 등불을 밝히지 못해 쩔쩔매고 있었다. 그들은 신랑이 그렇게 오래 지체하리라고는 생각하지 않아 기름병이나 등잔에 기름을 충분히 준비하지 않았기 때문이다.

절박해진 다섯 처녀들은 기름을 준비한 처녀들에게 "우리 등불이 꺼져 가니 너희 기름을 좀 나눠 달라!"고 애원했다. 그러나 다섯 처녀는 이미 병의 기름을 다 등잔에 부은 후였으므로 그들에게 나누어 줄 것이 없었다. 하는 수 없이 다섯 처녀는 기름을 사러 갔다. 그동안 혼인 행렬은 지나가 버리고 말았다.

기름을 준비한 다섯 처녀들은 혼인 행렬과 함께 집안으로 들어왔고 문은 닫혀 버렸다. 기름을 준비 못한 미련한 처녀들이 기름을 사 왔을 때는 피로연이 열리고 있었고, 그들은 잔칫집 문밖에서 울고 서 있을 수밖에 없었다.

준비를 하지 않는 사람에게는 기회가 오지 않고, 기회가 와도 그 기회를 잡지 못한다는 것을 보여 주는 이야기이다.

운명을 바꿀 수 있는 기회는 차곡차곡 자신이 준비를 해야 온다. 물론 어떤 사람들은 복권에 당첨되어 하루아침에 큰 부를 얻기도 한다. 하지만 그렇게 얻은 부는 사상누각과도 같다. 돈이 없어지면 곧 제 자리로 돌아간다.

지금 내가 처해 있는 상황을 벗어나고 싶은가. 그렇다면 준비를 해야 한다. 앞으로 자신이 어떻게 변화하고 싶은지 그림을 그리고, 그 방향으로 갈 수 있는 준비를 해야 한다. 기회는 그런 사람에게만 온다.

마중물과 지렛대

사람은 사회적 동물이라고 한다.

이 말은 곧 사람은 혼자 살아갈 수 없다는 뜻이고, 사회생활을 하면서 살아가라는 뜻이기도 하다. 사회생활이란 사람과 사람 사이에 관계를 맺어가는 것이다. 사람은 사람을 떠나 살 수 없다. 서로에게 기대고 의지하고, 도움을 주고받으면서 살아간다.

사람 인(人) 자를 들여다보면, 선 두 개가 서로를 의지하고 있는 형상이다. 마치 가느다란 막대기를 기대어 놓은 것과 같다. 선은 둘 다 매우 위태로운 기울기로 서 있다. 둘 중 하나만 없어도 제대로 서 있지 못할 것이다. 이 글자를 보면서 나는 사람은 이처럼 혼자 있기에는 위태롭고 외로운 존재라는 생각이 들었다. 또한 사람은 이처럼 다른 사람에 의지해서 존재할 수밖에 없고, 아무리 잘

난 사람도 누군가의 도움이 없으면 존재하지 못한다는 것을 깨달았다.

생(生)이라는 것도 그렇다. 날 생 자는 소(牛)가 외나무다리(一)를 건너는 것과 같다고 한다. 이것도 우리의 삶이 그렇듯 아슬아슬한 것이라는 걸 보여 주는 것이 아닐까. 때문에 인생은 홀로 살 수 없는 것이다. 서로가 서로에게 기대기도 하고 도움을 주기도 하면서 살아가는 것이다.

인생을 살다 보면 어려운 순간들이 닥친다.

아니, 어쩌면 매순간이 어려운 순간일지도 모른다. 그 어려운 순간을 누군가 함께 견뎌 주는 것만으로도 매우 큰 힘이 된다.

마중물이라는 말이 있다. 상수도가 보편화되지 않았던 때에 집집마다 지하수를 끌어올려 쓰는 수동 펌프가 있었다.

그 펌프에 물 한 바가지를 넣고 열심히 펌프질을 하면 그 압력에 의해 지하에 있는 물이 끌어올려져 콸콸 쏟아져 나온다. 지하에 고여 있는 물을 끌어올리기 위해 펌프에 붓는 한 바가지의 물을 마중물이라고 한다.

어릴 때, 나도 그 한 바가지의 물을 몹시 갈망한 적이 있다.

내 안의 무한한 잠재력을 끌어올리기 위해서는 마중물 역할을 하는 무언가가 필요했다.

청소년기 학비가 없어 몹시 힘들었을 때, 학교를 그만두고 싶었지만 내가 견딜 수 있었던 것은 내게 힘을 주고 용기를 주는 인생의 멘토가 되는 스승님 덕분이었다. 스승님의 한 마디 한 마디가 내게는 마중물이 되었던 것이다.

스티브 잡스가 고등학생 때 일이다. 그는 휴렛 팩커드의 CEO인 빌 휴렛에게 전화를 걸었다고 한다. 그가 사는 지역의 전화번호부에 그의 이름이 있었기 때문이다. 마침 그가 직접 전화를 받았다. 스티브 잡스는 자신을 소개하면서 주파수 계수기를 만들고 싶은데 혹시 남는 부품이 있으면 줄 수 있냐고 물었다. 그는 웃으면서 주파수 계수기를 만들기 위한 부품을 줬을 뿐만 아니라 그해 여름 휴렛 팩커드에서 일할 수 있도록 해줬다고 한다. 그 일도 다름 아닌 주파수 계수기를 만드는 일이었다. 이 일은 스티브 잡스에게 마중물의 역할을 한 것은 틀림없다.

그런데 여기서 놓치지 말아야 할 것이 있다. 어떤 일을 성취하려고 한다면 스스로 행동을 해야 한다는 것이다. 그래야 누군가가 내게 마중물이 되어 줄 수 있다는 것이다.

그러나 대부분의 사람들은 도움을 구하지 않는다. 한 바가지의 마중물만 있으면 자신의 엄청난 잠재력을 발휘할 수 있는데 행동하지 않는다. 사실 다른 사람들은 내게 무엇이 필요한지, 어떤 도움을 필요로 하는지 알지 못한다.

행동을 취하지 않으면 얻을 수 없다. 어떤 일을 성취하는 사람과 꿈만 꾸는 사람의 차이는 바로 이것이다. 물론 원한다고 해서 모든 사람들이 내게 손을 내밀어 주지 않는다. 거절당할 것, 실패할 것도 감수해야 한다. 그래야만 누군가가 나의 마중물이 되어 줄 수 있는 것이다. 실패를 두려워한다면 아무것도 할 수 없다. 또한 물이 마른 곳에 아무리 마중물을 부어도 소용이 없다. 즉, 나 자신이 준비가 되어 있어야 한다는 것이다.

회계학에 지렛대 효과, 즉 레버리지 효과(Leverage Effect)라는 용어가 있다. 부채를 이용해 투자함으로써 수익이나 손실의 규모를 부채를 사용하지 않았을 때보다 크게 키우게 되는 것을 의미한다. 레버리지는 시장 변화에 따라 수익이나 손실 규모를 아주 크게 변화시킬 수 있으므로 자신이 갚을 수 있는 범위 내에서만 사용하는 것이 좋다.

대개 지렛대 효과는 사업의 규모를 키울 때 부채를 이용해 더욱 키우는 것을 말한다. 가령 대출 이자가 부담이 되지 않을 정도라면 적당한 대출을 통해 집을 사거나 좀 더 넓은 집으로 갈 수 있다. 이때 대출은 부채지만 자산을 늘리는 데 지렛대가 되는 것이다. 이 경우에도 마찬가지로, 자신의 자산이 있어야 지렛대를 이용할 수 있다는 것이다.

물론 타인의 도움도 지렛대가 될 수 있다. 무거운 바위를 들 때 지렛대를 이용하면 보다 수월하게 갈 수 있다. 분명한 건 자신의 힘이 가장 중요하다는 것이다.

사람은 서로서로 관계하고 의지하며 살아간다. 남의 도움 없이는 살아갈 수 없고, 남의 도움만으로도 살아갈 수 없다는 것은 불변의 진리이다.

나의 브랜드

 요즈음 젊은이들 사이에 유행하는 말이 하나 있다.
바로 '스펙 쌓기'이다.

고등학생은 좋은 대학을 가기 위해서 자신의 봉사활동 경력이
나 성적, 다양한 교내외 활동 등을 쌓기 위해 노력하고, 대학생들
은 좋은 직장을 구하기 위해 토익 점수를 잘 받는다든가, 각종 자
격증을 딴다든가 하여 자신의 실력을 가늠할 수 있는 외형적인 조
건을 갖추어 놓는 것이다. 다양한 경험과 활동을 함으로써 자신의
능력을 확장시키고 생각의 폭을 넓힐 기회를 갖는다는 점에서 '스
펙 쌓기'는 매우 긍정적으로 보인다. 여기다 더해 나는 '자신의 브
랜드'를 만들라고 강조하고 싶다. 즉 자신의 가치를 창출하고 그
가치를 자신의 브랜드로 만들라는 것이다.

브랜드라는 말은 고대 노르웨이의 말인 'brandr'에서 유래했다
고 한다. 이 말은 '불에 달구어지다'라는 의미가 있다. 가축의 엉덩
이에 불에 달군 도장을 찍어 소유를 확인했던 낙인처럼, 브랜드는
한 번 새겨지면 그 이미지가 좀처럼 지워지지 않는다. 때문에 어
떤 브랜드를 갖느냐는 매우 중요한 의미를 지닌다.

흑인 최초로 미국 대통령이 된 버락 오바마는 2012년 재선에
성공함으로써 다시 한 번 신화를 창조했다. 오바마가 초선 당시
미국 경제는 경제 위기로 몸살을 앓고 있었다. 변화해야만 경제
위기를 헤쳐 나갈 수 있다고 생각한 오바마는 '변화'를 기치로 내

걸었다. '변화하는 대통령'은 그의 브랜드가 되었다.

또한 2008년 대선에서 막강한 상대였던 힐러리 클린턴을 누르고 민주당 대선 후보로 확정되는 과정은 인생역전과 같은 드라마였다. 하버드 로스쿨을 졸업한 오바마는 시카고 빈민촌에서 사회운동을 시작했다.

케냐 출신의 흑인 아버지와 백인 어머니 사이에 태어난 혼혈이지만 정치적으로는 흑인의 색깔을 지닌 것이다. 부정부패로 물든 기성세대에 분노한 젊은 세대들은 '변화'를 원했고, 흑인으로서 미국의 주류 사회에 진입한 젊은 흑인 정치인은 그 자신 또한 정체성을 변화시켰기에 미국의 대통령까지 될 수 있었고, 그의 통합과 희망의 메시지는 강력한 인상을 심어 주었다. 그는 두 번째 대선에서 '앞으로(Forward)'라는 슬로건을 내걸고 중단 없는 전진을 역설해 또 한 번의 신화를 만들어냈다.

스티브 잡스 하면 떠오르는 것은 창조와 혁신이다.

스티브 잡스의 브랜드 역시 창조와 혁신이다. 그는 생각의 전환을 통해 아이폰이나 아이패드와 같이 과거에 존재하지 않았던 새로운 디지털의 세계를 만들어 냈다.

미국의 사우스웨스트 항공의 허브 켈러허에게서 떠오르는 것은 유머이다. 그는 펀(fun) 경영을 실현한, 미국에서 가장 웃기는 경영자로 손꼽힌다. 직장은 항상 즐거워야 한다는 것이 그의 철학이다.

"직장이 즐거우면 고객을 가족처럼 대한다. 서비스에 만족한 고객들이 다시 올 것이고, 주주들은 기뻐할 것이다."

그 덕분에 사우스웨스트 항공은 30년 넘게 평균 주가 수익률 1위, 세계에서 가장 존경받는 기업 2위, 46분기 연속 흑자 달성이라는 놀라운 기록들을 세워 나갔다.

그는 일요일 새벽 3시에 청소원 휴게실에 도넛을 들고 나타나기도 하고, 작업복을 입고 직원들과 비행기 청소를 하기도 해 직원들이 자비로 돈을 걷어 미국 경영자의 날, 자신들의 리더에게 감사하는 마음을 광고에 싣기도 했다.

우리나라를 월드컵 사상 최초로 4강에 올려놓은 거스 히딩크 감독은 선수들을 친근한 형이나 친구 대하듯 하여 '소통의 아이콘'으로 떠오르기도 했다.

축구 선수 박지성도 마찬가지이다. 남아공 월드컵 때 보여 준 주장으로서의 '소통의 리더십'은 어린 선수들로 하여금 그를 믿고 따르게 하였고, 그 덕분에 월드컵 사상 원정 경기에서 최초로 16강에 오르는 원동력이 되었다고 한다.

자기 브랜드는 이처럼 그 사람 하면 떠오르는 무엇, 즉 자신의 아이덴티티를 구축하는 것이다.

요즈음 자신을 브랜드화하라는 자기 계발서도 많이 나오는데, 나는 이를 좋은 직장을 구하는 등의 사회적 출세를 위해 전략적으로 사용하는 것보다는 더 나은 나를 성취하기 위한 방편으로 권하고 싶다. 얄팍한 생각으로 그저 이미지만 구축해 이용하려고 하면 언젠가는 그 이미지가 들통나고 만다. 자기 자신의 안과 밖이 일

치할 때, 자신의 생각과 행동이 하나가 될 때 그것이 자신의 브랜드가 될 수 있다. 말로는 소통을 외치면서 행동은 철벽 같다면 누가 그를 신뢰하겠는가.

대개의 사람들은 자기 자신을 모르고 사는 경우가 많다.

자신이 빵을 좋아하는지 밥을 좋아하는지, 혹은 채소를 좋아하는지 고기를 좋아하는지, 미술에 재능이 있는지 음악에 재능이 있는지 모르는 경우도 많다.

때문에 주변 사람들이 "너는 이런 사람인 거 같다"고 이야기를 하면 펄쩍 뛰는 사람도 있다. 자신이 기대하지 않은, 혹은 생각하지 않은 점이기 때문에 자기 자신의 그런 모습을 잘 받아들이지 못하는 것이다. 어떤 사람은 자기가 좋아하는 이미지를 자신으로 알고 행동하기도 한다. 그럴 경우는 대부분 주변과 불협화음을 내기 십상이다. 때문에 자신의 브랜드를 만들 때는 먼저 자기 자신을 객관적으로 살펴보아야 한다.

자신이 무엇을 잘하는지, 무엇을 좋아하는지, 어떤 꿈이 있는지, 단점은 무엇인지를 일일이 살펴 자신의 장점은 강화시키고, 단점은 보완하면서 자기 자신의 정체성을 먼저 찾아야 한다. 그런 다음 자신이 목표하는 자아상을 그리는 것이다.

자신의 브랜드를 갖는 것은 곧 자기 자신을 완성시켜 나가는 것이다. 내가 어떤 사람인 줄 정확하게 안다면 주변의 여건에 따라 흔들리지도 않고 쉽게 좌절하지도 않고 자신의 비전을 향해 나아갈 수 있다. 그것은 곧 상대방으로부터 인정과 신뢰를 받는 것이고, 또한 상대방이 나에 대해 긍정적으로 이해하고 지지해 준다는 것이기도 하다.

자신의 브랜드를 가지라는 것은 성공을 위한 어떤 방편을 가지라는 말이 아니다. 자신을 객관적으로 알고, 자기 자신을 보다 나은 사람으로 보완시키고, 그것을 통해 주변과 소통하고 어울리라는 것이다. 성공은 그 다음에 자연히 따라오는 것이다.

성공은 그 자체가 목표가 되어서는 안 된다. 자신을 완성시키는 과정에서 오는 것이 성공이기 때문이다. 성공이 목표가 되면 자칫 모든 가치가 물질적인 것에 중심을 두기 십상이다.

나의 브랜드가 무엇이냐고 묻는다면, 나는 '실천하는 사람'이라고 말하고 싶다. 나는 어떤 일을 하고자 계획을 세우면 반드시 실천한다. 남편은 내게 "참 추진력이 강하다"라고 말하곤 한다.

삼십대 중반, 늦은 나이에 대학을 간 것도 바로 그런 나의 특징 덕분이었다. 나는 계획한 것들을 실천하면서 한 단계 한 단계 좀 더 나아지는 나를 발견했다. 어릴 적 나는 큰 부자가 되고자 했다. 그래서 돈에 구애받지 않고 공부를 하고 싶었고, 남을 돕고 싶었다. 그것들을 하나하나 실천해 나갔다.

'실천하는 사람'이라는 나의 브랜드는 이렇게 만들어졌다.

좋은 중독, 나쁜 중독

 사람들은 각자 크고 작은 습관들을 가지고 있다. 성격에 의해 형성된 것도 있고, 환경에 의해 형성된 것들도 있다.

작은 습관들이 모여 그 사람의 행동을 결정하고, 그 사람의 생활 패턴을 만든다. 한 번 습관을 들이면 사람들은 그 습관에 따라 관성으로 움직인다. 때문에 습관은 그 사람을 만든다고 해도 과언이 아니다. 습관이 제2천성이라는 말은 그래서 나온 것이다

때문에 좋은 습관을 만드는 것은 무척 중요한 일이다.

작은 습관 하나가 인생을 바꿀 수도 있기 때문이다.

성공한 사람 중에는 매우 특출난 능력을 가진 사람들이 더러 있다. 하지만 이 특출한 능력 때문이 아니라 아주 좋은 습관 때문에 성공한 경우가 많다.

좋은 습관을 만드는 것은 거창한 결심이나, 돈이나, 시간이 필요한 것이 아니다.

마이크로소프트사의 창업자인 빌 게이츠는 "다른 사람의 좋은 습관을 내 습관으로 만든다"고 할 만큼 습관의 중요성을 강조했다.

어느 신문 인터뷰에서 그는 자신의 독서 습관에 대해 말했는데 "매일 밤 책을 읽었다"고 했다. 대중적인 신문이나 잡지, 주간지는 물론, 과학이나 비즈니스 등 자신의 관심 분야뿐 아니라 다른 분

야의 책들도 두루 읽었는데, 그렇지 않으면 자신이 변화되지 않았을 거라고 했다.

주식 투자의 귀재 워렌 버핏도 자신의 성공 습관 중 가장 큰 비중을 차지하는 것은 독서라고 했다. 그는 책과 투자 관련 자료, 그리고 신문과 잡지를 읽는 데 많은 시간을 들인다고 했다. 그는 보통 사람들의 평균보다 5배나 많은 독서를 했는데, 열여섯 살 때 이미 사업 관련 서적을 수백 권 읽었다고 했다.

"나는 아침에 일어나 사무실에 나가면 자리에 앉아 책을 읽기 시작한다. 그런 다음 여덟 시간 통화하고, 읽을거리를 가지고 집으로 돌아와 저녁에 또 다시 읽는다."

1998년 워렌 버핏이 워싱턴 대학교에서 강연할 때 학생들이, 어떻게 그런 부자가 되었는지 물었다. 워렌 버핏은 이렇게 대답했다.

"부의 근원은 습관입니다. 칭찬하고 싶은 사람의 습관이나 행동을 눈여겨보았다가 여러분의 것으로 만드세요. 마찬가지로 타인의 습관이나 행동 가운데 비난받을 만한 것이 있다면 그 역시 눈여겨보았다가 같은 전철을 밟지 않도록 유의해야 합니다."

이렇듯 좋은 습관을 가진 사람들은 자신의 삶을 아주 좋은 방향으로 이끌 수 있다.

하지만 잘못된 습관으로 인생을 파멸로 이끄는 경우도 많다. 나쁜 습관은 인생을 갉아먹는다. 도박으로 전 재산을 날리고, 알코

올 중독으로 직장도 잃고 가족도 잃은 사람들을 종종 본다.

어떤 사람들은 음식에 대한 중독을 끊지 못해 건강을 해치는 경우도 있다. 담배에 중독된다거나 약물에 중독되기도 한다. 특히 요즈음에는 게임에 중독되어 심각한 문제를 일으키는 청소년들도 많다고 한다. 그들은 게임에 중독되어 학교에 가지 않는 것은 물론 방안에만 틀어박혀 사회생활을 거부하기도 한다.

어떤 청소년은 폭력적으로 변해 야단치는 부모에게 폭언과 폭행을 행사하는 경우도 있다.

'미치면 미친다'라는 말이 있다. 어떤 일에 미치면 그 일의 궁극에 도달할 수 있다는 말이다. 어떤 일에 미친 듯이 집중하면 그 분야의 전문가로 우뚝 설 수 있다. 그러나 무엇에 미치느냐는 정말 중요한 문제이다. 백해무익한 도박이나 술, 마약, 담배 등에 미치면 그야말로 인생은 폐허 그 자체가 되는 것이다.

나쁜 습관에 중독된 것은 빨리 끊어야 한다.

나쁜 습관을 끊는 일은 사실 쉽지 않다. 그리고 적당히 해서는 나쁜 습관을 고칠 수 없다. 크나 큰 고통이 따르기 때문이다. 대부분 사람들이 단 하루의 유혹을 견디지 못해 나쁜 습관을 고치지 못한다.

각고의 노력이라는 말이 있다. 뼈를 깎는 고통이 따르는 노력이라는 것이다. 어떤 습관을 바꾸는 데는 각고의 노력이 필요한데, 그만큼의 고통이 따르고 힘든 일이다.

전문가들은 나쁜 습관을 바꾸는 데는 3주의 시간이 필요하다고 한다. 언뜻 3주의 시간은 매우 짧아 보인다. 하지만 시간이란 매우 상대적이어서, 무엇을 기다리고 참는 데는 3주라는 시간이 결코 짧지 않다.

습관을 바꾸는 것은 곧 새로 태어난다는 것을 의미한다.

기존의 자신을 버려야 하는 일이다. 알다시피 자신의 무언가를 버리는 일은 생각만큼 쉽지 않다. 게다가 몸으로 굳어진 것은 더욱 그렇다. 수많은 사람들이 다이어트에 도전하지만 성공하는 사람은 얼마 되지 않는다. 그것은 다이어트에 도전하는 사람들의 의지가 박약해서는 결코 아니다. 그만큼 평생 길들여진 몸을 바꾸는 일은 힘들다. 하지만 무엇을 얻기 위해서는 그 고통을 견뎌야 한다. 그래야만 새로운 자신을 만들 수 있다. 그리고 그 나쁜 습관을 대신할 좋은 습관을 찾아야 한다. 담배를 끊으려고 사탕을 먹는다면, 그것은 또 다른 나쁜 습관을 갖게 되는 일이기 때문이다.

성경에는 우리가 가져야 하는 좋은 습관이 나타나 있다.
"범사에 감사하라. 이는 그리스도 예수 안에서 너희를 향하신 하나님의 뜻이니라"(데살로니가전서 5:18)
"쉬지 말고 기도하라"(데살로니가전서 5:17)
나는 이 가르침에 따른 아주 좋은 습관을 갖게 되었다.
범사에 감사하고, 쉬지 않고 기도하는 것이다.
가만히 돌이켜보면 나를 만든 가장 좋은 습관은 범사에 감사하는 것이었다.

어려움 속에서도 누구를 원망하거나 환경을 탓하지 않았다. 아무리 힘들어도 성실히 내 일을 하다 보면 좋은 일들이 생겼다. 나는 저절로 감사하지 않을 수 없었다.

또한 쉬지 않고 기도했다. 기도하는 시간은 어떤 바라는 것을 구하는 때이기도 하지만 사실은 자신을 돌아보는 성찰의 시간이다. 성찰은 자신을 보다 나은 상태로 이끄는 귀중한 행위이다.

성경 말씀이 주신 좋은 습관 중에 하나가 바로 **"복 있는 사람은 악인의 꾀를 좇지 아니하며 죄인의 길에 서지 아니하며 오만한 자의 자리에 앉지 아니한다"**(시편 1:1)이다.

사람이 선행을 하는 것도 악행을 하는 것도 모두 습관에 따른 것이다. 자원봉사를 다니는 사람들을 보면, 한 번 다녀오면 계속 다니게 된다. 나중에 습관이 되어 자원봉사를 가지 않으면 몸이 근질거린다고 한다. 악행을 하는 사람들도 마찬가지이다. 한 번 악행을 저지른 사람은 두 번의 악행도 저지른다.

좋은 습관에 중독되라. 그 중독은 엄청난 에너지가 된다. 그 에너지는 자기 자신뿐 아니라 세상을 바꾸는 힘이 있다. 나쁜 습관에 중독되었다면 그것은 즉시 끊어야 한다.

실수는 바로 인정하라

누구나 살면서 크고 작은 실수를 하고 산다. 아주 사소한 실수부터 삶의 변화를 가져오는 큰 실수까지, 사람들은 실수를 하면서 살아간다. 오죽하면 인생은 '실수의 전당'이라고 말하겠는가.

사람은 불완전한 존재이다. 그러므로 실수를 하는 것은 너무나 당연하다. 그러나 실수를 했을 때 어떻게 대처하는가에 따라 삶이 달라질 수 있다.

어떤 사람은 변명을 늘어놓고, 어떤 사람은 깨끗하게 자신의 실수를 인정한다. 어떤 사람은 실수를 통하여 자신을 성장시키지만 어떤 사람은 아주 작은 실수로 인생을 망치기도 한다.

또 어떤 사람은 필연적으로 겪어야 하는 실수를 절대 용납 못하기도 한다. 하지만 실수 자체는 나쁜 것이 아니다. 그 실수에서 아무것도 배우지 못한 채 같은 실수를 반복하는 것이 문제다.

사실 실수를 하고 나서 자신의 실수를 인정하는 것은 쉬운 일이 아니다. 사람들은 흔히 자신을 합리화하고, 실수에 대한 마땅한 변명거리를 찾으려고 한다. 심지어 자신의 실수를 남의 탓으로 돌리려고 하는 사람도 있다. 그러나 그럴수록 실수는 더 크게 작용을 하게 된다. 부작용을 낳기 때문이다. 자신의 작은 실수로 그르치는 일을 다른 사람에게까지 영향을 미치기 때문이다.

자신의 실수는 즉시 인정하는 것이 좋다. 실수를 인정한다는 것은 곧 자신의 단점, 혹은 문제점을 인정하는 것이다. 그것은 곧 자신을 돌아볼 수 있는 기회를 준다.

사람들이 실수를 하는 데는 몇 가지 이유가 있다.

1991년 퓰리처상 추적 보도 부문을 공동 수상한 조지프 핼리넌은 20여 년간 사람들의 실수담을 모아 그 원인을 분석했다. 그는 『우리는 왜 실수를 하는가』에서 인간이 실수를 하는 이유를 이렇게 분석했다.

첫째, 자신이 바라는 것만 보는 편향성 때문이다.

둘째, 근거 없는 자신감으로 충만한 자기 과신 때문이다.

셋째, 대충 보고 간과하는 습관 때문이다.

넷째, 멀티태스킹의 신화에 사로잡혀 집중력을 잃고 마는 경향 때문이다.

나는 그의 분석에 매우 공감한다. 가끔 어떤 일을 추진할 때 주위를 돌아보지 않는 사람을 종종 본다. 자기의 생각만으로 꽉 들어차 주변의 상황이나 형편을 고려하지 않는 것이다.

어떤 일이든 자신감 있게 추진하는 일은 좋은 일이다. 그러나 근거 없는 자신감은 실수를 부르기 마련이다. 일을 하다 보면 자신의 능력을 과신하는 사람들을 종종 본다. 그래서 앞뒤 재지 않고 무조건 일을 벌인다. 그러면 반드시 실수를 하고 만다.

실수를 줄이는 방법은 어떤 일을 할 때 자신의 능력, 주변의 상황 등을 잘 살펴야 한다. 그래도 피치 못하게 실수를 하게 되는데, 실수를 했을 때는 자신을 돌아보고, 주변을 살펴 그 원인을 아는 것이 중요하다. 그러면 같은 실수를 반복하지 않는다.

실수를 하는 사람이 자신의 실수를 인정하는 것도 중요하지만, 실수를 한 사람을 포용하는 태도도 중요하다.

남의 실수를 빌미 삼아 자신의 기회를 삼는다든지, 남의 실수를 지나치고 혹독하게 비판하는 태도는 옳지 않다. 자신도 실수를 할 수 있기 때문에 그럴 때는 더욱 신중해야 한다.

성경 속의 인물들도 실수를 하는 일들이 종종 나온다. 그런 것을 보면 실수는 인간이라면 누구나 저지를 수 있다는 것을 알려준다. 그중 노아의 실수는 우리에게 많은 깨달음을 준다.

성경 창세기에 보면 노아가 농업을 시작하여 포도나무를 심어 포도주를 마시고 취하여 실수하는 장면이 기록되어 있다. 그는 의인이며 그 당시에는 다른 사람에 비해 완전한 사람으로 불릴 정도였다. 하지만 그런 노아도 실수를 한 것이다. 그것도 보통 취한 것이 아니라 옷을 다 벗어 던진 것도 모른 채 잠이 들 정도로 취했다.

노아는 그 일로 망신을 당했다. 아들들에게 부끄러운 모습을 보인 것이다. 그런데 노아의 세 아들은 아버지의 실수에 각각 다른 반응을 보였다. 둘째 아들 함은 아버지의 실수를 책망했지만, 첫째 아들 셈과 셋째 아들 야벳은 아버지의 실수를 덮어 주었다. 그 일로 인해 함은 저주를 받고 셈과 야벳은 축복을 받는다.

여기서 나는 나의 작은 내 실수가 나뿐만 아니라 다른 사람에게 영향을 미치기 때문에 먼저 실수를 하지 않기 위해 노력을 해야 하지만, 주변에 실수한 사람이 있으면 비웃고 비판하기보다 먼저 그 실수를 덮어 주어야 한다는 것을 깨달았다.

사람은 누구나 실수를 한다. 하지만 실수 이후가 더 중요하다. 실수를 즉시 인정하고 다시는 같은 실수를 반복하지 않도록 노력하는 것, 그리고 다른 사람의 실수를 덮어 주어야 하는 아량이 필요하다.

성실함은 나의 강점

 가끔 젊은이들을 만나 이야기를 하다 보면, 아주 뚜렷하게 두 부류로 나뉜다.

한 부류의 젊은이들은 자신이 무엇을 하고 싶고, 무엇을 잘하는지, 무엇에 관심이 있는지 분명히 알고 있다.

다른 부류의 젊은이들은 자신이 잘하는 것이 무엇인지, 앞으로 무엇을 할지에 대해 모르고 있는 경우다.

자신에 대해 잘 아는 것은, 곧 자신의 장점과 단점에 대해 아는 것이고, 자신의 약점과 강점에 대해서도 아는 것이다.

자신이 무엇을 잘하는지 혹은 못하는지 알고 있으면 어떤 직업을 선택할 때 많은 도움이 된다. 또한 자신의 핵심 역량을 길러 능력을 극대화시킬 수 있다.

누구나 인간에게는 자신만의 재능이 있다. 후천적으로 만들어진 재능도 있지만 대개는 타고나는 경우가 많다. 어떤 사람은 '난 재능이 없어'라고 말하는데, 재능이 없는 사람은 없다. 어떤 사람은 말을 잘하고 어떤 사람은 글을 잘 쓴다. 어떤 사람은 노래를 잘 부른다. 어떤 젊은이는 장사를 잘 한다. 이렇듯 어느 한 가지라도 다 잘하는 것이 있다. 그것은 그 사람의 강점이다.

반면, 누구나 약점도 가지고 있다. 완벽하게 다 잘하는 사람은 없다. 꼭 어느 부분은 약점을 가지고 있다. 사회생활을 하다보면 자기 계발을 필요로 할 때가 있다. 이때 우리는 강점과 약점을 어떻게 보완하고 이용하는가에 따라 사회생활의 성공과 실패 여부가 달려 있을 때가 있다.

사람들은 흔히 자신의 약점을 보완하기를 원한다.

가령 말을 잘 못하는 사람은 웅변학원에 다니고, 글을 잘 못 쓰는 사람은 표현력을 기르려고 한다. 하지만 자신의 약점을 보완하는 것은 사실은 가장 성과가 약한 일에 시간과 돈을 투자하는 거나 다름없다.

그런데 만일 강점을 더 극대화시키는 일은 어떤가.

강점은 그야말로 자신이 잘하는 것이다. 이를 테면 자신의 핵심적인 역량인 것이다. 그 강점을 키우는 데는 시간도 돈도 많이 들지 않고, 효과를 극대화시킬 수 있다. 자신의 강점을 발견하고 집중적으로 활용하면 그 분야에서는 다른 사람들이 감히 넘볼 수 없는 위치에 오를 수 있다.

골프 천재 타이거 우즈는 칩 샷을 치는 기술이 다른 뛰어난 기술에 비해 불안정한 편이었다고 한다. 그는 한 번의 퍼팅으로 벙

커를 빠져 나올 확률이 PGA에서 하위권에 머물렀다. 그는 벙커 샷을 보완하기보다는 그의 강점인 스윙을 다듬고 완벽하게 만드는데 투자했다. 그 결과 그는 골프 천재로서 수많은 우승을 거둘 수 있었다.

사실 약점을 보강하는 데 시간을 들이면 그것은 전체적으로 평균적인 사람이 되기 쉽다. 그러나 자신의 강점에 주력한다고 생각해 보라. 남들보다 잘하는 것을 더 잘하게 되어 특정 분야에서 두각을 나타낼 수 있다. 전반적으로 평균적인 사람이 낫겠는가, 특정 분야에서 두각을 나타내는 사람이 낫겠는가.

『위대한 나의 발견, 강점 혁명』을 쓴 마커스 버킹엄은 "인생의 비극은 우리가 충분한 강점을 갖고 있지 않다는 데에 있지 않고, 오히려 갖고 있는 강점을 충분히 활용하지 못하는 데에 있다. 벤자민 프랭클린은 미처 활용하지 못한 채 낭비되는 재능을 '그늘에 놓인 해시계'라고 불렀다"고 말한다.

자신의 강점이 무엇인지 자신을 관찰할 필요가 있다. 그리고 그 강점을 충분히 활용할 수 있도록 하는 것이 자신을 보다 나은 사람으로 이끌 수 있을 것이다.

나의 강점은 성실함이다. 어떤 난관이 있더라도 당당하고 꿋꿋하게 맞서면서 해결해 나갈 수 있었던 것은 바로 성실함 덕분이었다. 나는 성격상 어떤 일을 대충대충 하지 못한다.

성실함은 어떤 일을 하든 제대로 하는 데 밑바탕이 되었고, 어려움이 있을 때 이겨낼 수 있는 힘이 되었다. 나는 성실함과 꼼꼼함, 그리고 일을 함에 있어 완벽함을 추구한다.

우리 회사가 짧은 시간에 큰 성공을 이룰 수 있었던 것은 나의 그러한 성실성이 보탬이 되었다고 자부한다. 또한 2011년 수입 도자기 매장을 새로 시작할 때도 나는 어떤 두려움도 없었다. 무엇이든 성실하게 하면 성공할 수 있다는 것을 경험했기 때문이다.

8

끊임없이 간구하면
이루어진다

큰 뜻을 품고 그것을 향해 끊임없이 하나님께 간구하며 걸어가다 보면 길이 생기기 마련이다. 그것
이 헛된 망상만 아니라면 반드시 어떤 새로운 변화가 온다. 그리고 자칫, 길이 아닌 길에 들어서도
금방 바로잡을 수 있다.

8

인생의 밑그림

'반값 등록금', '청년 실업'.

요즘 20대를 상징하는 말들이다. 젊은이들은 비싼 등록금 때문에 공부할 시간도 없이 아르바이트를 다니느라 힘든 생활을 하고, 그렇게 간신히 졸업을 하고 나면 막상 그들을 기다리는 것은 취업에 대한 압박감이다. 게다가 아르바이트를 해도 등록금을 미처 다 마련하지 못해 대출을 받은 학생들은 졸업하자마자 빚더미에 올라 있는 현실은 청춘을 더욱 무겁게 한다.

가장 아름다워야 할 시기, 한창 미래의 꿈을 향해 달려가야 할 청춘의 시절에 현실이라는 커다란 벽 앞에서 몸살을 앓고 있다.

'아프니까 청춘이다'라는 말도 있지만, 사실 그 말은 당장 눈앞의 현실이 막막한 젊은이들에게는 별로 위로가 되지 못한다. 그

청춘을 지나온 사람만이 할 수 있는 말이다.

나의 청춘기도 결코 녹록지 않았다. 무엇보다 집안 형편이 어려워 고등학교도 간신히 졸업하고 대학에 진학하지 못했다. 당시 나에게는 온 세상이 잿빛으로 보였다.

공부를 하고 싶어 하는 열망이 강했던 나는 마음속 깊이 절망을 겪었다. 사람은 절망 속에서 성장한다고 했던가. 진학을 하지 못한 나는 사춘기를 앓을 틈도 없이 성큼 나이가 든 것 같았다. 집안 형편이 어려워 제때 고등학교에 가지 못한 나는 일찍이 어른이 되어 있었다. 어떻게든 혼자서 현실을 헤쳐 나가야 했다.

나는 대학에서 강의를 할 때 3월 새 학기 개강의 첫 수업은 인생 이야기로 시작했다.

모든 것이 그렇듯이 인생에도 주기가 있다. 한 시절을 기준으로 삶의 변화가 온다. 때문에 어느 한 시절을 어떻게 지내느냐에 따라 인생의 어느 주기가 행복하기도 하고 불행하기도 한다.

대개 대학 시절은 20대의 주기를 시작하는 한 시절이다.

대학 시절을 어떻게 보내느냐에 따라 20대의 삶이 결정된다고 할 수 있다.

또 20대의 삶을 어떻게 사느냐 따라 30대의 삶이 결정된다.

어떤 사람은 공부가 하고 싶어도 학교에 다니지 못하는데, 버젓이 대학에 입학하고도 충실히 공부를 하지 않는 것은 삶의 직무유기라는 생각이 든다. 사람은 누구나 원하는 삶을 살 수는 없다. 때로는 그렇지 못한 처지나 환경에 놓일 때가 있다. 하지만 그런 시간들이 남의 시간이 아니고 내 시간이기 때문에 한순간도 허투루 보낼 수는 없다. 인생은 한 번 흘러가면 다시 돌아오지 않기 때문이다.

사실 20대 때에 그런 사실을 인식하기란 쉽지 않다. 나이가 들어야 비로소 알 수 있는 것이다. 그래서 나는 학생들에게 먼저 그런 이야기를 해주었다.

"지금 여러분들이 처해 있는 환경이나 처지가 다소 마음에 들지 않더라도 내게 주어진 삶이므로 최선을 다해야 한다. 그래야만 새로운 변화된 시간들이 여러분에게 온다. 만일 마음에 들지 않는다고 아무런 것도 하지 않으면 변화는 찾아오지 않는다."

그러면서 나의 10대, 20대 시절의 이야기를 해주면 대부분 학생들은 믿어지지 않는다는 표정을 지었다.

그리고 학생들에게 늘 강조하는 말이 있다. 인생의 밑그림을 그리라는 것이다. 인생을 어떻게 살 것인가. 이에 대한 구체적인 계획을 세우는 것은 곧 망망대해를 항해하는 배가 나침반을 갖는 것과 같다. 어디로 갈지 방향이 정해지면 혹 길을 잃더라도 나침반을 보고 찾아갈 수 있기 때문이다.

인생의 밑그림이란 곧 삶의 계획이나 목적이라고 할 수 있다.

삶의 계획이나 목적이 있는 사람과 그렇지 않은 사람들은 지금 당장은 큰 차이를 느끼지 못한다. 하지만 삶을 살다가 뜻하지 않은 고난이나 역경에 맞닥뜨렸을 때는 확연히 차이가 나타난다.

분명한 목적이나 계획이 있는 사람은 고난이나 역경이 닥쳤을 때 잠시 당황할 수는 있겠지만, 결코 길을 잃고 좌절하거나 절망하지 않는다.

컴퓨터 운영 프로그램으로 전 세계 소프트웨어 시장을 석권하고 있는 마이크로소프트사의 빌 게이츠는 대학을 중퇴하고 회사를 창업하면서 이런 밑그림을 그렸다고 한다.

"모든 컴퓨터 사용자가 내가 만든 프로그램을 사용하게 만든다."

그는 이 밑그림을 구체화시키기 위해 노력했고, 창업한 지 6년 만에 당시 세계 최대의 컴퓨터 회사였던 IBM 개인용 컴퓨터에 사용할 기본 운영체제 프로그램을 개발하게 되었다.

사람은 모두 뜻한 바대로 살게 되어 있다.

큰 뜻을 품고 그것을 향해 걸어가다 보면 길이 생기기 마련이다. 그것이 헛된 망상만 아니라면 반드시 어떤 새로운 변화가 온다. 그리고 자칫, 길이 아닌 길에 들어서도 금방 바로잡을 수 있다. 멀리 꿈이 있는 사람은 그것을 기준으로 올바른 판단을 할 수 있다.

그렇지 않은 사람은 당장의 이익이나 편리에 흔들린다.

인무원려필유근우(人無遠慮必有近憂)라는 공자의 말이 있다.

사람이 멀리 생각하는 바가 없으면 반드시 가까이에 근심이 있다는 뜻이다. 곧 원대한 꿈을 품고 있는 사람은 지금 당장의 근심거리나 걱정도 잘 견딜 수 있다는 뜻이다.

보통 눈앞의 현실에 연연하여 미래를 내다보는 혜안을 갖기 힘들다. 그러나 미래에 대한 준비와 생각을 갖고 있지 않으면 닥치는 어려움을 이겨낼 수 없고 기회도 잡을 수가 없다.

밑그림을 그린다는 것은 바로 그런 원대한 꿈을 설계하라는 것이다. 그러면 지금 당장 겪고 있는 역경이나 고난이 아주 작은 것이 될 수 있다. 세월이 흐르면서 능력도 생기고 문제를 바라보는 시선도 확장되기 때문이다.

앙드레 말로의 말이 생각난다.

"모든 것은 꿈에서 시작된다. 꿈 없이 가능한 일은 없다. 먼저 꿈을 가져라. 오랫동안 꿈을 그리는 사람은 마침내 그 꿈을 닮아간다."

나는 어릴 적 막연하게 꿈을 꾸었다.

"공부를 많이 해서 부자가 되어 어머니가 더 이상 고생을 하지 않게 해드려야겠다. 그리고 어려운 사람을 도울 수 있는 사람이 되어야겠다."

섬마을 가난한 집안에서 태어나고 자란 나의 이 소박하고도 작은 꿈은 결국 지금의 나를 있게 했다. 초등학교 시절의 이 막연한 꿈은 중·고등학교를 다니면서 구체화되었다. 어떻게든 공부를 해야겠다는 굳의 의지를 갖게 되었고, 잠시 학업을 중단했을 때도 결코 포기하지 않게 하는 원동력이 되었다. 당시에는 그것이 내 삶의 밑그림이라고 생각지 못했다. 하지만 그런 꿈이 없었으면 지금의 나도 없었을 거라고 생각한다.

섬을 떠나 학비를 벌기 위해 인천의 합판공장에 취업했을 때, 정말 성실하게 열심히 일했다. 그러다 보니 많은 사람들에게 인정을 받게 된 것이다. 그결과 당시 부장님으로부터 눈에 띄게 되었고 고등학교까지 갈 수 있는 기회를 얻은 것이다. 사춘기 소녀에게는 다소 버겁고 힘든 일이었지만 당시 상황이 조금도 고달프거나 힘들지 않았고, 부끄럽지도 않았다. 내게는 그것을 극복할 만한 힘이 있었다. 그것은 바로 공부에 대한 남다른 열망이었다.

뚜렷한 목표가 있는 사람은 현실에 얽매이지 않는다.
현실이 고달파도 자신을 추스르고 견뎌낼 수 있는 힘을 가질 수 있다. 인생의 밑그림을 갖는 것, 그것이 바로 그 힘이다.
큰 꿈이 아니어도 좋다. 꿈은 수정할 수 있다. 꿈이 있다는 그 자체가 현실을 잘 헤쳐 나가고, 최선을 다하게 하고, 그럼으로써 삶에 변화를 가져오게 할 수 있는 힘이 된다.

희망을 품을 수 있는 용기

 흔히 주변에서 이런 말을 하는 사람들을 종종 만날 수 있다.
"내가 그런 일을 어떻게 해!"
"부자는 아무나 되는 게 아니야."
"우리 같은 사람들이 뭘 해!"

"그건 욕심이야."

언뜻 보면 이들은 겸손하거나 분수를 잘 아는 사람처럼 보이기도 한다. 하지만 그것이 과연 겸손이나 분수를 아는 것일까. 나는 아니라고 생각한다.

이런 심리들을 가만히 들여다보면, 실패가 두려워 무엇이든 시도도 해보지 않는 사람들이 자신의 두려움을 남에게 들킬까 봐 자기변명을 하고 있는 것을 알 수 있다. 이런 사람들은 자신만이 아니라 그 두려움을 남에게까지 강요하기도 한다.

"꿈도 꾸지 마라, 네가 감히 그런 일을 어떻게 해."

어떤 사람이 무엇을 하고자 하면 주변에서 이렇게 말하는 사람들이 있다. 이들의 속마음에는 자신은 못하는 일을 다른 사람이 성공할까 봐 두려운 데다 시기와 질투까지 곁들여 있다.

어떤 일을 꿈꾸는 것, 희망하는 것은 용기가 필요하다. '아무리 어려운 일도 할 수 있고, 아무리 나쁜 현실도 나아질 수 있다'는 희망을 갖지 않으면 변화될 수 없다. 변화되지 않으면 구할 수도 없는 것이다.

이솝 우화의 신포도 콤플렉스가 바로 그것을 말해 준다.

"저 포도는 매우 실 거야" 하고 지나치면 여우는 그 포도를 평생 먹을 수 없다.

우리 속담에 "오르지도 못할 나무 쳐다보지도 말라"는 말이 있다. 이는 제 능력과 분수를 알고 헛된 망상이나 꿈을 꾸지 말라는 뜻이지, 그 어떤 노력이나 도전을 하지 말라는 것은 아니다.

내가 중학교를 졸업하고 고등학교에 바로 진학하지 못했을 때, 주변 사람들은 중학교를 졸업한 것만도 대단하다고 했다. 거기에 만족하고 취직한 뒤 결혼을 하는 게 좋을 것이라는 말도 했다. 물론 내가 사춘기 무렵의 우리 사회는 내 또래의 여자들은 대부분 초등학교나 중학교 졸업이면 만족해야 할 형편이었다. 고등학교나 대학교 가는 일이 매우 드물었다. 여자가 대학교를 간다는 것은 요즘 말로 상위 1%나 들어야 가능한 일이었다. 그러다 보니 내가 고등학교에 진학하는 것은 물론 대학교에 가기를 열망하는 일은 남들이 보기에 자칫 분수를 모르는 일일 수도 있었다.

하지만 처지가 그렇다고 해서 꿈을 꾸지 말라는 법도 없다. 나는 언젠가는 대학에 가겠다는 목표를 세웠다.

"낙관주의는 성공으로 인도하는 믿음이다. 희망과 자신감이 없으면 아무것도 이룰 수 없다"는 헬렌 켈러의 말처럼 희망이 있었기에 나는 자신감이 있었고 두려움도 없었다. 희망을 꿈꿀 만큼 용기가 있었다. 그 용기가 있었기에 내가 원하는 삶을 살 수 있었다. 그래서 지금 어려움에서 힘든 생활을 하고 있는 젊은이들에게 말하고 싶다.

"용기 있는 사람만이 희망을 품습니다. 그리고 희망을 현실로 바꿀 수 있습니다."

성실, 지극한 아름다움

요즘은 개성과 창의성이 각광받는 시대이다. 평범함보다는 남과 다른 것, 튀는 것을 찾고 그래야 인정받는다고 생각한다. 그러다 보니 과거에 삶의 큰 덕목이었던 성실함에 대해서는 다소 소홀하게 생각하는 경우를 본다. 때로는 성실함은 진부하거나 구태의연함으로 치부되기도 한다. 물론 개성과 창의성도 매우 중요하다. 그러나 이는 모두 성실성이 바탕이 되어야 나올 수 있는 것이다.

그것은 마치 수면 아래에서 끊임없이 움직이는 백조의 발놀림과 같다. 만일 그 발놀림이 없다면 백조는 그처럼 우아하게 물 위를 떠다닐 수 없다. 성실함이 없다면 창의력도 튀는 개성도 순간 빛날 뿐이지 오래도록 빛을 발하지 못한다.

『중용』에는 "성실함은 만물의 처음이요 끝이다. 성실은 만물의 근원이 되고 성실함이 없으면 만물은 존재하지 않는다"는 말이 나온다. 그러면서 성실함을 얻는 다섯 가지 방법으로, 박학(博學), 심문(審問), 신사(愼思), 명변(明辯), 독행(篤行)이라고 했다. 곧, 성실은 널리 배우는 것, 자세히 묻는 것, 조심스럽게 생각하는 것, 분명하게 판별하는 것, 독실하게 행하는 것에서 나온다는 것이다.

성실은 성공의 기본이고, 삶의 가장 중요한 덕목이다. 옛말에 지성이면 감천이라는 말이 있다. 매우 성실하면 하늘도 감응한다는 뜻이다.

지성(至誠)은 지극히 성실함을 말한다. 즉 쉼 없이 어떤 일을 하는 것이다. 그렇게 하면 그것이 안으로 쌓이고, 안에서 쌓이고 쌓이면 바깥으로 자연스레 드러나게 되고, 밖에 드러나면 여유롭게 오래도록 할 수 있게 되고, 오래할 수 있게 되면 또 그 결과로 안으로 더 넓고 두텁게 쌓이고, 그러면 그것은 비할 바 없이 아름다운 것이라는 것이다. 그것은 곧 하늘과 감응할 수 있는 것이기도 하다.

그렇다고 성실하다는 것이 시종일관 빡빡하게 거기 그 일에만 매달려 있는 것은 아니다. 확 타올랐다가는 휙 떠나는 것이 아니라 오래도록 여유 있게 꾸준히 그 일을 하는 것이다.

"우리가 어떤 일을 지속적으로 할 때 그것은 쉬워지기 마련이다. 그 사물의 본질이 변하는 것이 아니라 그것을 할 수 있는 우리의 능력이 증가되는 것이다."

랄프 왈도 에머슨의 이 말은 성실의 중요성을 강조한 말이다.

'생활의 달인'이라는 방송 프로그램이 있었다.

각 생활 전선에서 하루하루 성실함으로 수십 년 간 살아온 사람들이 터득한 '달인'의 경지를 보여 주는 것이다. 식당 아주머니가 몇 단으로 쌓은 밥상을 이고 복잡한 시장을 다니며 배달하는 모습, 어느 공장에서 놀랄 정도로 빠른 속도로 불량품을 정확하게 골라 내는 모습 등을 보여 주는데, 그들을 보면 감탄과 아울러 존경심이 든다. 그것이 바로 성실함이 주는 경지인 것이다.

사람들은 누구나 성공하기를 꿈꾼다. 성공하고 싶은 사람은 성실해야 한다.

만일 기타 연주를 멋지게 하고 싶다면 코드 잡는 법부터 차근차근 배워야 하고, 작가가 되고 싶다면 수없이 많은 글을 써 보아야 하며, 사업을 하고 싶다면 밑바닥부터 하나하나 배워 나가야 한다. 로마가 하루아침에 이뤄진 것이 아니듯, 성공도 하루아침에 이루어지는 것은 아니다.

엄청난 꿈을 가졌으면서도 대충대충 사는 사람들을 주변에서 쉽게 볼 수 있다. 꿈은 열정적으로 움직이는 만큼 얻을 수 있는 것이다. 꿈을 이루기 위해서는 성실해야 한다.

세계 최고의 부자로 살다가 98세에 눈을 감은 미국의 석유재벌인 록펠러는 매우 성실한 사람이었다고 한다. 그는 약속을 철저하게 지켰고, 쾌락을 멀리하고 절제된 삶을 살았다. 심지어 연극이나 오페라는 선정적이라고 해서 가지 않았다. 그의 철저함은 자녀 교육에서도 예외가 없었다. 자녀들이 식사 시간에 조금만 늦어도 1분당 1센트씩 벌금을 물게 할 정도였다. 그는 일, 가정생활, 신앙생활, 운동 등 모든 것에 일정한 규칙을 정해 놓고 철저히 지켰다. 이와 같은 성실성이 그를 세계 최고 부자의 자리에 오르게 한 것이다.

만일 누가 일확천금으로 부자가 되었다면, 그것은 오래 가지 못한다. 복권에 당첨된 많은 사람들이 얼마 안 가 파산한 경우는 너

무나 흔하다. 부(富)도 성실하게 쌓아올린 것만이 소중하게 여겨
지고 오래 간직할 수 있는 것이다.

성실은 성공의 밑바탕이다. 그것이 바탕이 되지 않으면 아무것
도 이룰 수 없다는 것을 그때 나는 알 수 있었다.

지금도 나는 무슨 일이든 성실하게 한다. 또한 학교에서 학생들
을 가르칠 때 성실한 학생들을 눈여겨보게 된다.

때때로 절망하더라도 포기하지 말라

"때때로 절망하더라도 포기하지 말라."

어느 시인이 쓴 산문에서 이 구절을 읽고 '쿵'하는 가슴의
울림을 느낀 적이 있다.

'아, 그래 맞아. 나도 수없이 절망했지만 결코 포기하지 않았지.'

그리고 십대 시절을 떠올렸다.

청소년기를 흔히 질풍노도의 시기라고 한다. 몸은 폭발적으로
성장하는 데 반해 정신의 성장은 그에 미치지 못하고, 자아를 찾
아 헤매지만 명징한 것은 아무것도 없는 시간들…. 내가 좋아하는
것이 무엇인지, 앞으로 무엇을 어떻게 하고 살아야 할지, 그런 고
민들로 십대 청소년기는 충분히 힘든 시기이다. 여기에다 외부적
요인이 보태지면, 갈등과 방황의 진폭은 훨씬 더 커질 수 있다.

나 또한 고등학교를 다닐 때 어머니가 포도밭에서 고생하는 모
습을 보고 '학교를 그만두고 돈을 벌어야 하나?' 하고 고민했었다.

만일 그때 학업을 포기했다면 어땠을까? 당장은 편했을 것이다. 그러나 내가 꿈꾸었던 지금의 모습은 없었을 것이다. 나는 그 시절을 버티고 버텼기 때문에 지금 이 자리에 올 수 있었다.

가끔 신문이나 방송을 보면 연예인들이 '너무 힘들어서 자살을 생각했다'는 이야기를 하는 것을 종종 본다. 그들이 한때 사는 것이 힘들어 그런 극단적인 생각을 했다는 것이 너무나 끔찍하지만, 한편으로는 그들이 자살하지 않고 살아남았기 때문에 오늘날 재기할 수 있었다고 본다. 그토록 고통스럽고 절망스러운 순간을 이겨냈기에 그들은 오늘날 그와 같은 이야기를 할 수 있는 것이다. 만일 그 순간 그들이 삶을 포기했다면 그들의 삶은 거기에서 끝나고 말았을 것이다.

세상에는 절망 속에서도 삶을 포기하지 않고 한 송이 꽃을 피워낸 사람들이 많다.

한쪽 다리만 가지고 스포츠댄스 춤을 추는 중국인의 동영상이 인터넷에서 큰 화제를 불러일으킨 적이 있다. 두 다리가 멀쩡한 사람도 추기 어려운 춤을 한쪽 다리와 목발로 파트너와 짝을 이루어 춤을 추는데, 마치 한 마리의 학처럼, 흐르는 강물처럼 그렇게 부드럽고 우아했다.

그가 저토록 아름다운 춤사위를 만들기 위해 얼마나 피나는 노력을 했을지 도무지 상상할 수 없을 정도였다. 그의 춤사위가 더욱 아름답고 감동스러운 것은 그가 남들보다 어려운 여건에서 이루어 낸 것이기 때문이다.

런던 올림픽에 참가한 폴란드의 나탈리아 파르티카라는 여자 탁구 선수가 단식경기에서 첫 승을 거두었다는 기사를 읽었다.

단지 첫 승을 거두었을 뿐인데 특별히 기사로 다루어진 것은 그녀가 '외팔'이기 때문이다. 한쪽 팔로만 올림픽에서 승리를 한 그녀는 마치 우승한 것처럼 기쁘다고 말했다. 태어날 때부터 오른팔 팔꿈치 아래 부분이 없었던 그녀는 일곱 살 때 처음 탁구 라켓을 잡았고, 열한 살에 장애인 올림픽에 참가한 이후 두 번의 올림픽에서 금메달을 땄다. 그리고 베이징 올림픽부터는 비장애인들의 올림픽에 참가해 왔다.

이 두 사람의 공통점은 자신의 장애를 극복하고 끊임없는 도전으로 꿈을 이루었다는 것이다. 다리 한쪽이 없는 사람이 춤을 추고, 팔 한쪽이 없는 사람이 탁구를 한다는 것은 일반적인 상식을 뛰어넘는 놀라운 도전이다. 그들이 두 팔다리가 있는 사람보다 얼마나 많이 노력했을지는 상상할 수 없을 정도다. 더욱이 그들의 도전은 완결형이 아니다. 지금도 계속되고 있다.

이처럼 온갖 역경과 고난을 극복하고 끊임없이 도전해 자신의 꿈을 이루어나가는 사람들의 삶은 타인에게 감동과 희망을 준다.

사실 꿈을 이루어 나가는 것은 결코 쉬운 일이 아니다. 누구나 꿈을 꾸지만 자신의 꿈을 포기하고 사는 경우가 많다.

얼마 전 OECD 사회 통계 지표에서 우리나라 사람들의 삶의 만족도가 OECD 국가들 중 꼴찌라는 조사 결과가 나왔다. 지나친 경쟁 사회, 돈과 학벌 위주의 사회, 사회적 부조리 등 여러 가지 이유가 있겠지만, 나는 그중 하나가 바로 자신의 꿈과 희망대로 살지 못하기 때문이라고 생각한다.

대개는 좋은 대학에 가서 대기업에 취직해 착실히 월급을 받고, 저축을 해서 결혼을 하고, 집을 사고 아이를 낳아 기르고, 아이들이 크면 또 똑같은 삶을 강요한다. 이게 우리나라 평균인의 모습이다. 얼마 전 지인들과의 모임에서 그들이 토로하는 것을 들었는데, 번듯한 직장생활을 하고 있고 물질적으로는 전혀 아쉽지 않지만 뭔가 허전하다는 이야기를 했다. 그중 한 사람은 그저 현실에 안주하고 사느라 자신의 꿈을 포기했다고 말하면서 다시 20대로 돌아가면 자신의 꿈을 펼치면서 살고 싶다고 했다.

사실 대부분의 사람들이 그런 삶을 선택해서 산다.

주변 환경 탓을 하면서 꿈을 포기하고 만다. 그러나 곰곰이 생각해 보면 그것은 결국 자신의 문제라는 것을 알게 된다. 자기 자신에 대한 믿음이 부족하기 때문이고, 자신을 사랑하지 않기 때문이다.

포기하는 것만큼 쉬운 것은 없다. 절망스러운 일이 생겼을 때, 실패했을 때, 시련이 닥쳤을 때 그것을 극복하지 않고 포기하면 당장은 매우 편안함을 느낄 것이다. 그러나 자신이 원하는 것을 결코 얻지는 못한다. 인생에서 실패하는 대부분의 경우는 포기하는 바로 그 순간에, 내가 성공에 얼마나 가까이 있는지를 알지 못했기 때문이다.

"우리 인생의 가장 큰 영광은 결코 넘어지지 않는 데 있는 것이
아니라 넘어질 때마다 일어서는 데 있다."(넬슨 만델라)

고통, 가면을 쓴 은총

 "인간지사 새옹지마다. 좋은 일이 있으면 나쁜 일이 있
고, 나쁜 일이 있으면 좋은 일이 있다."

어른들로부터 줄곧 듣던 말이다. 곤경에 처했을 때, 난관이 닥
쳤을 때 주변 사람들은 흔히 이렇게 위로한다. 세상일은 어떻게
변화할지 모르기 때문에 지금 당장 눈앞에 펼쳐진 일 가지고 기뻐
하거나 슬퍼하지 말라는 이야기이다.

새옹지마(塞翁之馬)는 『회남자(淮南子)』라는 책에 나오는 사자성어
이다. 중국의 국경 지대에 살고 있던 노인이 기르던 말이 어느 날
국경을 넘어 오랑캐 땅으로 도망쳤다. 이웃 주민들이 그를 안타까
워하며 위로의 말을 전하자 노인은 태연하게 말했다.

"이 일이 복이 될지 누가 압니까?"

그로부터 몇 달 뒤, 도망쳤던 노인의 말이 암말 한 필과 함께 돌
아왔다. 이웃들이 노인에게 달려와 기뻐하며 말했다.

"노인께서 말씀하신 그대로 됐네요."

그러나 노인은 기쁜 내색도 하지 않고 말했다.

"이게 화가 될지 누가 압니까?"

아닌 게 아니라 며칠 후 노인의 아들이 그 말을 타다가 떨어져 다리가 부러지고 말았다. 이웃 사람들이 다시 위로를 하자 노인은 또 담담하게 "이게 복이 될지 모르오"라고 말했다.

그로부터 얼마 지나지 않아 북방 오랑캐가 침략해 왔고, 젊은이들은 전쟁터에 나가야 했다. 그러나 노인의 아들은 다리가 부러진 까닭에 전쟁터에 나가지 않아도 되었다.

'새옹지마'라는 말은 이 이야기에서 나온 것이다.

지금은 당면한 상황이 좋지 않고 또 그 일로 수렁에 빠진 듯 힘들어도 그것이 오히려 좋은 계기를 만들어 준다는 것이다.

살면서 늘 즐겁고 행복한 일만 겪으면 좋겠지만 그렇지 않은 게 인생이다. 심지어는 고통스러운 일이 훨씬 더 많은 것처럼 느껴질 때가 있다. 특히 젊을 때는 더 그렇다.

하지만 지금 겪는 고통이나 힘겨움이 오히려 좋은 일이 될 수 있다는 것을 '새옹지마'라는 고사는 알게 해준다.

서양의 철학자인 슬라보예 지젝은 이와 같은 상황을 '가면을 쓴 은총'이라고 말했다. 미래에는 행운이 되는 일이 지금은 불행의 모습으로 온다는 것으로, 지금의 고통이 나중에는 은총으로 변한다는 말이다.

돌이켜보면 어린 시절 내게 온 불행한 순간들이 '가면을 쓴 은총'이 아니었나 생각한다.

만일 아주 평범한 집안에서 성장했다면 나는 그토록 공부를 갈

구하지 않았을지도 모른다. 인간의 욕구란 대개 자신에게 결여된 것을 채우려고 하는 것이고, 그것이 채워지는 것에서 즐거움을 느낀다. 나는 어려운 가운데서 공부를 할 수 있다는 것에 큰 행복을 느꼈다. 하루에 빵 한 조각으로 버티면서도, 연탄 한 장 살 돈이 없어 쩔쩔매면서도 그것이 힘들거나 부끄럽지 않았다.

밥을 굶을 만큼 가난해도 나는 공부를 하고 있다는 사실에 뿌듯한 자부심을 느꼈다. 그 자부심이 나로 하여금 공부를 포기하지 않게 했다. 가난과 결핍은 나를 더욱 강인하고 단단하게 성장하게 하는 은총이었던 것이다.

인생은 로또 복권에 당첨된 것처럼 어느 한순간에 확 바뀌지 않는다. 물론 진짜 복권에 당첨되어 한순간 인생 역전을 하는 사람도 있다. 그러나 그런 사람은 매우 드물고, 대부분의 사람들은 하루하루 열심히 살아간다. 하루하루가 쌓여 삶이 되는 것이다. 그 하루를 어떻게 사느냐에 따라 인생은 좋은 쪽으로 변화될 수도 있고 나쁜 쪽으로 변화될 수도 있다.

나는 어린 시절 고통스럽고 힘든 하루하루를 다 견뎌 낸 덕분에 내 삶은 큰 변화가 찾아왔다.

당장은 어렵겠지만 이 어려움이 내게 새로운 무언가를 가져다 줄 것이라고 믿었기에 용기를 낼 수 있었다.

편한 것, 쉬운 것에 안주를 하면 당장은 삶이 수월할지 모르나 미래의 성장에는 도움이 되지 않으리라는 것, 그것이 '새옹지마' 라는 것을 알았기 때문이다.

언제 어디서든 당당한 삶

 가끔 언론에 사회 지도층 인사들이 과거사로 곤욕을 치르는 일들이 종종 실린다. 남의 논문을 베끼고, 위장 전입을 하고, 뇌물 수수 한 사실이 들통나 망신을 당하고, 하루 아침에 명예가 실추되고 마는데, 그들을 보면 나는 답답함이 느껴진다. 그들은 아마도 그런 일을 저지를 당시에는 자기 자신이 어떤 위치에 오를지 몰랐을 것이다. 아니, 지금의 위치에 오르기 위해 무슨 짓이든 한 것일지도 모른다.

그들을 보면 삶의 자세가 어떠해야 하는지 새삼 생각하게 된다. 자신이 미래에 어떤 사람이 될지 누가 알겠는가. 때문에 한순간도 함부로 살아서는 안 된다는 것을 보여 주는 좋은 예이다.

나는 이런 뉴스들을 접할 때면 오프라 윈프리가 '자신만의 이야기를 만들라'고 한 말을 떠올린다.

미국의 저명한 토크쇼 진행자로 세계에서 가장 영향력 있는 사람 가운데 한 사람이지만, 그녀의 과거는 결코 밝지도 희망적이지 않았다. 가난한 흑인 가정에서 사생아로 태어나 어머니와 아버지 집을 오가며 불안정한 생활을 했던 오프라 윈프리는 아홉 살 때 남자 친척들에게 성폭행과 성적 학대 등 씻을 수 없는 상처를 입었고, 가출을 해 미숙아를 출산하고, 학교를 퇴학당하는 등 어둡고 힘든 청소년기를 보냈다. 그러나 그녀는 결코 자신의 삶을 포기하지 않았다.

어릴 때부터 말 잘하는 재능을 살려 대학에 입학한 그녀는 방송국에 입문했고, 남의 말에 귀를 기울일 줄 아는 탁월한 공감력을 인정받으면서 '토크쇼의 여왕'이 되었다.

흑인이라는 열등감에 사로잡혀 방황하던 청소년 시기에 그녀는 책을 통해 자신의 인생의 방향을 설정했다. 자신의 이야기를 나중에 책으로 쓰고 싶다는 생각이 든 것이다. 자신의 이야기를 쓴다면 적어도 거짓된 삶을 쓸 수 없다는 생각이 들었다. 정직하고 바르게 산 이야기를 들려주어야겠다는 생각이 든 것이다.

"내 인생 철학은 자신의 삶을 스스로 책임질 뿐만 아니라 이 순간 최선을 다하면 다음 순간에 최고의 자리에 오를 수 있다는 것입니다."

이후 다양한 미디어 사업으로 엄청난 부를 쌓은 그녀는 그동안 자신이 받았던 사랑을 자선사업을 통해 세상에 돌려주었다.

오프라 윈프리의 아버지는 어릴 적 그녀에게 이렇게 말했다고 한다.

"얘야, 세상에는 세 종류의 사람이 있단다. 첫째, 자기 스스로 일을 만들어 내는 사람, 둘째, 남이 만들어 내는 일만 바라보는 사람, 셋째, 아예 무슨 일이 일어나는지조차 모르는 사람, 너는 어떤 사람이 되고 싶니?"

오프라 윈프리는 첫 번째 사람이 되었으면 좋겠다고 대답했다고 한다.

어릴 때의 바람대로 그녀는 자기 스스로 일을 만들어 내는 사람이 되었다. 미국 텔레비전 방송 유명 인사, 배우, 성공한 기획자로 그녀가 매일 진행한 토크쇼는 가장 인기를 누린 프로그램이 되었다. 그리고 그녀는 미국에서 가장 부유하고 가장 영향력 있는 여성 중의 한 명이 되었다.

아무리 사회적인 명성을 얻었다고 하더라도, 그 과정이 올바르지 못하면 그것은 결코 성공한 삶이 아니다.

자신의 이야기를 당당하게 들려줄 수 있다는 것이 얼마나 중요한가. 사람은 약한 존재이고, 때문에 유혹에 약하다. 인생에는 수없이 많은 유혹이 있기 마련이다. 어떤 것은 아주 사소한 것이고, 어떤 것은 아주 치명적일 수 있다.

그럴 때 자기 자신을 유혹으로부터 지킬 수 있는 것도 용기이다. 한순간 유혹을 이기지 못해 평생 후회할 일을 만들 수 있다.

삶도 경영해야 한다. 자신이 무엇이 되고자 한다면 그에 걸맞게 스스로를 만들어 나가야 하는 것이다.

원대한 꿈만 있다고 되는 것이 아니다. 꿈을 이루려면 꿈이라는 틀에 채워 나갈 실질이 필요하다. 그것은 어떤 목표를 이루어 나가는 과정이기도 하다. 과정을 올바르게 하면 비록 좀 늦을지라도 좋은 결과를 얻을 수 있다. 그리고 그것은 오래 지속된다.

'모로 가도 서울만 가면 된다'는 말이 있다.

'결과가 좋으면 다 좋다'라는 말도 있다.

이는 과정이 어떠하든 결과만 좋으면 된다는 말인데, 한때 우리 사회의 지배적인 사고 방식이었다. 때문에 수단 방법을 가리지 않고 출세를 하고 부를 축적하는 사람들이 적지 않았다. 또한 부자나 권력자에게는 그가 어떤 방법을 썼든 무조건 인정해 주는 경우도 적지 않았다. 하지만 과정이 좋지 않으면 그것은 언제든 드러나기 마련이다.

또한 그로 인해 스스로 발목 잡히는 경우도 허다하다. 때문에 과정 하나하나를 소중히 여기고 진실되게 해나갈 때 떳떳하고 당당한 삶을 살 수 있다.

어릴 적 어머니가 홀로 우리 다섯 남매를 키우시면서 우리에게 몸소 보여 주신 것이 있다면 바로 과정을 놓치지 말라는 것이었다. 매순간 정직하고 성실하게 일을 하면 그 끝이 있다는 것을 보여 주셨다.

끊임없이 갈구하라

 대림대학교에서 강의할 때 운전해서 학교까지 가는 시간은 오로지 나만을 위한 시간이었다.

때문에 나는 이 시간을 충분히 활용했다. 강의 내용을 다시 한 번 머릿속으로 정리하고, 나의 학생들에게 어떤 이야기를 들려줄지 생각했다. 그런 다음 라디오를 들으면서 좋은 정보를 얻기도 하고, 사회적인 이슈가 무엇인지도 알게 됐다.

이렇듯 학교까지 가는 한 시간 남짓한 시간은 나름대로 알차게 보내곤 했다.

어느 가을 아침, 학교를 향해 느긋하게 운전을 해 가고 있었다.

구름이 낮게 가라앉아 곧 비가 올 듯했다. 계절이 바뀔 때면 날씨는 늘 몸살을 앓는다. 대기가 변화하면서 천둥이 치고, 비바람이 불곤 한다. 뭐든 변화를 한다는 것은 그만큼의 고통과 시련을 감내해야 한다. 문득 이런 생각을 하면서 라디오를 켰다.

라디오에서는 스티브 잡스의 사망 소식을 알리고 있었다.

혁신과 창의의 아이콘으로 불리는 그의 죽음은 많은 생각을 하게 했다. 라디오에서는 그가 온갖 시련과 좌절을 딛고 아무도 가지 않았던 새로운 길을 개척해 냈고, 나아가 우리 삶과 세상을 바라보는 방식까지 변화시켰다는 평가를 하면서 불우한 입양아에서 세계적인 기업가로 우뚝 선 그의 삶은 사람들에게 존경과 경외의 대상이 되었다고 했다.

라디오에서는 그가 남긴 말 한 구절을 소개했다.

"인생은 흘러가는 대로 사는 것이 아니라 세상에 기여할 수 있는 무언가를 위해 온 힘을 기울이는 것."

그의 이야기는 내 가슴에 진한 감동과 함께 지난날의 나를 돌아보게 했다.

그렇다. 나도 그렇게 살았다고 자부할 수 있다.

대학에서 강의하는 내 모습을, 저 남도의 섬마을에서 태어나 가난한 홀어머니 아래서 자랄 때 상상이나 했겠는가. 그러나 나는 내 인생을 주어진 환경에서 그냥 흘러가는 대로 두지 않았다. 좀 더 큰 세계를 꿈꾸었고, 나를 변화시키기 위해 노력했다.

인생은 누구에게나 공평하게 주어진다. 사람으로 태어나면 누구에게나 한 번 살아갈 기회가 주어진다는 뜻이다. 하지만 어떤 인생을 살 것인가는 결코 공평하지 않다. 어떤 사람은 살아지는 대로 살고, 어떤 사람은 살아간다. 살아지는 것과 살아가는 것은 피동과 능동, 소극적인 삶과 적극적인 삶의 차이이다.

삶을 살다 보면 자신도 모르게 깜깜한 터널 속에 갇힐 때가 있다. 어떤 삶이든 시련과 좌절이 찾아오게 마련이다. 그 길을 어떤 태도로 받아들이냐에 따라 엄청나게 다른 결과를 가져온다.

한 가지 변함없는 진실은, 인생은 땀을 배신하지 않는다는 것이다.

노력한 만큼 얻는다는 것이다. 어느 철학자의 말이 떠오른다.

"일이 잘 풀리지 않으면 석공을 찾아가 보라. 그는 바위를 내리칠 때 특별히 강한 힘을 주어 내리치지 않고 백 번에 걸쳐 망치질을 한다. 마침내 백한 번째 일격에 바위가 갈라진다. 그러나 바위를 가른 것은 마지막 일격이 아니라 백 번의 망치질이다."

대학 교수직을 요청받고 첫 강의를 할 때의 설렘과 두려움이 생각난다.

중학교를 졸업하고 고향 사후도에서 양식장 일을 돕던 열여섯의 소녀가 꿈을 찾기 위해 상경한 지 30년 만의 일이었다.

30년 전, 사후도의 그 소녀는 대학 강단에 선 나를 꿈꾸지 않았다.

다만, 나는 나의 삶이 나아지기 위해 차근차근 노력했다. 그 노력은 나를 하나하나 바꾸어 놓았다.

어떤 일을 하더라도 나는 정직하게 임했고, 사람들에게 믿음을 주는 사람이 되고자 했다. 사람들은 그런 나를 인정해 주었고, 나는 내가 처한 환경을 조금씩 변화시켜 놓았다.

"갈구하라, 우직하게(Stay hungry, Stay foolish)!"

나는 스티브 잡스가 한 이 말에 동의한다.

무언가를 끊임없이 갈구하면 그것이 이루어질 것이라는 것을 믿는다. 나의 삶이 그것을 증명해 준다.

'뿌린 대로 거둔다'는 하나님 말씀은 내게는 너무도 큰 선물이다. 그 말을 조금의 의심도 없이 믿고 걸어온 덕택에 나는 지금 이 자리에 서 있다.

지금 이 자리가 물론 내 인생 계획의 마지막은 아니다. 언제나 지금 이 순간은 완성이 아니라 시작일 뿐이다.

나의 작은 성공이 누군가에게 희망이 되었으면 한다. 누구나 노력하면 성공할 수 있다는 것을 나를 통해 전해 주고 싶다.

자기 앞의 고통은 언제나 가장 큰 법이다. 지금 경제적인 어려움 때문에, 취직을 하지 못해서, 좋은 학벌을 갖지 못해서 실망하고 좌절하는 젊은이가 있다면 그들에게 이야기하고 싶다.

"그 모든 것은 순간이다. 지나간다. 다만 고통스럽고 힘든 순간에도 쉼 없이 자신을 위해 노력하라. 그러면 그 보답은 반드시 주어질 것이다."

인연은 보물처럼

한 번쯤, 삶이 너무 버거우면 모든 것을 접고 무인도에 가고 싶다는 생각을 해본다. 갑자기 친구도 남편도 자식도 귀찮아지면 다 버리고 아무도 없는 곳에 숨어 지내고 싶은 생각도 하고 홀로 경치 좋은 곳을 여행하는 꿈도 꾼다. 한 사나흘은 정말 홀가분하고 자유로울 것이다. 하지만 시간이 지날수록 말할 사람이 필요해지고, 아름다움을 함께 나누고 싶은 사람이 그리워질 것이다.

사람은 혼자 살아갈 수 없는 존재이다. 아리스토텔레스가 '인간은 사회적 동물'이라고 한 것은, 인간은 사회 또는 공동체 속에 있어야 행복해질 수 있으며, 혼자 사는 사람은 야수 아니면 신이라고 생각했던 것이다.

무인도에 조난당해 4년간 홀로 살아가는 남자를 다룬 영화〈캐스트 어웨이〉를 보면 인간이 타인과 관계를 하고 소통을 하면서 사는 것이 얼마나 소중한지 느끼게 한다. 세계적인 택배회사에 근무하면서 세계를 돌아다니며 비즈니스에 열을 올리던 척 놀랜드(톰 행크스 역)는 업무차 여행을 하다 조난을 당한다. 척은 아무도 없는 무인도에서 4년을 보내는데, 그는 택배 물건 중에 있던 배구공에 윌슨이라는 이름을 붙이고 대화를 하고 배구공으로부터 위로를 얻는다.

사람은 끊임없이 타인과 관계를 주고받으며 살아간다. 그러므로 관계하는 사람들에 따라 삶의 질이 좌우될 수도 있다. 근묵자흑(近墨者黑)이라는 말은 서로 영향을 주고받으며 살아간다는 것을 가리킨다.

때문에 좋은 인연을 만나는 것은 삶에 있어서 매우 중요한 몫이다. 좋은 인연이란, 서로를 성장하게 할 수 있는 관계를 말한다. 서로의 자존심을 지켜주고 힘이 되어 주어 성장을 할 수 있게 하는 관계를 말한다.

어느 누가 일방적으로 도움을 주기만 하거나 일방적으로 받기만 하는 관계는 오래가지 못한다.

도브 콤플렉스(Dove complex)라는 말이 있다.

비둘기들이 짝짓기를 할 때 암비둘기는 수비둘기에게 헌신적으로 구애를 한다. 그러나 수비둘기는 암비둘기의 구애에도 굉장히 냉정하다. 그 때문에 암비둘기는 일찍 죽고 만다. 사랑을 주는 만큼 받고 싶었는데 일방적으로 주기만 하니까 속병이 들어 죽는 것이다. 이는 비단 사랑하는 사람 사이에서만 해당되는 것은 아니다. 부모 자식 관계, 친구 관계 등 모든 관계가 다 그렇다. 그런데 이렇게 좋은 인연을 만나는 것도 노력이 필요하다.

좋은 인연이 거저 오는 것은 아니다. 우선은 좋은 사람을 만나야 하는데, 좋은 사람인지 아닌지 판단할 수 있는 판단력이 있어야 한다. 가끔 오랫동안 직장생활을 잘한 사람들이 퇴직 후 사기꾼의 꼬임에 넘어가 연금을 사기당하고 말았다는 이야기를 듣는다.

그는 왜 그 사기꾼에게 속았을까? 가만히 보면 그는 이미 사기를 당할 자세가 되어 있었다는 것을 발견할 수 있다. 사기꾼의 특징은 일확천금을 노리는 것이다. 사기를 당하는 사람은 그런 일확천금에 눈이 어두워 분별력을 잃고 그에게 투자를 했기 때문에 소중한 돈을 다 잃고 마는 것이다. 정상적인 사업이나 투자에는 일확천금이 있을 수 없다. 모든 일에는 과정이 있고, 단계가 있다. 그런데 그런 걸 무시하고 결과만 바라기 때문에 그런 경우를 당한 것이다. 스스로 한 단계씩 밟아가겠다는 생각을 한 사람은 그런 유혹에 결코 넘어가지 않을 것이다. 결국 사기를 당하는 것은 본인에게도 문제가 있는 것이다.

좋은 사람인지 아닌지 판단하는 것은, 본인이 우선 좋은 마음 자세를 갖추어야 한다. 남을 이용하려는 마음, 남을 속이려는 마음 자세로는 좋은 인연을 얻지 못한다. 먼저 내가 남에게 도움을 주려는 마음이 되어야 한다. 나로 인해 그가 좋아져야 한다는 마음이 있어야 한다. 그런 마음가짐을 가지면 자연스럽게 분별력이 생기게 된다.

지인 중에 여성 사업가로 큰 성공을 거둔 분이 있다. 그분의 아버지는 늘 자식들에게 자신보다 더 훌륭한 사람을 만나야 한다는 말씀을 자주 하셨다고 한다. 그래야 자신의 수준도 높아진다는 것이었다. 그 이야기를 듣고 나는 크게 공감했다. 내 주변을 나보다 나은 사람으로 채워야 내가 그들에게서 본받아 배울 것이 있다. 그리고 좋은 인연을 만나면 그들을 보물처럼 아껴야 한다.

자신이 필요한 부분만 채울 생각을 하면 그 관계는 오래가지 못한다. 언제나 내가 그에게 받은 만큼 주어야 한다는 생각을 해야 한다. 아니 받기 전에 먼저 주어야 한다는 생각을 해야 한다.

세상을 살다 보면 이런저런 인연들을 만난다. 좋은 인연을 만나는 것은 더 없이 좋은 일이고, 또 그런 인연을 만나기 위해 먼저 스스로 좋은 사람이 되어야 하지만, 살다 보면 뜻하지 않게 나쁜 인연도 만나게 된다. 그때 어떻게 하느냐에 따라 나쁜 인연도 좋은 인연으로 바꿀 수 있다.

지금 만나는 사람을 보물처럼 여기고, 내가 먼저 그에게 무언가가 되어 주는 것, 서로의 자존심을 지켜 주고 서로 성장 관계로 만들어 주는 것, 그것이 바로 나의 인연의 법칙이다.

나를 지켜주는 든든한 선생님

일생을 통틀어 좋은 스승을 만난다는 것만큼 축복은 없을 것이다. 좋은 스승은 한 사람의 일생을 바꾸어 놓기도 한다. 헬렌 켈러에게 앤 설리번이라는 스승이 없었으면 그는 자신의 장애를 극복하고 위대한 교육자가 되지 못했을 것이다.

좋은 스승은 삶의 방향을 바꾸어 놓기도 하고, 어려울 때 든든한 버팀목이 되기도 하고, 목마를 때 마중물이 되어 주기도 한다. 그런 스승 한 분만 있다면 인생은 성공한 것이라고 단언한다.

임영철 선생님, 사모님과 함께

내게는 평생 인생의 스승이 되어 주시는 분이 있다.

임영철 선생님이 바로 그분이다. 당시 내가 다니던 사후도의 초등학교는 전체 학생 수가 50명 정도인 작은 학교였다. 그중 우리 학년은 열여섯 명인데 그중 여자아이는 딱 네 명이었다.

당시는 도시의 대학생들이 농촌으로 봉사활동을 다니면서 일손도 돕고, 형편이 어려워 학교를 다니지 못하는 청소년들에게 야학도 하고, 문자를 모르는 나이든 어른들에게 한글도 가르치는 등 다양한 활동을 했다.

임영철 선생님도 농촌 봉사활동 대원으로 우리 섬에 오셨다. 우리 학교는 선생님이 다니시던 서울의 대학과 자매결연을 맺고 있었다. 선생님은 방학 때마다 우리 섬을 방문했는데, 그때 나와 인연을 맺게 되었다.

선생님은 섬 마을의 어린 학생들을 마치 친동생 돌보듯 다정하게 정성을 다해 돌봐주셨다. 그리고 섬마을 아이들이 꿈을 가질 수 있도록 격려해 주었다.

나는 선생님을 보면서 저렇게 멋진 대학생이 되어서 농촌 봉사활동을 다니면서 아이들을 가르치겠다는 꿈을 꾸기도 했다. 나에게 선생님은 그야말로 롤 모델이었다.

지금 돌이켜보면 선생님은 아이들을 가르치는 데 어떤 사명감이 있었던 게 아닌가 싶을 정도로 우리들을 위해 열과 성을 다했다. 다른 선생님들과 달리 농촌 봉사활동을 마치고 서울로 돌아가셔도 우리들을 잊지 않으셨다. 시골 섬마을에서는 흔히 구할 수 없는 학용품들을 사서 '꿈을 잃지 말라'는 편지와 함께 보내 주시곤 했다.

나는 그런 선생님을 무척 따랐다.

내가 어려운 일이 있을 때마다 선생님에게 편지를 쓰거나 직접 만나 의논을 하곤 했다.

중학교 때까지도 선생님께 편지를 보내 소식을 전하던 나는 중학교 졸업 후 곧바로 고등학교에 다닐 수 없게 되자 선생님께도 연락을 드릴 수 없었다. 선생님의 기대에 미치지 못했다는 열패감 때문이었다. 나는 어떻게든 고등학교에 간 다음 선생님께 연락을 드리려고 마음먹었다.

그런데 선생님은 그때 대학을 졸업한 뒤 학교로 발령을 받아 가셨기 때문에 자연스럽게 연락이 끊겼다.

하지만 그 뒤, 내가 인천에서 고등학교를 다니게 되었을 때, 고달프고 힘들 때마다 선생님을 그리워하곤 했다. 선생님이라면 따뜻하고 현명한 조언을 해줄 것 같았다.

나는 친구들에게 수소문하여 선생님을 찾았다.

놀랍게도 내가 다니던 학교에서 그리 멀지 않은 인천의 한 고등학교에서 교편을 잡고 있다는 걸 알 수 있었다. 선생님께 난 즉시 연락드렸다. 선생님은 너무나 반가워하시면서 당장 만나자고 하셨다.

나는 선생님을 즉시 찾아가 뵈었다. 그간 내가 어떻게 살아왔고, 어떻게 살고 있는지에 대해 말씀드렸다. 선생님은 가만히 내 이야기를 모두 들어주셨다. 누군가 내 말에 귀기울여 준다고 생각을 하니 그간 억눌러 놓았던 감정들이 쏟아져 나왔다.

그 뒤로 나는 어려운 일이 있을 때마다 선생님을 찾아가 지혜를 구했다. 선생님은 그때마다 내게 최상의 조언을 해주셨다.

빵 한 조각으로 하루를 버티면서 고등학교를 다닐 때 일이다. 학교를 그만두고 싶은 생각이 들 때가 한두 번이 아니었다. 그때 선생님을 찾아가 하소연을 했다.

"선생님, 사는 게 참 힘드네요."

선생님은 내 처지에 대해 안타까워하시면서 내게 이런 충고를 해주었다.

"너의 자신감과 열정은 그 누구보다도 대단하다. 아마 다른 사람이라면 금세 포기했을 거다."

선생님의 위로에 마음이 풀어진 나는 나도 모르게 눈물이 핑 돌았다.

"그러나 이것은 오래가지 않는다. 고통은 영원하지 않아. 인생은 견뎌 내는 것이다. 견디지 못하면 결과는 그것으로 끝이다. 견디는 자에게만 미래가 있다."

선생님의 이 말은 내가 포기하지 않고 공부를 계속할 수 있는 원동력이 되었다.

그 뒤로 결혼을 하고, 사업을 하고, 뒤늦게 학위를 받고, 또한 대학에서 강의를 하는 등 내가 성장하고 변화하는 과정을 선생님은 오랫동안 지켜봐 주시면서 때마다 좋은 조언과 충고를 해주셨다.

선생님이 백령도 고등학교에 근무하실 때 일이다.

우리 교회의 예수제자학교를 수료하고 간사로 있을 때, 간사 여덟 명이 함께 3박 4일 동안 백령도로 수련회를 가게 되었다, 그때 선생님은 마치 내 일처럼 숙박에서 음식점 섭외 등 사소한 것까지 일일이 챙겨 주셔서 함께 간 동료들이 모두 감동받을 정도였다.

딸 기쁨이 일로 어려움을 겪은 적이 있다. 뉴질랜드에 유학을 가 공부를 하고 있던 기쁨이가 그곳의 문화적인 오해로 고등학교 3학년 때 우리나라에 돌아올 수밖에 없는 상황이 되었다. 그때 나는 선생님을 찾아갔다. 사소한 실수로 유학을 다 마치지 못하고 돌아온 기쁨이가 실의에 빠지지 않을까 하는 걱정과 고등학교 3학년이라 여느 학교에 입학하는 것이 쉽지 않은 문제를 의논하기 위해서였다.

선생님은 아무 염려 말라고 하시며 선생님의 학교에 입학을 하게 해주었고, 기쁨이에게 위로와 격려를 해주었다. 그 덕분에 기쁨이가 학교를 잘 마치고 대학에 입학할 수 있었고, 그것이 힘이 되어 기쁨이는 대학을 졸업하고 경영학을 배우러 영국으로 유학을 떠날 수 있게 되었다. 만일 그 순간 선생님의 조언과 배려가 없었다면, 기쁨이나 나나 큰 시련을 겪을 수 있었던 시기였다.

임영철 교장선생님. 선생님은 나의 영원한 스승이자 내 딸의 스승이기도 하다.

내가 에세이집을 내고자 선생님을 찾아갔다. 그때도 선생님은 내가 미처 생각지 못한 소중한 충고를 해주셨다.

"자신의 이야기를 하다 보면 자칫 자기 자랑이 되기 쉽고, 남에게 가르치려들기 쉽다. 그것은 다른 사람들로부터 반감을 가지게 할 수 있다. 항상 조심하고 겸손하고 자신을 낮추어야 한다."

이 말씀은 또 한 번 나를 일깨워 주는 죽비소리와도 같았다. 이는 영원한 삶의 자세여야 한다는 생각이 들었다.

내 인생의 멘토

요즘 유행하는 말 중에 '멘토'라는 말이 있다.

멘토는 조언을 주는 사람이라는 뜻이다. 최근 멘토 열풍이 불고 있다.

멘토는 호메로스의 서사시 「오디세이아(Odyssey)」에서 유래한 말이다. 기원전 1200년경 그리스 이타이카 왕국의 오디세우스 왕은 트로이 원정을 떠나기 전, 집안일과 그의 사랑하는 아들 텔레마쿠스의 교육을 가장 믿을 만한 그의 친구 멘토(mentor)에게 맡겼다. 멘토는 오디세우스가 트로이전쟁에서 돌아오기까지 10년 간을 아버지이자 혹은 친구로, 충실한 조언자로 역할을 하며 텔레마쿠스를 돌보았다.

하루는 텔레마쿠스가 생사조차 알 수 없는 아버지를 찾아 떠나기로 했다. 하지만 그는 그 모험이 두렵기만 했다. 게다가 아버지가 없는 틈을 타 어머니에게 구혼한 사람들은 그의 여행을 방해했다. 이때 멘토가 텔레마쿠스에게 말했다.

"그대가 겁쟁이가 되지 않고 사리분별이 흐트러지지 않는다면, 그리고 오디세이의 지혜가 그대에게 남아 있다면, 이 일을 훌륭히 완수할 수 있을 것이다. 그러므로 구혼자들의 얄팍한 책모는 그냥 내버려 두어라. 속히 빠른 배를 구해 나와 함께 가도록 하자."

용기와 믿음을 얻은 텔레마쿠스는 결국 아버지를 찾아 고국으로 돌아와 어머니와 왕국을 구했다. 텔레마쿠스가 어렵고 힘든 일을 결정하고 해낼 때마다 인생의 참 스승인 멘토는 진심 어린 마음으로 늘 그의 곁에서 도움을 주고 충고를 아끼지 않았다. 그 덕분에 텔레마쿠스는 훌륭한 왕으로 성장하게 되었고, 멘토는 자신의 역할을 다한 뒤 미련 없이 떠났다. 이후 멘토는 지혜와 신뢰로 한 사람의 인생을 이끌어 주는 지도자와 같은 뜻으로 쓰이고 있다.

멘토(Mentor)가 그 영향을 미치는 대상이 되는 사람을 멘티라고 한다.

역사적으로 보면, 좋은 리더 뒤에는 훌륭한 멘토가 있었다.

멘토는 다양한 곳에서 만날 수 있고 자기보다 어린 사람과도 멘토링을 이룰 수 있다. 19세기를 대표하는 네덜란드 천재 화가 빈센트 반 고흐에게 정신적 지주 역할을 해준 멘토는 바로 동생 '테오'였다. 모차르트의 천재성을 알아보고 어릴 적부터 열성적으로 그를 지원해 준 그의 아버지 레오폴드 모차르트, 변방을 전전하던 이순신을 천거하여 전라좌수영 수군절도사가 되게 한 유성룡 등은 역사에 남을 멘토다. 멘토는 멘티를 위하여 끊임없는 정신적인 후원은 물론 능력을 펼칠 수 있는 새로운 세상을 열어 주기도 한다.

인간은 혼자서는 살 수 없다. 사람들과의 관계 속에서 서로 도움을 주고받으며 살아간다. 세 사람이 길을 걸을 때 그 안에 반드시 스승이 있다는 말처럼, 사실 그 사람이 좋은 사람이든 나쁜 사람이든 세상에서 만나는 사람들이 모두 나의 스승이 될 수 있다. 좋은 사람에게서는 그의 좋은 점을 배울 수 있고, 나쁜 사람에게서는 그의 나쁜 점을 보고 반면교사로 삼아 배울 수 있는 것이다.

특히 멘토는 이보다 긴밀하고 적극적으로 모범을 보이고 충고를 해줌으로써 나를 이끌어 주고, 보살펴 주는 사람이다.

살면서 좋은 멘토를 갖는 것만큼 훌륭한 자산은 없다. 내게도 삶을 이끌어 준 멘토가 여러분 있다.

특히 어린 시절 사후도에서 만난 임영철 선생님은 내 평생의 멘토가 되어주신 분이다.

또한 신앙인으로서의 자세가 어떠해야 하는지에 대해 몸소 보여 주시는 멘토도 있다. 바로 우리 교회의 구재영 장로님이시다. 그분은 큰 그늘을 만들어 주시는 큰 나무 같은 분이다.

신앙은 갖기도 어렵지만 지키기도 어렵다. 신앙생활을 하는 것은 주일마다 교회에 가서 예배를 드리는 일만이 다가 아니다. 마음속에서 진실로 하나님을 믿고, 모든 삶이 하나님을 향해 있어야 한다. 흔히 사람들은 자신이 할 일을 하지 않고, 어떤 문제가 생기면 하나님이 해결해 주시리라고 믿고 있다가, 정작 그 일이 잘 되지 않으면 하나님을 원망하고 교회에 나오지 않는다. 그것은 그 사람이 진정으로 하나님을 믿지 않았기 때문에 일어난 일이다.

구재영 장로님은 신앙생활의 좋은 본보기가 되는 분이다.

그는 600명이나 되는 많은 교우들을 이끄는 대표 장로로, 그 많은 사람들을 일일이 챙겨 조직을 이끌고 있다. 구재영 장로님은 교회 안의 많은 신자들의 신앙의 멘토 역할을 해주시는데, 신앙의 디딤돌이 되어 멘티들이 발판으로 삼아 딛고 일어설 수 있는 힘을 주신다. 상대방을 전적으로 믿고 끌어 주어 꺼져 가는 신앙의 등불을 활활 타오르게 하는 힘이 있다.

구 장로님은 특히 남편에게는 더 없이 좋은 신앙의 멘토가 되어 주셨다. 신앙이라는 것은 자라나는 생명체와 같다. 처음 아기가 태어나 기어 다니고, 일어서서 걷고 뛰어다니듯이 성경을 알면 신앙도 성숙해진다.

남편이 어려움을 겪었을 때도 마찬가지다. 남편은 처음에 교회에는 다니지만 한 발은 늘 세상의 즐거움에 담그고 있었다. 이때 우리의 사업이 타격을 입게 되었고, 부부 사이는 나빠질 대로 나빠졌으며, 가정에서 아버지의 위치마저 흔들렸다. 남편을 변화시킨 건 바로 구재영 장로님이셨다.

삶은 내 의지대로, 나 혼자만의 노력으로 살아지는 것이 아니다. 삶에는 곳곳에 조력자가 있어 한 사람을 완성시킨다.

내 삶에도 곳곳에 조력자들이 숨어 있다. 내가 겸손하게 살아야 할 이유가 바로 이것이다.

그들에게 멘토가 되어 주고 싶다

지금까지 살면서 나는 많은 사람들의 도움을 받았다. 그 덕분에 지금의 나로 성장할 수 있었다. 나는 내가 받은 것을 나의 학생들에게 돌려주고 싶었다. 내가 남의 도움으로 많은 성장을 이루었듯, 학생들이 나의 경험을 토대로 성장을 이루길 원했다. 물론 나는 대단한 사람은 아니다. 그러나 좌절하거나 포기하지 않고 삶을 살아왔기에 엄청난 성장을 이루었다. 때문에 나는 그런 나 자신에 만족한다.

학교에 가면서 하나님께 언제나 기도했다.

"학생들에게 꿈과 비전을 줄 수 있는 강의를 하게 해주세요."

문득, 하나님이 나를 키워 주신 것은, '회계원리'를 가르치는 것만이 아니라 삶의 모습을 통해 비전을 가질 수 있도록 하신 것이 아닌가 하는 생각이 들었다.

나는 학생들이 전공 공부도 열심히 해야 하지만, 무엇보다 자신의 꿈을 키우고 열정을 가지고 인생을 개척해 나가길 항상 바랐다. 그래서 사회에 필요한 것들을 가르쳐 주고 싶었다.

나는 학생들에게 엄마, 언니, 누나, 교수, 친구로서의 역할을 다하고 싶었다.

강단에 서면 나는 하나라도 배울 점이 있다는 것을 심어 주고 싶은 열정이 샘솟았다.

주로 나의 경험을 통해 얻어진 나름의 깨달음을 학생들에게 전해 주었다. 나는 어려움을 겪으면서도 절대 포기하지 않았기에 여기까지 왔다. 나는 그러면서 누구에게도 나의 삶을 말하고 자랑할 수 있는 당당한 삶을 살아 왔다고 자부한다. 그래서 내가 학생들에게 특히 강조하는 것은 자기 관리였다.

가끔 텔레비전의 인기 스타나 유명인, 정치인들이 스캔들로 급전직하하는 경우를 본다. 그 치열한 경쟁을 뚫고 정상의 자리에 간 그들이 자신의 관리와 경영을 잘하지 못해 하루아침에 나락으로 떨어지는 것을 보면 안타깝기 그지없다. 도박이나 마약, 성 스캔들 등으로 헤어날 수 없이 추락해 하루아침에 지탄받는 입장에 서는 그들을 보면 해주고 싶은 말이 있다.

"항상 자기 관리를 잘해야 한다. 그것을 못하면 성공하지 못한다. 화장실에서도 누군가가 너를 지켜보고 있다는 생각에 항상 신중하게 행동하라."

나는 학생들에게 이 말을 늘 강조했다.

삶도 인생도 모두 경영의 개념으로 접근을 하면 정말 철저하게 살아야 한다. 그렇지 않으면 자칫 마이너스 인생이 되기 십상이다.

학생들 중에는 자기 관리를 잘해 유난히 눈에 들어오는 친구가 있었다. 그런 친구들에게는 적극 삶의 멘토가 되어 주고 싶었다.

매사에 성실하고 바른 한 학생이 어느 날 나를 찾아왔다. 자신의 현실적인 고민을 털어놓았다. 학교를 마치고 4년제 대학으로 편입을 해야 하는지, 아니면 취업을 해야 하는지에 대한 고민이었다. 학생의 이야기를 들은 나는 취업을 권유했다. 그리고 그 학생이 가고자 하는 회사에 추천서를 써 주었다.

"이 학생은 제가 지켜본 바로는 책임감과 성실성이 매우 뛰어나한 회사의 CEO까지 할 수 있을 것으로 보입니다."

나는 그 학생을 내 명예를 걸고 정말 자신 있게 추천했다. 그럴 수 있었던 것은 그 학생이 평소 보여 준 태도 때문이었다.

또 한 학생은 L마트에 아르바이트로 들어가 정식 직원이 되었다. 평소 그 학생은 반듯하고 열심히 학교 생활을 했다. 집안 형편이 넉넉지 않았는데, 늘 밝고 건강한 웃음을 지었다. 예의 바르고, 남의 말을 경청할 줄 알고, 어른같이 심지가 굳었다. 그런 그의 평소 심성이나 생활이 회사에서도 알아보고 인정을 해준 것이다.

반면, 교수들 앞에서도 담배를 피우고, 학교에 추리닝을 입고

오는 학생들이 있었다.

"의상을 갖추어 입는 것은 예의이며 자신의 인품을 드러내는 일이다. 꼭 비싸고 좋은 옷을 입으라는 게 아니다. 때와 장소에 맞게 옷을 입어야 한다, 학생이라고 해서 아무렇게나 입는 것은 안 된다. 의복은 자신의 정신 상태를 고스란히 내보이는 것과 마찬가지이다."

나는 학생들에게 한 작가가 한 말을 들려주며 충고하곤 했다.

"하나님이 항상 너희 곁에 있다는 말을 이해하지 못했는데, 어느 날 그 말을 깨닫게 되었어요. 바로 내 곁에 있는 사람들이 하나님이라는 생각이 들었어요. 그렇게 생각하고 나니 일거수일투족이 다 조심스러워졌어요. 하나님이 그들을 통해 내 곁에서 나를 다 보고 있다는 생각이 든 거예요."

자신을 지켜보는 눈은 어디에나 있다. 때문에 혼자 있을 때도 항상 행동을 삼가야 한다.

9

상생하는 삶이
아름답다

다른 사람이 어떤 성격적 결함을 가지고 있으면 그것을 흠잡기보다 나도 단점을 가지고 있다는 사실을 떠올리면, 그의 단점을 이해할 수 있게 된다. 그러면 그 단점으로 인해 벌어지는 실수들도 쉽게 용서할 수 있게 되고 상생하게 된다.

9

비전과 열정

 '비전(Vision)'이란 사전적으로는 '미래에 대한 구상, 미래상'이다.

우리 말로는 '꿈'이나 '사명' 혹은 '목표, 목적, 소명, 소망, 소원, 목표 설정'과 비슷한 뜻으로 쓰인다. 흔히 말할 때는 '어떤 사람의 됨됨이, 미래성, 발전 가능성'으로 사용된다. 그래서 '비전 없는 인간'이라고 한다면 앞으로의 미래가 안 보인다는 뜻으로 이해한다.

목표와 비전. 이것이 있는 사람과 없는 사람은 삶의 질량이 다르다. 목표와 비전이 있는 사람은 당장 힘들고 어려워도 그것에 연연해하지 않는다. 미래의 자신의 모습을 상상하며 꿋꿋하게 견딘다. 하지만 목표와 비전이 없는 사람은 조금만 어려운 일이 생겨도 쉽사리 포기하고, 실의에 차 휘청거린다.

자기 삶에 대한 큰 목표와 비전을 갖는 것에 대해 세계적인 베스트셀러 작가 켄 블랜차드는『비전으로 가슴을 뛰게 하라』는 책에서 이렇게 말한다.

'내가 누구이고, 어디로 가고 있으며, 무엇이 인생의 여정을 인도할지 아는 것이다.'

사실 살다 보면 내가 누구인지, 무엇 때문에 사는지에 대해 모르고 사는 때가 많다. 일상에 함몰되어 그저 하루하루를 지내는 경우가 대부분이다. 그런 상태로 살다 보면 인생의 목표나 비전은 생각할 수 없다.

인생의 목표나 비전이 있으면 그것을 달성해 가는 과정에서 자신을 끊임없이 돌아보고 성찰하게 된다.

그리고 자신의 능력을 무한히 확장시킬 수 있다. 때문에 자신의 중장기 인생 계획에 맞추어 자신의 색깔을 선명히 가지고 가는 노력이 필요하다.

그렇다면 비전은 어떠해야 하는가?

무조건 미래에 내가 어떻게 되길 바란다고 되는 것은 아니다.

켄 블랜차드는 비전의 핵심 요소 세 가지를 꼽았는데 첫째는 의미 있는 목적, 둘째는 뚜렷한 가치, 셋째는 미래의 청사진이다.

왜 그 일을 하려는지, 그 일이 어떤 가치가 있는지, 그 일이 어떤 결과를 가져오는지에 대한 구체적인 목적과 결과를 세우고 행하라는 것이다.

이렇듯 뚜렷한 비전이 있으면 삶은 보다 보람차고 알차게 진행될 수 있다.

목표나 비전은 크게 그려야 한다. 권투 선수가 경기를 할 때, 그 주먹의 목표는 상대방의 가슴이 아니라고 한다. 가슴 뒤를 목표로 주먹을 뻗어야 한다고 한다. 그래야 가슴까지 주먹이 닿는다는 것이다.

두 사람이 산을 오른다고 치자. 한 사람은 산꼭대기까지 오르고자 마음먹고 오르고, 또 한 사람은 산 중턱까지만 오르고자 마음먹고 오른다.

두 사람의 결과는 어떻겠는가. 산꼭대기를 목표로 한 사람은 그만큼 가기 위해 노력을 한다. 그러나 산중턱을 목표로 한 사람은 당연히 산꼭대기를 목표로 한 사람만큼 노력을 하지 않아도 된다. 혹 어떤 사정에 의해 산에 오르는 것을 포기하는 일이 생기더라도 산꼭대기를 목표로 한 사람과 산중턱을 목표로 한 사람 사이에는 큰 간극이 생긴다. 그것은 바로 노력의 간극이다.

권투 선수가 가슴 뒤를 목표로 삼는 것은 바로 이 때문이다.

물론 자기 분수에 맞지 않는 황당한 목표를 설정하라는 이야기는 아니다. 자기 자신의 능력을 극대화시킬 수 있도록 목표를 세우라는 것이다.

또한 목표는 장기적이어야 한다.

멀리 목표를 두고 걸어가면 사소한 문제나 일시적인 장애가 생겨도 포기하지 않고 그것을 성취할 수 있다.

"인생 뭐 있나? 그냥 편하게 살아라. 왜 그 나이에 힘들게 사냐?"

"그 나이에 새삼 웬 공부냐?"

서른을 훌쩍 넘긴 나이에 대학에 가고, 대학원에 진학하는 나를 보고 주변 사람들이 이런 말을 한 적이 있다.

내 인생의 목표를 모르는 사람들이 그렇게 반응하는 것은 어찌 보면 당연한 일이다. 때문에 나는 그들의 말이 조금도 섭섭하지 않았다.

생각해 보면, 그때 나는 남편과 함께 시작한 사업이 안정기에 접어들었고, 생활도 그만큼 윤택한 시기였기 때문에 흔히 말하는 것처럼 충분히 즐기며 살 수 있었다. 그런데 새삼 대학에 가서 낮에는 일하고 밤에는 공부를 하는 바쁘고 고달픈 생활을 하니, 주변의 만류가 있을 법도 했다.

그러나 만일 내 인생의 목표가 오직 부자였다면, 그들 말대로 돈은 벌 만큼 버는데 더 공부할 필요가 없었을 것이다. 사업도 충분히 잘 되었기에 소비 욕구나 충족시키면서 살 수도 있다. 하지만 내 목표는 단순히 부자가 되는 것이 아니었다. 남들을 도울 수 있는 삶을 사는 것이었다. 나로 인해 주변 사람들이 행복해지는 것, 바로 그것이 나의 성공이고 목표였다. 물질적으로는 얼마든지 남을 도울 수 있지만, 정신적 혹은 정서적 도움을 줄 수 있는 사람이 되려면 좀 더 공부하고 좀 더 배워야 했다. 때문에 나는 그 고단한 길을 택한 것이다.

그런 목표가 있었기 때문에 나는 남들보다 뒤늦어도 초초하지 않았고, 즐겁게 공부를 할 수 있었다.

대학원을 졸업하고 나니 대림대학에서 강사 제의가 들어왔다.
대학원 성적도 우수할 뿐 아니라 결석 한 번 하지 않은 성실성
이 인정받은 것이었다.
처음 대학 교단에 섰을 때, 나의 지난날이 주마등처럼 머릿속을
스쳤다.
저 남해의 작은 섬 사후도에서 태어나 중학교 졸업한 후 온갖
고생을 다 하고 거친 공장 생활을 거쳐 지금의 자리에 선 사실은
벅찬 감동이었다. 나는 내 스스로에게 대견하다고 칭찬을 해주고
싶을 정도였다.
비전은 보이는 것과 보이지 않는 것이라는 뜻을 동시에 가지고
있다. 보이지 않는 미래는 보이는 지금에 따라 달라진다. 지금 이
순간의 노력이 뒷받침해 주지 않으면 비전은 끝내 보이지 않는 것
으로 그칠 것이다.

진정한 관용과 용서

한때 똘레랑스라는 프랑스 말이 유행한 적이 있는데, 이
말은 프랑스인이 가장 중요하게 생각하는 가치 중의 하나
이다.
흔히 관용, 아량, 자비 등으로 번역이 되는데, 단순히 그렇게 번

역하기에는 좀 더 많은 뜻이 포함되어 있다. 다른 사람이 생각하고 행동하는 방식에 대해 존중해 준다는 것이다. 나의 이념과 신념이 소중하고 존중받고 싶다면 다른 사람의 이념이나 신념도 존중해 주어야 한다는 것이 똘레랑스이다.

화이부동(和而不同)이라는 말도 있다.

『논어』에 나오는 말로, 화합하여 조화를 이루나 똑같지는 않다는 뜻이다. 즉, 남과 사이좋게 지내되 의(義)를 굽혀 쫓지는 않는 것, 남과 화목하게 지내지만 자기의 중심과 원칙을 잃지 않는다는 것이다.

똘레랑스와 화이부동은 언뜻 달라 보이지만 그 핵심의 뜻은 다르지 않다. 둘 다 나의 중심과 원칙을 지키되, 다른 사람의 원칙과 이념, 행동도 존중한다는 것이다.

사실 다른 사람의 생각이나 행동을 이해하고, 그의 의견이나 이념을 존중해 주는 일은 생각처럼 쉽지 않다. 남을 인정해 주는 데는 먼저 자기 자신을 아는 것이 우선이다. 자신을 잘 모르면 남도 인정해 주기 쉽지 않다. 자신을 잘 모르는 사람들은 남에 대해서도 당연히 잘 알지 못한다.

다른 사람을 사랑하려면 그 사람의 단점까지도 사랑하라는 말이 있다. 그러려면 먼저 자신의 단점을 사랑해야 한다. 자신의 단점을 이해하고 사랑하면 다른 사람의 단점도 이해하고 사랑할 수 있다.

다른 사람이 어떤 성격적 결함을 가지고 있으면 그것을 흠잡기보다 나도 단점을 가지고 있다는 사실을 떠올리면, 그의 단점을 이해할 수 있게 된다. 그러면 그 단점으로 인해 벌어지는 실수들도 쉽게 용서할 수 있게 되는 것이다.

사람들은 흔히 남의 잘못을 흠잡기를 좋아한다.

누가 어떤 잘못을 했을 때 그것을 탓하기도 좋아한다. 그러나 타인의 흠을 우리가 볼 수 있는 것은 곧 나도 그런 흠을 갖고 있기 때문이다. 대개 내 안에 있는 것을 통해 남을 보는데, 나에게 없는 것은 상대방에게서 발견할 수 없다. 그러므로 만일 누군가의 흠이 보인다면 그것이 곧 나의 흠이라는 생각을 하고, 그것을 이해하는 시선으로 바라보아야 한다. 그래야 충고도 정확하게 할 수 있다.

성경에 나오는 다윗은 관용이라는 것이 무엇인지 보여 주는 인물이다.

이스라엘이 블레셋과의 전투에서 적장 골리앗에게 밀려 패전을 거듭하고 있을 때, 소년 다윗은 돌팔매질로 골리앗을 쓰러뜨림으로써 이스라엘을 승리로 이끌었다. 다윗은 이스라엘의 왕인 사울보다 더 추앙을 받게 되었다. 사울 왕은 그런 다윗을 시기하였고, 다윗을 사위로 삼고 나서도 기회만 있으면 그를 죽이려 했다. 다윗은 결국 사울의 칼날을 피해 여기저기 쫓겨 다녀야 했다. 사해 서북쪽 유다 광야까지 도망갔다. 사울은 정예 병사 3000명을 거느리고 추격했다.

추격하던 중 사울이 용변을 보기 위해 혼자 길가에 위치한 동굴에 들어갔다. 그곳에 공교롭게도 다윗이 있었다. 다윗의 부하들은 좋은 기회이니 사울의 목을 베자고 하였다. 그러나 다윗은 사울의 뒤편으로 살며시 다가가 사울의 검으로 사울의 옷자락만 베어 나왔다. 다윗은 충분히 사울을 죽일 수 있었지만 그를 관용으로 용서한 것이다. 사울은 다윗의 아량에 완전히 압도되었다.

"너희 관용을 모든 사람에게 알게 하라 주께서 가까우시니"(빌립보서 4:5)

성경 말씀이다.

관용은 너그러운 마음이다. 용서하는 마음이다. 이해심이 깊고 넓은 마음이다. 관용하는 마음은 겸허한 마음이다. 자기를 낮추고 높은 사람이나 낮은 사람이나 차별 대우하지 않고 모두를 후하게 대해 주는 겸허한 마음이다.

남편이 어음을 빌려줘 부도 위기를 겪었을 때, 나는 타인을 이해하고 용서하는 법을 배웠다. 당시 나는 남편을 탓하는 마음이 앞서 그의 괴로움은 미쳐 보지 못했다. 남편의 성품으로는 본인이 훨씬 더 자책감에 시달릴 것이 분명했는데도 그 사실을 간과하고 그의 탓만 한 것이다.

그때 만일 "모두 내려놓으라"는 하나님의 음성을 듣지 못했다면, 나는 아마도 평생 그를 탓하며 불행한 삶을 살았을지도 모른다. 하지만 나는 하나님이 주신 지혜로 남편의 입장을 이해하고 최상의 해결 방법을 찾을 수 있었다.

그 선택은 나에게 자부심을 가질 수 있게 했다. 예수님께서는 자신을 배신한 베드로를 용서하심으로써 "사랑할 수 있는 것을 사랑하는 것은 쉽다. 사랑할 수 없는 것을 사랑하는 것이 진정한 사랑이다"라는 것을 보여 주셨다.

마찬가지로 '용서할 수 있는 것을 용서하는 것은 쉽다. 용서할 수 없는 것을 용서하는 것이 진정한 용서'라고 생각한다.

스스로를 돌아보라

대학에서 학생들을 가르치다 보면, 학생들이 자기의 전공이 자신의 적성에 맞는다고 생각하는 경우가 참 드물다.

대부분 학생들은 자신의 적성보다는 성적에 맞춰 학과를 선택하는 경우가 많다. 그러다 보니 대학을 졸업한 후 많은 학생들이 취업을 할 때 자신이 좋아하고 적성에 맞는 일을 찾는 것이 쉽지 않다. 전공에 맞추거나 실력에 맞춰 찾기 때문이다.

이는 성적 위주로 획일적인 교육을 하는 제도 때문이기도 하다. 대부분 어려서부터 성적 위주로 서열을 매기고, 높은 서열에 드는 학교에 가는 것을 목표로 살아왔기 때문에 학생이 어떤 개성을 가졌는지, 어떤 재능이 있는지에 무관한 선택을 하게 된다.

김연아, 박태환, 손연재와 같은 운동선수나 장한나, 사라장과 같은 음악가 등 어릴 적부터 특출난 재능을 보인 경우를 제외하고는 우리나라 대부분의 학생들이 자신이 원하는 것이나 자신이 잘하는 것보다는 외부적인 요인에 의해 전공을 선택한다.

나는 이런 것이 모두 자신에 대한 무관심 때문이라고 생각한다.

자기보다는 외부적 환경에 더 지배를 받기 때문이다. 이는 나중에 어른이 되었을 때 삶에 만족하지 못하는 요인이 되기도 한다.

또한 가끔 사람들과 만나 이야기를 하다 보면, 참 신기한 사실을 발견할 때가 있다. 많은 사람들이 자신의 실제 모습과 자신이 생각한 자기의 모습을 다르게 알고 있는 경우가 많다.

객관적인 자신의 모습을 알기보다 자기의 주관 속에서 자신의 모습을 바라보는 것이다.

물론 자신의 주관적인 시선도 자신 모습의 일부이다. 그러나 정확하게 자기 자신의 모습을 보려면 객관적인 시선이 필요하다. 그래야 균형 있게 자신을 바라볼 수 있다.

자신을 객관적으로 바라보려면 가장 먼저 해야 하는 것이 자신에 대한 끊임없는 탐구이다. 나는 누구인가. 어떤 사람이고, 무엇을 지향하고 살며, 인생의 목적과 비전은 무엇인가. 이런 탐구가 없으면 자기 자신을 모르고 살 수밖에 없다.

자신을 아는 것은 매우 중요한 일이다.

그래야 또한 자신이 무엇을 원하는지도 정확히 알아 그에 맞게 삶을 제대로 꾸려 갈 수 있다. 만일 그렇지 않으면 자신이 원하는 삶을 살아갈 수 없다.

자기를 아는 가장 중요한 과정이 바로 성찰이다.

성찰의 사전적인 의미는 자신의 마음을 반성하고 살핀다는 뜻이다. 이는 언뜻 도덕적이고 윤리적 의미가 부여된 듯 보이지만,

나는 이를 자기 자신을 바라보는 것이라고 말하고 싶다. 언제나 나 자신이 누구인지, 무엇을 원하는지, 오늘 나의 행동의 원인은 무엇인지를 살피다 보면 나란 사람이 또렷이 보인다.

소크라테스의 '너 자신을 알라'도 바로 자신의 무지를 아는 철학적 반성을 강조하는 말이다. 인생은 자신을 알아가는 과정이라고도 할 수 있다. 스스로를 잘 알지 못해 우리는 많은 잘못을 저지르기도 한다. 자신의 능력, 한계 등을 고려하지 않은 채 욕심을 부리고 그로 인해 많은 문제를 일으키는 것이다.

성찰을 하지 않는 사람은 삶을 주도적으로 이끌어 갈 수 없다. 또한 자신에 대한 확신이 없기 때문에 자존감도 높지 않다. 그러므로 주변 환경에 따라 이리저리 끌려다니게 되고, 원인도 모른 채 불행한 삶을 살게 되는 것이다.

성찰을 하지 않으면 삶에 발전도 없다. 끊임없이 자신을 돌아보고, 자신의 단점과 장점을 분명히 알면 어떤 것은 버리고, 어떤 것은 집중해 능력을 키우겠다는 판단이 들고, 그에 따라 행동하면 자연히 스스로가 발전되어 갈 수 있다.

자신을 아는 것은 곧 타인을 아는 것이기도 하다. 모든 사람은 자신의 시각에 기준을 맞춰 타인을 바라본다. 자신이 넓은 사람은 타인도 넓게 바라볼 수 있고, 자신이 좁은 사람은 타인도 좁게 본다.

성경에서는 성찰의 중요성은 물론 성찰의 의미를 가르쳐 주는 구절이 나온다.

"비판을 받지 아니하려거든 비판하지 말라. 너희의 비판하는 그 비판으로 너희가 비판 받을 것이요, 너희의 헤아리는 그 헤아림으로 너희가 헤아림을 받을 것이니라. 어찌하여 형제의 눈속에 있는 티는 보고 네 눈 속에 있는 들보는 깨닫지 못하느냐. 보라 네 눈속에 들보가 있는데 어찌하여 형제에게 말하기를 나로 네 눈 속에 있는 티를 빼게 하라 하겠느냐. 외식하는 자여, 먼저 네 눈 속에서 들보를 빼어라. 그 후에야 밝히 보고 형제의 눈 속에서 티를 빼리라"(마태복음 7:1-5)

철저하게 스스로의 눈 속 들보를 빼라고 한다. 그것을 밝혀 본 다음에 형제의 눈 속의 티를 빼내라고 한다. 이것이 바로 성찰을 해야 하는 진정한 의미이다.

신뢰, 목숨만큼 소중한 덕목

 사람은 자기의 가치관에 따라 삶에서 가장 중요하게 생각하는 덕목이 있다.

그것에 따라 인생의 방향이 잡히고, 그 방향에 따라 걸어가게 된다. 일생을 살면서 나의 가장 가치 있는 덕목은 믿음, 곧 신뢰이다.

나 자신이 믿음직한 사람이 되는 것, 타인에게 신뢰 있는 사람이 되는 것이다. 눈앞의 당장의 물질적인 이득을 챙기는 것보다 타인과의 관계 속에서 신뢰를 더욱 중요하게 생각하는 것이다.

사람과 사람 관계에서 가장 중요한 것은 바로 신뢰이다.

신뢰가 무너지면 모든 것이 허상이고, 그 세계 자체가 없어지는 것이나 마찬가지이다.

사람들이 타인과 관계를 할 수 있는 것은 믿음이 바탕이 되었을 때 가능하다. 믿음이 없어지면 관계가 이루어질 수 없다. 연인 사이에도, 사업상 파트너 관계에서도, 심지어 부모 자식간에도 믿음이 없으면 그 관계를 이어나갈 수 없다. 특히 사업을 하는 사람에게는 믿음이 목숨만큼이나 소중하다.

믿음은 나 자신이 스스로를 믿는 것에서부터 타인과의 관계에서의 인간적인 믿음, 서로 사업적 관계에서의 신뢰 등 여러 가지의 믿음이 있다.

우선 자기 자신을 믿는 것, 스스로에 대한 믿음은 자신의 자존감, 자신감과 같은 말이다. 자존감이 높은 사람은 자신을 함부로 다루지 않는다. 어려운 상황에 처해도 그것을 잘 헤쳐나갈 수 있는 힘이 있다. 자기 자신에 대한 자신감도 있어 남과 비교해서 자신을 높게 보거나 낮게 보지 않는다. 남을 함부로 비난하지도 않는다.

그런 사람들은 타인과의 관계에서도 믿음을 준다. 자신이 남에게 믿을 만한 사람이 되고, 남을 믿어 주는 것이다. 만일 내가 누군가를 믿고자 한다면, 일단 그를 믿어 주어야 한다. 상대를 불신하고, 그 불신을 드러내면 그는 내게 믿을 만한 사람이 되지 못한다.

사업을 하다 보니 여러 부류의 사람들을 만나는데, 그중에는 종종 약속을 잘 지키지 못하는 경우를 본다.

스티븐 코비는 '성공하는 사람들의 7가지 습관'에서 급하면서 중요한 일보다 급하지 않으면서 중요한 일을 최우선으로 해야 한다고 강조한다.

누구나 급하고 중요한 일에만 초점을 맞추다 보니, 급하지는 않지만 중요한 일은 쉽게 간과할 수 있기 때문이다. 자주 약속을 어기는 사람은 상대로 하여금 반발 효과를 불러일으키는데, 반발효과(Frequency Effect)란 반복적으로 제시되는 행동이나 태도가 그 인상을 바꾸는 것이다. 가령 처음에는 좋은 인상으로 만났지만 자주 약속을 어기면 그 사람에 대한 좋은 인상은 지워지고 약속을 어기는 것만 남는다는 것이다.

일상의 약속은 메모의 확인이 지켜 주겠지만 신뢰를 얻으려면 가장 귀하면서도 지키기 어려운 자신과의 약속을 지키는 것이 중요하다.

인간관계에서도 신뢰가 중요하지만, 사업 관계에 있는 기업 간의 신뢰도 중요하다.

인간관계에서는 조금의 실수는 인간적인 이해를 구할 수 있지만, 기업 간의 신뢰는 무척 냉혹하다. 어떤 감정이나 정서적 판단을 허락하지 않는다. 계약을 지키지 못하면 그것으로 바로 서로의 관계는 끝이 난다.

우리 회사는 출판 유통 회사이므로 출판사와의 신뢰 구축이 엄청나게 중요하다. 출판사에서 몇 년을 공을 들여 학습 교재를 개발하면, 우리 회사는 그 책을 가지고 영업을 한다. 대개 출판사와 유통 회사와의 계약 기간은 일 년마다 한 번씩 갱신을 하는데, 그때 양자가 얼마나 계약을 성실히 이행했느냐가 계약 연장이나 파기의 관건이 된다. 이는 엄청난 긴장 관계의 연속이다. 그래서 매번 최선을 다해야 한다.

우리는 몇몇 출판사와는 몇 년에 걸쳐 꾸준히 계약 연장을 해오고 있다. 교재가 나오면 우리 회사는 교재를 충실히 연구를 해서 책의 장점과 단점을 분석해 세일 포인트를 완성한다. 그리고 학교나 서점 영업에 나서는 것이다.

이렇게 철저하게 하는 것이 바로 우리와 계약 관계에 있는 출판사와의 신뢰를 구축하는 길이다. 출판사에서 좋은 교재를 만들어 우리에게 신뢰를 주면, 우리는 그만큼 많이 판매할 수 있는 전략을 마련하는 것이다.

우리 회사의 이러한 경영 방침은 거래 출판사에 많은 신뢰를 주었고, 한 출판사의 교재는 우리 회사가 8년 연속 최다 판매의 기록을 세우기도 했다.

남의 말에 귀를 기울이기

소와 사자의 사랑 이야기가 있다.

둘은 너무나 사랑해서 결혼을 하고, 서로에게 최선을 다하기로 맹세한다. 소는 날마다 사자에게 맛있는 풀을 구해다 주었고, 사자는 맛난 고기를 구해 소에게 주었다. 소는 고기가 싫었지만 참았고, 사자는 풀이 싫었지만 참았다. 그러나 참다못한 그들은 하루는 서로 마주 앉아 이야기를 했지만 다투고 말았다. 그 둘은 서로에게 최선을 다했다며 헤어졌다.

이 둘의 문제는 무엇일까?

우선은 자신의 관점으로만 상대를 생각하고 바라본 데 있다.

두 번째는 소통이 없어서이다. 서로 자신들이 마음을 털어놓지 않고 참고만 있었던 것이다. 그리고 대화를 하지 않았고 일방적으로 자기 입장에서 자신이 얼마나 참았는지 털어놓았다.

요즘 우리 사회에 '소통'이라는 말만큼 많이 쓰이는 단어는 없다. 너나없이 소통의 중요성을 강조하는 메시지들이 등장하고 있는데, 어쩌면 우리 사회가 그만큼 '불통(不通)'의 사회여서 그런 게 아닌가 생각이 든다.

아닌 게 아니라 아이들이 왕따로 목숨을 끊는 현실을 보면서 우리가 얼마나 소통의 부재의 시대에 살고 있는가를 절감한다.

'아는 만큼 보이고, 알면 사랑한다.'

이 말은 곧 소통이 왜 필요하고 얼마나 중요한지를 보여 주는 말이기도 하다. 그런데 누구나 소통을 해야 하고, 소통이 중요하다는 것은 알지만 정작 어떻게 소통을 해야 하는지 잘 모르는 경우가 많다.

소통이라는 말은 라틴어로 '함께 나누어 가지다'(communicare)라는 뜻이다.

본래는 신이 인간들에게 덕성을 나누어 준다는 의미였다고 한다. 그런데 근대 이후에 이 말의 쓰임이 더욱 확대되어 지식 전달의 뜻까지 갖게 되었고, 오늘날에는 의사소통을 가리킨다.

소통의 방법 중 하나가 대화를 나누는 것이다.

대화란 말 그대로 상대방과 이야기를 나누는 것이다. 대화는 무조건 내 생각만 말하는 것이 아니다. 또한 무조건 상대방의 말과 주장을 듣는 것도 아니다. 나의 소신을 이야기하되, 상대방의 입장과 마음도 헤아려 그의 말에 귀를 기울여야 한다. 그렇지 않으면 앞에 예를 든 소와 사자처럼 대화를 하고자 머리를 마주하고 앉았으면서도 자기 입장만 이야기하다가 결국 싸우고 헤어지고 만다. 대화의 가장 기본적인 것은 상대방보다 자신을 낮추는 겸손이다. 자신을 낮추는 것은 자신감의 표현이고, 상대에 대한 배려의 표현이다.

그런 자세로 상대방의 이야기를 들으면 그를 알게 되고, 그를 알게 되면 자연히 사랑하게 되는 것이다. 이것이 소통을 해야 하는 가장 중요한 이유라고 생각한다.

어느 작가가 '진정한 소통은 이성에서 나오는 것이 아니라 가슴에서 나온다'고 했다. 이 말을 듣고 나는 예수님을 떠올렸다. 예수님은 진정한 소통이 무엇인지 몸소 보여 주셨다. 같이 울어 주셨고, 같이 아파해 주셨다.

담을 쌓는 사람이 있고 다리를 놓는 사람이 있다.

담은 나와 나를 구분하고, 나의 것을 지키려는 장치이다. 다리는 절벽과 절벽을, 육지와 섬을 단번에 갈 수 있도록 이어준다. 서로 교통하게 하고 하나가 되게 만든다.

소통은 사람과 사람 사이의 단절된 공간에 다리를 놓는 행위이다. 그 다리를 통해 우리는 서로를 이해하고, 서로에게 다가갈 수 있는 것이다.

윈윈, 상생한다는 것

옛말에 '누이 좋고 매부 좋다'라는 말이 있다. 상생의 의미가 있는 말이다. 상생(相生), 말 그대로 서로 공존하면서 살아간다는 뜻이다. 나도 잘 살고 남도 잘 사는 것, 그것이 바로 상생이다.

상생이란 말의 밑바탕에는 세상의 생명체는 모두 하나로 연결되어 있다는 의미가 깔려 있다. 우리가 사는 것만 봐도 그렇다. 나 혼자서는 살아갈 수 없다. 내가 먹고 입고, 즐기는 모든 것들은 다른 사람이 없으면 할 수 없다. 농부가 없으면 먹을거리를 얻을 수 없으며, 옷을 만드는 사람들이 없으면 몸에 걸칠 것도 얻을 수 없을 것이다. 철저하게 분업화된 현대에는 아무리 돈이 많아도 남의 도움이 없으면 한시도 살아갈 수 없다. 때문에 나 자신도 잘 살아야 하고, 이웃과 주변도 함께 잘 살아야 한다. 그들이 모두 나의 생명을 살리는 역할을 한다. 나 역시도 그들의 생명을 살리는 데 일조를 한다. 상생이라는 말은 바로 거기에서 나왔다.

영어로 윈윈(win-win)도 마찬가지로 상생을 의미한다.

누구는 이기고 누구는 지는 게 아니라, 다 같이 이긴다는 뜻이다. 서로 산다는 것이 바로 이것이다.

회사를 시작하고 나서 남편과 나는 바로 이것에 가장 큰 가치를 두고 일했다. 함께 잘 되는 것. 거래처의 회사가 잘 되어야 우리 회사가 잘 되고, 함께 경쟁하는 업체가 잘 되어야 동종 업계 전체가 잘 된다는 생각을 했다.

처음 회사를 시작했을 때, 우리는 많은 출판사의 도움을 받았다. 출판사에서 열심히 좋은 교재를 만들어 내면 우리는 그 책을 최대한 많은 독자와 만날 수 있도록 영업을 했다. 출판사와 우리 회사와는 그야말로 상생의 관계가 되지 않으면 안 된다. 출판사에서 수년간 노력해서 양질의 교재를 계발해 냈는데, 영업을 제대로 하지 않으면 그 수년간의 노력이 물거품이 되고 만다. 우리 회사는 출판사의 동맥과 같은 역할을 하는 것이다. 끊임없이 피가 돌게 해야 사는 것이다. 출판사와 우리 회사는 단순히 이익을 창출하고 거래처 관계가 아닌 한 몸이라는 생각으로 유통에 전념했다.

그러다 보니 우리 회사와 거래를 하는 출판사들은 우리 회사에 대한 많은 신뢰를 보내 주었고, 우리는 그런 신뢰 덕분에 매출이 쑥쑥 늘어났다.

우리와 오랜 인연을 맺은 대한교과서주식회사에서 '밥' 시리즈 교재를 개발했을 때의 일이다.

당시 그 교재는 소매점 위주로 판매가 이루어져 매출이 매우 부진했다. 우리는 일일이 학교와 학원을 찾아다니며 교재의 우수성을 알리고, 선생님들이 원하는 것이 무엇인지를 듣고 그 애로사항을 반영한 결과 매출이 매년 200% 이상 오르는 결과를 가져왔다. 만일 '밥'의 부진이 우리의 일이 아닌 출판사의 일이라고 여겼다면 우리는 그런 결과를 가져오지 못했을 것이다.

윈윈, 곧 상생한다는 것은 남의 어려움을 외면하지 않는 것이다. 남의 고통을 내 것으로 여기는 것이다. 남의 고통이나 어려움을 외면하면 나도 그들에게 그런 존재가 되기 때문이다.

이런 생각은 회사 경영에도 고스란히 반영했다.

회사는 기본적으로 이익을 창출하기 위해 존재한다. 그러나 회사의 이익만 추구하다 보면 회사에 종사하는 사람들이 상대적으로 박탈을 당하기 십상이다. 회사는 경영자 혼자만으로 이루어질 수 없다. 경영자의 지휘 아래 사원들의 지혜와 슬기가 모아져야 존재할 수 있다.

우리 회사는 '사람'을 가장 중요시한다.

그 '사람'이 곧 회사를 존속하게 하고 나를 있게 하는 이유가 되기 때문이다. 회사는 혼자 만들어지는 것이 아닌, 직원들과 함께 만드는 것이다.

우리는 직원들이 우리 회사를 통해 꿈을 실현하고, 그 분야의 최고 전문가로 거듭나도록 이끄는 것이 중요하다고 생각한다. 그들이 잘 살아야 회사도 살고 나도 살 수 있다는 것을 알기 때문이다. 회사의 모든 이익과 성과, 위기까지 헤쳐 나갈 핵심은 바로 '사람'이다.

그런 철학을 바탕으로 회사 직원들을 대하다 보니 어떤 때는 직원들이 나 개인이나 가족보다 더 소중하게 느껴진다. 그러기에 회사에서 직원들이 고생한 만큼 되돌려 주어야 한다는 생각에 장기 근속 직원들과 함께 해외 여행을 다녀오기도 했다.

요즘은 치열한 경쟁 사회이다.

이웃도, 친구도 모두 경쟁 상대로만 여긴다. 경쟁 상대란 결국 내가 떨쳐 버리고 가야 하는 존재이다. 어떤 경우에는 그를 밟고도 가야 한다. 때문에 경쟁 상대와의 관계는 적자생존의 법칙만 남게 된다. 남이 죽어야 내가 산다는 것이다. 그러나 그렇게 나만 살아남는다면 무슨 의미가 있겠는가.

내 삶은 누군가의 삶에 의지해 살아간다. 상대를 죽이고 나만 잘 살겠다는 것이 아니라 경쟁 상대를 나와 함께 가는 친구로 여기고, 그와 함께 오래 멀리 가는 것, 빼앗고 빼앗기지 않는 관계가 아닌 서로 성장 관계를 만드는 역할, 서로 이끌어 주는 역할, 그것이 내가 살고, 친구가 살고, 이웃이 살고, 모두가 사는 길이다. 그것이 상생의 법칙이다. 모두가 이기는 법칙이다.

10

행복한 삶에는
조건이 있다

내가 상황이 어렵거나 힘들 때 버틸 수 있었던 것은 바로 긍정의 힘이다. 현재의 내 모습으로 나를
판단하지 않았다. 미래에 내가 어떻게 될 것인가 하는 기대하는 마인드로 나를 보았다. 그렇기 때
문에 나는 그 시간에 미래를 준비해 갈 수 있었다.

10

긍정은 힘이 세다

 어릴 적 배가 아프면 어머니는 당신의 무릎을 베게 하고는 내 배를 쓸어 주곤 하셨다.

"술술 내려라. 엄마 손이 약손이다."

그러면 이상하게도 조금 있으면 배 아픈 것이 사르르 가라앉고는 했다.

나는 엄마의 손은 정말 약손이라고 믿었고, 그 믿음으로 인해 아픔이 사라졌던 것이다.

물론 엄마가 문질러 주는 덕분에 배가 따뜻해지고 혈액 순환이 잘 되어 아픈 배가 나았을 수도 있다.

플라시보 효과라는 말이 있다.

실제로는 치료에 도움이 되는 약이 아닌데도 단지 환자가 도움이 될 것이라고 믿고 복용함으로써 실제로 병세가 호전되는 현상을 말한다. 미국 브라운대학의 월터 브라운 교수는 플라시보 효과를 '실제로는 없는데 있을 것이라고 기대함으로써 나타나는 실제 효과'라고 정의한다.

실제로 한 약사가 처방전 없이 찾아온 환자의 사정이 딱해 거짓으로 포도당류의 약을 지어 주었는데, 며칠 후 환자는 약이 신통하다며 병원에 갈 필요 없이 깨끗이 나았다는 사례가 있다.

이는 긍정과 믿음이 가져오는 현상이다.

부정적인 생각을 하면 스트레스 호르몬이 분비되어 혈액 순환이 저하되고, 긍정적인 생각을 하면 행복 호르몬인 세로토닌과 엔도르핀이 분비되어 혈액 순환이 잘 되어 통증이 없어지고 병이 낫는다.

긍정의 힘은 어려운 일이 있을 때 그것을 헤쳐 나가는 원천이 된다. 한국의 스티븐 호킹이라 불리는 이상묵 교수의 이야기는 긍정의 힘이 얼마나 센지 보여 준다.

서울대 지구환경학부 교수인 그는 몇 해 전, 미국 캘리포니아 공과대학과 공동으로 진행한 미국 야외 지질 조사 프로젝트를 진행했는데, 연구 조사 과정에서 차량이 전복되는 사고를 당했다. 그 사고로 그는 목 아랫부분은 조금도 움직일 수 없는 전신마비가 되었다.

보통의 사람들은 이런 사고를 당하면 일단 정신적 충격에서 벗어나지 못하고 좌절하기 십상이다. 하지만 그는 달랐다. 사고 난지 6개월 만에 강단에 복귀하면서 사람들에게 희망의 상징이 되었다.

그가 병상에 누워 있을 때, 가장 걱정된 것은 '과연 이 몸으로 아버지 역할을 제대로 할 수 있을까?' 그때 한 후배의 말이 그의 생각을 바꾸었다고 한다.

"동급에는 라이벌이 없어 체급 하나를 올렸다고 생각하세요."

그 말에 좋게 생각하기로 했다고 한다.

또 다른 친구는 장애인 부모 밑에서 자란 아이가 사회적 성취도도 높고 인격적으로도 훌륭하다는 미국 통계를 말해 줬다고 한다. 그래서 그는 장애를 입었지만 열심히 사는 부모의 모습을 보여 주는 게 가장 중요한 교육이고 아버지 역할이라고 생각했다고 한다.

그는 오히려 다치기 전보다 지금이 더 좋다고도 한다. 다치기 전에는 모든 것을 '빨리' 또 '혼자' 하려고 했고, 무엇이든 혼자 다 할 수 있다고 생각했다고 한다. 하지만 남의 도움 없이는 살 수 없는 지금은 '빨리 가려면 혼자 가고 멀리 가려면 같이 가라'는 좌우명을 가지게 되었다고 한다. 빨리는 못 가지만 여러 사람이 함께 돕는 팀워크로 멀리, 오래 갈 자신이 생겼다고 한다. 그는 아픔과 고통을 아는 사람은 더 많은 경험을 쌓았기 때문에 더 넓은 시야와 이해심이 있다고 한다.

그는 또한 이렇게 말한다.

"나는 전신마비를 긍정의 힘으로 이겼다. 매끈하고 유복한 삶이 인간다운 것이 아니다. 때로는 좌절과 어려움을 겪지만 피하지 말고, 꿋꿋하게 이겨내고 걸어가는 것이 맞다."

그는 비록 몸은 불편하지만 긍정의 힘으로 많은 사람들에게 희망이 되고 있다.

멕시코 바로 아래에 있는 과테말라라는 나라의 고원 지대에 사는 인디언들 사이에 전해져 내려오는 이야기 중에 '걱정 인형(Worry doll)'이라는 것이 있다.

자신의 걱정을 인형에게 말하거나 인형을 베개 밑으로 넣어 두면, 잠자는 동안 그 인형이 걱정을 대신해 준다고 생각한다. 그 덕분에 걱정이 있는 사람들은 충분히 잠을 잘 수 있어 휴식을 취할 수 있는 것이다.

그들이 그렇게 하는 이유는 걱정은 해봤자 아무것도 해결해 주지 않는다는 것을 알기 때문일 것이다. 걱정하기보다 차라리 잠을 자는 게 훨씬 현명하기 때문이다.

긍정의 사고는 바로 이런 것이다.

나는 친구들에게 종종 말한다.

"걱정하는 동안 해결책을 찾아라."

내가 상황이 어렵거나 힘들 때 버틸 수 있었던 것은 바로 긍정의 힘이다. 현재의 내 모습으로 나를 판단하지 않았다. 미래에 내가 어떻게 될 것인가 하는 기대하는 마인드로 나를 보았다. 그렇기 때문에 나는 그 시간에 좌절이나 방황하지 않고 미래를 준비해 갈 수 있었다.

자신의 마음을 긍정적인 방향으로 바꾸는 방법으로 넛지 (Nudge)가 있다.

넛지는 '팔꿈치로 슬쩍 찌르다, 주의를 환기시키다'라는 뜻이다. 이는 곧 좋은 방향으로 선택을 하게끔 부드럽게 이끄는 방법을 말한다. 가령 이런 식이다. 네덜란드 암스테르담의 한 남자 화장실에는 소변기 가운데 파리가 그려져 있다고 한다. 어떻게 하면 사람들이 화장실을 깨끗하게 사용할까 고민 끝에 공항 사람들이 궁리해 놓은 해결책이다. 과연 효과는 만점이었다. 남자들이 소변을 볼 때 그 파리를 정확히 조준해 주변이 훨씬 깨끗해졌다고 한다.

이렇듯 넛지는 아주 사소한 것, 쉬운 것을 생각해 내 자신을 바꾸는 것이다.

지금 만일 힘든 일을 겪고 있는 사람이 있다면 넛지 이론으로 사고를 비틀어 보라. 어려움이나 고통의 상황이 나를 훨씬 키울 것이라는 생각으로 사고를 전환하면 그것이 곧 나에게 큰 희망으로 다가올 것이다.

"기회는 밖에서 오지 않고 우리들의 내부로부터 온다. 기회는 또 전혀 기회처럼 보이지 않으며 그것은 번번이 불행이나 실패 또는 거부의 모습으로 변장해서 나타난다. 비관론자들은 모든 기회에 숨어 있는 문제만 보지만 낙관론자들은 모든 문제에 감춰져 있는 기회를 본다."(데니스 웨이틀리)

겸손은 땅이다

'벼는 익을수록 고개를 숙인다'라는 속담이 있다. 인품이 높을수록 겸손하다는 말이다. 사람이 살아가는 데 겸손은 가장 큰 미덕이며 중요한 덕목이다.

사람은 누구나 겸손해야 한다는 사실을 알고 있다. 그리고 대부분 자기 자신은 겸손하다고 믿는다.

나도 그렇다. 나는 남에게 친절하고, 하루하루 성실한 자세로 생활했다.

크리스천인 나는 여기에 대해 매사에 감사하고 기도하는 생활을 하면서 스스로 겸손하다고 자처했다.

그런데 어느 날 책을 보다가 지금까지의 나의 생각이 깨지는 경험을 했다. 겸손에 대한 이야기가 나오는데, 지금까지 나를 겸손한 사람이라고 스스로 여겼던 것이 깨지는 느낌이 들었다.

영어로 겸손은 휴멀리티(humility)인데, 이 단어는 휴머스(humus)에서 나왔다. 이는 흙, 땅이라는 뜻이라고 한다. 그러면서 겸손은 곧 땅처럼, 땅만큼 낮아져야 비로소 겸손하다고 말했다. 사람을 뜻하는 휴먼(human) 역시 어원이 휴머스(humus)이다. 사람은 겸손해야 한다는 것이고, 겸손하지 않으면 사람이 아니라는 것이다.

책을 읽으면서 곰곰이 생각해 보니, 나는 한 번도 겸손한 적이 없었던 것이 아닌가 하는 생각이 들었다. 내가 아무리 나의 자세를 낮추었다고 해도 땅보다 낮아진 적은 없었다는 자각이 들었다.

사실 스스로 '나는 겸손하다'고 생각하는 순간, 그것은 바로 오만이 싹튼 것이라는 생각이 들었다. 진실로 겸손한 것은 겸손하다는 생각조차 하지 않는 것이 아닐까.

책에는 이런 설명도 있었다.

'겸손은 땅과 흙인데, 땅과 흙은 세상의 모든 것들을 받아 준다. 심지어 쓰레기까지도 받아들인다. 그러나 쓰레기에 오염되지 않고 그것을 오히려 정화시키는 능력이 있다.'

이 구절은 겸손이라는 것이 얼마나 아름다운지를 느끼게 했고, 스스로 겸손하다고 여겼던 나를 반성하게 했다.

성경 속 인물 중에서 요셉은 진정한 겸손이라는 것이 무엇인지를 보여 주는 인물이다.

그는 어린 시절 아버지의 총애를 받으며 색동옷을 입고 자랐다. 때문에 그는 자신이 특별하다고 여기며 자랐으며, 그 때문에 교만하기도 했다. 그는 실제로 집단이 일어나 자신에게 절하는 꿈이나, 하늘의 별들이 자신에게 절하는 것을 통해서 하나님의 계획을 알게 되고 그것을 형들에게 자랑하기도 했다.

그로 인해 그는 형들의 질투를 받아 이집트의 노예로 팔려갔다. 나중에 그는 이집트의 총리가 되는데, 그 전까지 온갖 시련을 겪어야 했다. 철저하게 자신이 낮아지는 것을 경험한 것이다. 보디발 아내의 거짓으로 인해서 감옥에까지 갇히게 된 그는 술 맡은 관원장의 꿈을 해석해 주며 자신을 도와달라고 했지만, 그는 요셉을 잊어버린다. 요셉은 감옥에서 오랜 동안 고난을 겪으며 변하게 된다. 그는 완전히 자신의 한계를 인정하고 하나님의 주권을 절대적으로 인정하게 된다. 그러자 하나님은 그를 높이셔서 총리의 자리에 오르게 하신다.

요셉의 사명은 단순히 자신이 높아지는 것이 아니었다.

이스라엘과 이집트, 근동 사람들의 생명을 큰 흉년에서 구원하는 것이었다. 그리고 바로 형제들의 후손을 구원하는 것이었다.

어린 시절 색동옷을 입고, 자신이 형제들보다 높아질 것을 자랑하던 교만하던 어린 요셉은 고난을 거치면서 형들을 사랑하고 위할 줄 아는 겸손한 요셉으로 성장한 것이다.

겸손은 상대를 높이는 것도 아니고, 무조건 자기를 낮추는 것도 아니다. 진정한 겸손은 나를 완전히 버리는 것이고, 철저하게 낮아지는 것이다. 그럴 때 다른 사람의 마음을 얻는다. 남보다 나은 위치와 조건을 갖췄다고 으스대며 오만방자한 행동으로 남을 업신여기고 깔보는 사람이 많다. 진정한 겸손은 잃는 것이 아니라 얻는 것, 사람의 도리를 다하기 위해 항상 마음을 닦는 행위이다.

완벽한 사람은 없다.

사람에게는 누구나 부족한 점이 있다. 겸손한 사람은 자신의 부족함을 깨닫고 인정한다. 또한 다른 사람의 부족함을 용납하고 그것을 도와준다. 반대로 교만한 사람은 그 연약함과 부족함을 지적하고 바로잡으려고 한다.

삶을 살다 보면, 우리는 때때로 이러한 사실을 잊는다.

겸손이 무엇인지 알고 있다고 해도 그것을 실천하기도 쉽지 않다. 더욱이 일이 잘 풀릴 때는 때때로 나의 능력 때문에 일이 잘 된다고 생각하기 십상이다.

한때 잘 나가던 사업가 한 사람이 있다.

그는 사업이 너무 잘 되어 하는 일마다 큰돈을 벌어 그 업계의 '마이다스'의 손이라고도 불릴 정도였다. 젊은 나이에 큰 사업을 벌이다 보니 그는 두려울 것이 없었다. 점점 회사를 확장해 갔고, 그럴수록 회사의 부피는 커져갔다. 사업이 잘 되니 씀씀이도 커졌다. 그때부터 그는 향락을 즐기기 시작했다. 밤마다 술집을 드나들며 수천만 원의 돈을 쓰면서 밤새도록 술을 마셔 댔다. 그러는 동안 그의 회사는 마치 풍선에 바람이 빠지듯 푸시시 가라앉기 시작했다. 제대로 회사를 돌보지 않아 회사 경영은 엉망이 되어갔던 것이다. 그는 지금 빚더미에 올라 재기도 못하고 있다. 향락에 빠져 있던 그는 일할 수 있는 능력을 잃어버렸고, 무기력하게 하루하루를 보내고 있다.

사업가들이 사업을 하면서 가장 위험한 시기는 바로 사업이 가장 잘 될 때이다. 안 될 때는 대개 자세를 낮추고, 열심히 성실하게 일을 해나간다. 그러나 잘 풀릴 때 사람들은 긴장을 늦추고, 자신의 능력을 과신하게 된다. 이를 테면 교만의 싹이 튼 것이다.

교만은 우리의 능력을 갉아먹는 가장 무서운 적이다. 교만한 사람은 성실하지 않다. 교만한 사람은 근면하지 않다. 때문에 스스로의 능력을 키우지도 못하고, 심지어 타고난 능력까지 퇴보시킨다. 항상 겸손해야 하는 이유가 바로 이것이다.

더욱이 우리가 가장 겸손해야 하는 것은 바로 하나님 앞에서다. 성경에서는 겸손을 가장 큰 은혜라고 말한다.

"그러므로 누구든지 이 어린아이와 같이 자기를 낮추는 그이가 천국에서 큰 자니라"(마태복음18:4)

하늘나라에서 가장 큰 영광, 참으로 아름다운 것, 은혜 중에 가장 큰 은혜는 바로 겸손이다.

잠언서에서는 교만한 것은 패망과 불행의 원인이고 겸손함은 행복과 명예의 조건이라고 말한다. 덧붙여 겸손은 남을 도울 수 있고 섬길 수 있는 자세여야 한다고 생각한다.

무리하지 않는 것이 건강법

 한 방송사의 오락 프로그램에서 고도비만인 사람들이 살을 빼는 과정을 담아 방송하는 것을 보았다.

그들 중 일부는 비만으로 인해 일상생활을 제대로 수행하지 못할뿐더러, 우울증까지 와서 정신적으로 고통을 받는 경우도 있었다. 그들은 방송사의 지원으로 혹독한 운동과 식이요법으로 놀라울 정도로 살을 뺐다. 살을 빼고 난 후 그들의 가장 큰 변화는 건강과 자신감의 회복이었다.

다이어트라는 말은 영양의 균형을 맞춘다는 것이다.

우리 몸은 무엇이 지나치거나 부족하면 모든 것이 병의 근원이 된다. 아무리 몸에 좋은 영양소도 과잉 섭취하면 부작용을 가져온다. 부족해도 마찬가지이다. 우리 몸을 이루는 성분들은 딱 그만큼만 필요한 것이 최적의 조건인데, 이것이 지나치거나 부족하면 후유증을 일으키는 것이다. 그런데 일부 젊은 여성층에서는 다이어트를 한다고 무조건 굶거나 한 가지 음식만 섭취해 몸을 망가뜨리는 경우가 종종 있다. 지나치게 마르거나, 몸에 아주 중요한 성분들이 부족해 정신적인 문제를 가져오기도 한다.

비만도 문제지만 지나치게 마른 것도 문제이다.

몸의 균형을 이루려면 이를 잘 조절해 적당한 몸을 유지할 수 있도록 노력해야 한다. 몸과 정신은 하나이다. 안과 밖이다. 몸이 건강하지 않으면 정신을 해치고, 반대로 정신이 건강하지 못해도 몸을 해치게 된다.

사실 건강할 때는 건강의 소중함을 잘 모른다. 그것을 잃고 나서야 소중함을 알게 된다.

대부분 젊고 건강할 때는 몸을 함부로 쓰는 경우가 많다. 건강에 대한 지나친 자신감으로 에너지를 소비한다. 밤새 술을 마신다거나 담배를 피운다거나 끼니를 거른다거나 해도 잠 한숨 자고 나면 거뜬히 활동할 수 있기 때문에 관리를 잘 하지 않는다. 하지만 관리를 하지 않으면 건강을 잃는 것은 나이를 구분하지 않는다. 건강을 잃고 나서야 비로소 후회를 하게 된다.

인생을 제대로 살아가는 데는 건강이 바탕이 된다.

원대한 꿈과 비전도, 성공도 건강해야 이룰 수 있는 것이다. 제아무리 똑똑한 사람도, 제아무리 부유한 사람도, 제아무리 권력을 가진 사람도 건강하지 않으면 아무 소용이 없다.

　건강을 지키는 것은 곧 자기 자신의 미래를 지키는 것이고, 인생을 잘 살기 위한 기본을 다지는 것이다.
　곰곰이 생각해 보면, 성실성이나 열정, 관용, 배려 등의 차원 높은 가치들을 수행할 수 있는 바탕은 건강이다. 육체적, 정신적, 영적으로 건강해야 할 수 있는 것이다.
　성공하는 사람들의 가장 기본적인 조건이 바로 건강이다. 건강은 일종의 자본이다. 주변에 성공한 사람들을 보면 하나같이 밝고 맑은 얼굴에 활기찬 기운을 가지고 있다. 건강하다는 것은 그만큼 자기 관리를 잘했다는 증거이기도 하고, 또한 건강하기 때문에 그만큼 일을 추진할 수 있는 것이다.
　만일 일을 취하는 데 있어서 에너지가 부족하다고 느껴진다면 그것은 성공 자본이 적은 탓이다. 즉, 건강이 없는 경우 성공을 할 기운도 목적도 잃게 된다. 체격이 그리 크지 않은 나는 어려서 시골서 자란 덕에 제법 다부진 체력을 가졌다. 어릴 때 바다와 들을 배경으로 뛰어놀고, 어머니를 도와 일한 덕분에 자연스레 체력이 길러졌고, 체력을 바탕으로 건강한 생활을 할 수 있었다.

　나는 특별히 운동을 하지 않는다.
　그러나 평소에 부지런히 몸을 움직이는 편이다. 집안의 식물을 가꾸거나 청소를 한다. 집안일을 하다 보면 자연스레 운동이 된다. 회사에도 일찍 나가 주변의 화단을 가꾼다든지 청소를 한다.

그런 것이 모두 운동이 되는 것이다.

한 노(老) 수필가의 이야기가 떠오른다.

그분은 아흔이 넘은 나이에도 손님이 찾아오면 손수 손님 접대를 하셨다고 한다. 직접 주전자에 물을 담아 가스렌지에 올리고, 차를 만들어 내오는 것을 마다하지 않았다. 나이든 분이 손수 움직이는 걸 나이 어린 사람들이 불편해하여 행여 돕기라도 할라치면 손사래를 치시며 당신이 직접 그 일을 했다고 한다. 그러면서 이렇게 움직이는 것이 자신이 아흔 넘도록 장수하는 비결이라고 말했다고 한다.

각종 편리시설을 이용하는 현대인들은 따로 운동할 시간을 내어 헬스클럽을 다닌다거나 스포츠 센터를 찾기도 한다. 하지만 나는 그런 곳을 일부러 찾아 운동을 할 만큼 시간이 많지는 않다. 때문에 나는 평소 생활 속에서 자연스럽게 운동을 한다.

건강을 지키는 또 다른 방법으로는 무리한 생활을 하지 않는 것이다. 일단 어떤 약속도 저녁 아홉 시 전에 모두 끝을 내고, 그 시간에는 반드시 집에 들어간다. 그리고 일찍 잠이 들고 일찍 일어난다. 늦은 시간까지 사람들을 만난다든가 술을 마시면, 피로가 축적되어 이튿날이 되어도 잘 회복되지 않는다. 그것이 누적되면 건강에 해가 미칠 것은 뻔한 일이다.

술과 담배, 스트레스가 현대병의 주요 원인인데, 나는 내 몸에 그런 원인 제공을 좀체 하지 않는다. 그러다 보니 건강한 몸과 생활을 유지할 수 있는 것이다.

사실 술과 담배는 개인의 의지로 끊을 수 있는 데 비해 스트레스는 외부적 요인에 의해 반응하는 것이므로, 내가 안 받는다고 해서 안 받아지는 게 아니다. 때문에 스트레스를 받았을 때는 그것을 잘 해소하는 것이 중요하다. 나에게 스트레스를 준 사람과 상황에 대한 이해와 스트레스를 준 상대에 대한 용서와 배려가 그것을 해소하는 지름길이라고 생각한다.

최근 나는 피아노 레슨을 받고 있다.

이는 나의 정신 건강법 중 하나이다. 악기를 배우면서 하나하나의 새로운 세계가 열리는 느낌을 받고, 스스로에 대한 자존감이 무척 높아진 느낌이 들었다.

영적 건강을 위해서 나는 기도와 감사를 하고 있다. 교회에 다니는 나는 늘 감사하고 기도하라는 성경 말씀에 최선을 다해 노력하고 있다. 감사와 기도는 엄청난 영적 위안을 준다.

감사는 매사에 겸손하려고 하는 마음이고, 기도는 자신을 돌아보고 반성하는 기회를 제공한다. 만일 감사와 기도가 없으면 사람들은 자신의 욕망에 따라 살게 되기 십상이고, 그렇게 되면 가장 먼저 건강을 해치게 되어 있다. 나는 그런 행위를 통해 영적 자부심과 건강을 지킬 수 있는 것이다.

좋아하는 일, 잘하는 일, 행복한 일

  인생의 궁극적인 목적을 묻는다면, 아마 모든 사람들이 행복이라고 대답할 것이다.

혹 '성공이다, 부자가 되는 것이다, 건강이다'라고 개별적인 대답을 한다고 해도, 그것을 왜 이루려는가 하고 물으면 그 대답은 행복에 있다. 인간은 행복해지기 위해 살고, 행복해질 권리가 있는 것이다.

가만히 돌이켜보면, 인생의 어려움이나 고통을 극복하고 그토록 열심히 도전하고 열정을 바친 이유도 결국은 행복이다.

어릴 적 나는 '부자가 되어 가난한 사람을 도와주고 싶다'는 꿈이 있었다. 그 꿈을 왜 실현하려고 했는가, 곰곰이 생각해 보면 결국 행복해지기 위해서이다.

지금의 나는 나로 하여금 주변이 행복해지는 것을 꿈꾸고 있고, 그것을 실현하기 위해 노력하고 있다.

인간이 행복해지는 데는 여러 가지 조건이 있다.

그 최우선적인 것으로 바로 일이다. 일은 평생의 직업이 되기에 한 번 선택하면 좀체 바꾸기 쉽지 않다. 때문에 아주 신중하게 선택해야 한다.

일을 선택할 때 자신이 좋아하고 잘하는 일이라면 더할 나위 없이 좋다. 하지만 많은 사람들이 단지 돈을 벌기 위해 직업을 선택하는 경우가 많다. 때문에 대부분 좋아하는 일과 직업이 분리되어 있다. 그러다 보면 일에서 행복감을 느끼지 못해 일에 충실하지 않게 되고, 스스로 불행감에 시달리는 사람들도 있다.

SF 소설의 선구자로 불리는 영국의 소설가 허버트 조지 웰스(1866~1946)의 이야기이다. 그는 집이 가난했기 때문에, 직물 가게에서 일을 했다. 아침 다섯 시부터 오후 일곱 시까지 가게를 청소하고, 심부름과 잡일을 도맡아 하면서 웰스는 실의에 빠졌다.

'발전도 없는 한심한 일을 하고 있구나!'

웰스는 점점 자신감을 잃어갔다. 자신의 미래가 암울하기 그지없었다.

그렇게 2년이 지났다.

짐을 운반하던 웰스는 벽에 거린 거울을 무심코 쳐다보았다. 그는 너무 놀란 나머지 짐을 놓치고 말았다. 거울 속에는 희망이라고는 조금도 없는 패배자 하나가 서 있었기 때문이다. 웰스는 그길로 가게를 뛰쳐나와 자신의 어머니가 가정부로 일하는 저택으로 향했다.

어머니를 만난 그는 울부짖으며 말했다.

"어머니! 전 이렇게 살 바에는 죽는 것이 낫겠습니다. 제가 원하는 일을 하겠습니다."

웰스는 이후 작가가 되었고, 자신의 모든 것을 쏟아 부어 평생 100권이 넘는 책을 썼다. 웰스는 과감한 선택을 통해 자신이 좋아하는 일을 찾았던 것이다. 그는 분명 행복했을 거라고 짐작한다. 그러나 웰스처럼 이런 선택을 하기란 쉽지 않다. 많은 사람들은 현실에 안주하거나, 그럴 수밖에 없는 환경에 처해 있는 사람도 있다.

직업적으로 선택한 일이라 바꾸는 것이 쉽지 않다면, 생각을 바꾸어 그 안에서 행복을 찾아야 한다.

매순간 충실하면 그것만으로도 사람은 만족을 얻는다. 성경에 보면 "기쁜 마음으로 일하라"는 표현이 여러 번 나온다. 어떤 일이든 기쁜 마음으로 일을 하면 자기 자신에게 기쁨이 넘치고 남에게도 그 기쁨을 전파할 수 있다.

수업을 하다 보면 더러 지각을 하는 학생들이 있는데, 지각생은 일단 강의 시간에 들어올 때부터 내 눈치를 살피고 강의 시간 내내 집중을 못하는 모습을 볼 수 있다. 그 학생은 지각으로 그 시간을 놓치고 마는 것이다.

일도 마찬가지다. 아무리 좋아하지 않고 직업적으로 선택했다고 해도 그 순간 충실하고, 또한 그 일로 인해 먹고사는 일이 해결되고, 새로운 미래를 위한 준비라고 생각하면 거기에서도 행복을 얻을 수 있다.

청소년 시절 합판 공장에서 일할 때, 나는 그 일이 너무도 소중하고 고마웠다. 그 일로 인해 학교를 다닐 수 있으리란 꿈이 있었기 때문이다. 그곳에서 늘 미래의 나를 꿈꾸곤 했다. 만일 꿈이 없었다면 나는 지독히도 불행하게 합판 공장에서 일을 하면서 그곳을 벗어나지 못했을 것이다. 나는 그곳에서 일을 하는 것이 미래에 내가 학교를 다닐 수 있는 밑거름이라 믿고 열심히 일했다.

이런 말이 있다.

"직장을 예배 처소라고 생각하라. 눈 가리고 아웅 식이 아니라 예배드리는 마음으로 진정으로 최선을 다하라. 그럴 때 너는 이미 사람의 종이 아닌 그리스도의 종으로 서게 된다."

어느 자리에서든 최선을 다하고, 그것을 즐겁고 기쁜 마음으로 일하면 우리는 진정 행복의 길로 갈 수 있다.

좋아하는 일과 잘하는 일을 찾아서 하면 그보다 행복한 일은 없을 것이다. 하지만 여건이 그렇지 못하면, 그 일을 밑거름 삼아 새로운 미래를 꿈꾸는 것도 행복한 일이다.

세상의 편견에 움츠러들지 말기

"서울대라서 과대평가 된 것도 있다. 어딜 가도 약간 대우를 해준다. 내가 서울대 출신으로서 '사회에 나오면 학벌이 전혀 상관없고 능력만 있으면 된다'는 이런 희망의 메시지를 줄 생각은 없다. 현실은 그렇지 않은 것 같다."

서울대학교를 나온 한 가수가 방송에 나와서 한 말이다.

우리 사회에는 학벌에 대한 편견이나 차별이 심한 편이다. 그래서 학부모들은 많은 사교육비를 들여 일류 대학을 보내려고 기를 쓴다. 학생들은 학원을 다니거나 과외를 받느라 취미 생활이나 여가를 즐길 여유도 없이 청소년기를 보낸다.

물론 학생들이 공부할 시기에 열심히 공부하는 것은 당연할 일이다. 나는 공부를 잘한 사람들을 굉장히 좋아하고 존경한다. 공부를 잘했다는 것은 그 사람이 얼마나 자신의 일에 성실하고 최선을 다했는가를 보여 주기도 하고, 자신의 일을 책임감 있게 해낼 수 있는 능력을 지닌 것으로 판단할 수 있다. 공부는 자신의 의식과 능력이 성장되는 것이 목표여야 한다. 그러나 오로지 본인의 출세의 한 수단으로만 작용한다면 얼마나 안타까운 일인가.

공부의 결과가 명문대학에 진학하게 할 수 있고, 그렇지 않게 할 수도 있다. 그러나 공부를 열심히 했다고 모든 사람이 다 명문대에 진학하는 것은 아니다. 또한 성적 이외의 어떤 사정에 의해 명문대를 못 가는 사람도 있다. 학벌은 중요하지만 그것으로 모든 것을 평가할 수는 없다.

그런데 우리 사회는 그것으로 모든 것을 평가하고, 그것만으로 우대를 해주는 경향이 매우 크다. 그러다 보니 우리 사회에는 명문대 콤플렉스를 가진 사람들이 많다.

가끔 사회적으로 출세한 사람들조차도 일류 대학을 나오지 못한 것에 콤플렉스를 느끼는지, 뒤늦게 명문대학의 대학원을 수료하고는 대학원의 학력만을 내세우는 경우를 종종 본다.

하지만 그것은 껍데기일 뿐이다. 정말 중요한 것은 좋은 학력이 아니다. 바로 실력이다. 내외적으로 단단하게 자신의 중심을 잡을 수 있는 능력이다.

어떤 사람은 소위 명문대를 나왔지만 아무런 노력도 하지 않고 학교의 이름만 내세우며 살고, 어떤 사람은 명문대는 나오지 못했지만 꾸준히 노력해 자신의 내실을 다져가는 사람이 있다.

누가 더 실력이 있을까.

명문대를 나오지 못해 열등감에 사로잡혀 있기보다는 실력을 쌓는 게 더 중요하다. 사회의 편견이 아무리 심해도 그 편견을 넘어설 만큼의 실력을 갖추면 된다.

늦깎이로 대림대학교에 입학한 나는 학교에 다니면서 공부를 한다는 사실이 무척 자랑스럽고 감사했다. 때문에 어린 학생들 틈에서 누구보다도 열심히 공부를 했고, 장학금도 받았다.

그토록 열망하던 공부를 할 기회가 생겼기 때문에 너무나도 행복했다. 그 행복을 나누기 위해 내가 받은 장학금을 도로 학교의 장학금으로 내놓기도 했다.

나는 대학생이라는 사실에 자부심이 가득했다.

그리고 보다 더 공부를 하기 위해 안양대학교에 편입을 했는데, 대학 성적으로 평가하는 편입 시험에서 일등을 했다. 안양대학교에서도 주경야독(晝耕夜讀)을 실천하며 공부에 매진했다. 그러기에 그 실력으로 대학원에 진학했고, 그때의 성적과 대학원에서의 성적을 인정받아 모교의 교수로 초빙을 받게 된 것이다. 돌이켜 보면 내가 대학원을 졸업하기까지 결코 순탄하지 않은 과정을 거쳤다. 중학교를 졸업하고 고등학교에 입학하지 못한 나는 많은 갈등도 하고 방황도 했다. 그런 가운데에서도 내가 결코 버리지 않은 단 한 가지의 꿈은 바로 공부를 하는 것이었다. 이렇게 내가 꼭 하고 싶은 공부를 하다 보니 비록 명문대는 아니지만 공부를 할 수 있다는 사실에 감사했고, 학교에 대한 소중함도 남달랐다.

내가 당당해질 수 있는 것은, 나는 성실하게 최선을 다해 공부를 했고, 그 덕분에 지금의 내가 되었기 때문이다.

누군가 말했다. 중요한 것은 좋지 못한 학벌을 가진 것이 아니라, 좋지 못한 학벌을 가진 사람처럼 행동하는 데 있다고. 어디에 속해 있든, 최선을 다하고 열정을 더하면 그는 명문대생이다.

세상의 편견에 주눅 들지 말고, 지금의 자리에서 최선을 다하는 사람이 되자.

'보시기에 좋았더라'

청계산 아래에 있는 '푸른언덕' 사무실로 갈 때면 나는 차창 밖 풍경에 언제나 가슴이 뛴다. 봄이면 벚꽃, 개나리, 진달래, 산수유 등 온갖 꽃들이 다투어 피어나 꽃 대궐을 이루고, 꽃이 지고나 마자 여리디 연한 잎들이 담록의 향연을 펼친다. 여름에는 무성한 이파리들이 신록을 이루고, 가을에는 붉은 단풍이 꽃보다 아름답 게 온 산을 수놓는다. 삭막하다고 할 겨울에는 가끔씩 눈이 내려 눈부신 설경을 선사한다.

이런 아름다운 풍경을 보노라면 그간 삶에 찌들었던 마음이 깨 끗이 정화되는 느낌이다. 온갖 세상살이의 근심이 사라지는 것 같다.

나는 아름다운 것을 좋아한다. 멋진 풍경이나 아름다운 꽃을 볼 때, 또는 훌륭한 예술 작품을 대할 때, 좋은 음악을 들을 때 절로 기분이 좋아진다. 이것이 어찌 나뿐만이겠는가. 아름다움을 마다 할 사람은 없을 것이다.

아름다움은 우리에게 위안과 위로, 즐거움과 행복을 준다. 또한 위안과 위로, 즐거움과 행복을 주는 것은 모두 아름답다.

아름다움에 대한 기준은 시대별로 다르고, 또한 개인의 기준에 따라 다르다. 하지만 아름다움에 대한 가치는 결코 변하지 않는다.

나는 아름다운 풍경이나 사람을 보면 늘 떠오르는 말이 있다.
'보시기에 좋았더라.'
성경의 창세기에 나오는 말씀이다. 하나님께서 천지 만물을 차례로 창조하시고 나서 만면에 웃음을 가득 띤 채로 피조물을 내려다보는 광경이 떠오른다.
온갖 만물들이 있을 자리에 있으면서 자신의 역할을 충실히 하고, 또한 서로 다투지 않고 서로 어울리는 모습이 바로 하나님이 '보시기에 좋았더라'하는 모습이 아닌가 한다.
'연비어약(鳶飛魚躍)'이라는 말이 있다.
솔개는 하늘에서 날고 물고기는 물속에서 뛴다는 말이다. 즉 모든 것이 자신의 자리에서 자기가 할 일을 스스로 알아서 하는 것으로, 이것은 바로 자연의 이치라는 것을 이르는 말이다. 바로 '하나님이 보시기에 좋았더라'가 이런 상태라고 생각한다.

나는 '아름다운 삶'을 소망한다.
사실 모든 사람이 스스로 '아름다움'을 추구하며 살 것이다. 하지만 아름다움은 개별적 성향이나 취향이 다르고, 심지어 아름다움에 대한 개념조차 다르기 때문에 저마다 아름다운 삶에 대한 기준도 다르다.
가령, 어떤 사람은 돈의 가치를 가장 아름답다고 여겨 돈벌이에

치중할 것이고, 어떤 사람은 문화예술에 대한 성취를 가장 아름다운 삶이라고 여겨 문화 예술 활동에 집중할 것이다.

나에게 있어 아름다운 삶의 기준은 '하나님이 보시기에 좋았더라'이다.

하나님이 보시기에 나는 어떠할까?

이런 생각을 하면 문득문득 정신이 번쩍 깨어날 때가 있다. 나는 제 자리에 있는가? 나의 자리에서 최선을 다하는가? 남을 배려하지 않은 채 나의 욕심을 채우려고 급급하지 않았는가?

나는 사업을 하는 사업가이고, 대학에서 청년들을 가르치는 교수였다. 또한 가정에서는 주부이다. 나에게 있어 아름다움은 내게 주어진 사회적 역할에 충실하는 것이고, 내가 만나는 사람들과 즐겁고 행복한 관계를 맺는 것이고, 아내와 엄마로서 최선을 다하는 것이다.

물론 사람이기 때문에 최선을 다하지 못할 때도 있다. 하지만 '아름다운 삶' 곧 '보시기에 좋은 삶'에 대한 방향은 잃지 않으려고 노력했다.

그리고 나와 인연이 된 사람들이 아름답고, 하나님이 보시기에 좋은 삶을 살도록 함께 하고 싶다.

인생 2모작 시대라고 한다. 1모작은 내가 열심히 공부하고 노력하여 기업가로서의 성공적인 삶을 살았다면, 2모작은 나의 성공과 감사를 나의 형제와 이웃과, 그리고 나의 뒤를 따라 삶을 살고 있는 후진들과 나누고 싶다.

그래서인지 최근 하나님께서 나를 여성 기업인들의 모임인 '국민일보 기독여성 리더스포럼'의 회장으로 세우셨다. 회원들과 함께 선교를 후원하고 사회적으로 소외된 사람들을 돕는 것을 목표로 결성되었는데, 나는 이 일이 내게 주어진 하나님의 소명이라고 생각한다.

그리고 더욱 열심히 하라는 하나님의 격려일까?

산다는 것은 여러 사람들의 삶이 그물처럼 얽혀 있는 것이다.

나는 삶의 목표인 나로 하여금 주변을 행복하게 하는 일을 다시 한 번 되새겨 본다. 지금 나의 행복을 주변과 나누며 살고 싶다. 낮은 곳에 눈을 두고, 낮은 곳을 향하는 마음으로 하나님께서 내게 내려주신 큰 복을 나누고 싶다.

그리고 무엇보다도 신앙인으로서 남에게 본이 되는 삶을 살고 싶다.

사람들이 나를 보고 '김정란의 모습 속에서 하나님의 형상을 볼 수 있다'고 생각할 수 있는 사람으로 살고 싶다. 누구도 미워하지 않고 사랑할 수 있는 마음, 예수님의 마음을 닮고 그리스도의 향기를 지닌 사람이 되어야겠다는 생각을 한다. 그래서 훗날 하나님 앞에 섰을 때, "잘했다" 칭찬 받을 수 있는 사람이 되고 싶다.

하나님이 보시기에 좋은 사람이 되고 싶은…

김정란

그 후 요즈음에는

긴 기다림의 끝에서
만난 좋은 것들…

긴 기다림의 끝에서 만난 좋은 것들…

『희망으로 키운 겨자씨』라는 이름으로 내 이야기를 담은 책을 펴낸 지 3년이 지났다. 처음 책을 낸 이유는 열심히 살아온 나 자신에게 위로를 해주고 싶었고, 진정 하나님을 믿고 의지하면 어떤 역경도 이겨낼 수 있다는 나의 깨달음을 함께 나누고 싶은 생각에서였다. 하지만 책을 출간하며 나의 이런 마음이 '혹시 자랑으로 비치지는 않을까?'라는 부끄러운 마음도 있었다. 또 '나의 힘들었던 날들을 남들에게 솔직하게 내보이는 것이 괜찮을까?'라는 염려도 있었다. 하지만 상상 이상으로 많은 분들이 격려와 관심을 주셨고, 그 과정에서 다시 한번 하나님의 뜨거운 사랑을 깨달았다.

그 후 3년간 내 삶에는 많은 변화가 있었다. 돌이켜보면, 인생이란 정말 '이것이다'라고 단정할 수 있는 것이 아무것도 없다. 항상 새로운 일이 생기고 변한다. 변하지 않는 것은 단 하나 '그 속에 하나님의 뜻이 깃들어 있는 것'이다. 살다 보면 좋은 일만 있는 것도 아니고, 항상 나쁜 일만 있는 것도 아니다. 또 좋은 일이 좋기만 한 것도 아니고, 나쁜 일이 나쁘기만 한 것도 아니다. 그 속에 담긴 하나님의 뜻을 겸손하게 새기면, 이 모든 일들이 씨줄과 날줄로 교차하면서 삶의 아름다운 태피스트리가 직조되는 것이라고 생각한다.

2016년 말, 우리 가정에 슬픈 일이 하나 있었다. 우리 부부에게 가장 우선이고 중요한 일은 신앙생활이다. 하나님 중심의 삶만이 진정한 행복을 가져다준다는 것을 많은 시련과 역경을 통해 깨달은 우리는 믿음의 가정을 이루는 것만큼 행복한 일이 없다고 생각한다. 교회의 크고 작은 일들을 하면서 우리 부부의 마음에 작은 소망이 하나 생겼는데, 그것은 바로 남편이 장로 직분을 받는 것이었다. 그런데 기대와는 달리 남편이 장로 직분을 받지 못했다. 당시에는 그것이 무척 서운하게 느껴졌다. 마치 그간 교회 일에 열심히 한 것이 부정당하고 배척당하는 기분이랄까…. 한동안 그런 기분에 사로잡혀 있었다.

그리고 2017년을 맞았다. 새해가 됐음에도 크게 기쁘지 않았다. 사람을 미워하는 마음도 들었다. 그러던 중 남편이 대학원에 가겠다고 했다. 장로가 되지 않았으니 교회에 봉사하는 시간이 줄어들 것이고, 그 시간에 사업으로 미뤘던 공부를 하겠다고 했다. 사실 남편도 나처럼 배움에 대한 열망이 컸지만, 나를 뒷받침하느라 더 진전하지 못한 상태였다. 나는 이제는 내가 뒷받침해 주겠노라 말하면서 적극 찬성했다.

남편이 대학원에 들어가고 공부에 열중하면서 우리는 조금씩 마음이 정리되었다. 그럼에도 불쑥불쑥 서운함이 솟아났다. 그때마다 억지로 마음을 내려놓으려고 노력했다.

어느덧 한 해가 저물 무렵인 11월, 뜻밖의 기쁜 일이 생겼다. 내가 '제21회 여성 경제인의 날' 기념행사에서 국무총리 표창을 받은 것이다. 여성경제인협회 주최로 실시되는 이 행사는 매년 경력과 사회 기여도 그리고 공로에 대한 엄중한 평가를 통해 여성 기업인들에게 포상을 한다. 2017년에는 65명의 기업인이 포상을 받았고, 그중 13명이 국무총리 표창을 받았는데, 그 13명 중 한 사람이 된 것이다. 1986년부터 33년간 근면 성실하게 기업 활동을 하고, 작으나마 봉사활동을 해온 데 대한 보상이라 생각하니 이루 말할 수 없는 기쁨과 보람을 느꼈다.

그 기쁨이 가시기도 전에 또 하나의 좋은 소식이 날아들었다. (주)도서총판 푸른언덕이 EBS 강남·서초 지사에 선정된 것이다.

출판 유통을 하는 총판 일은 오랫동안 해왔지만 유지하는 것은 쉬운 일이 아니었다. 해마다 출판사와 새로 계약을 맺어야 했고, 실적이 없으면 당장 해약되는 시스템이기 때문에 늘 긴장 상태에 있었다. 더욱이 출판과 유통 환경의 급격한 변화로 업계는 시름을 앓고 있었다.

처음 사업을 시작할 때는 사람의 손에 전해지는 모든 도서는 총판을 통해 서점과 학교에 배포되었다. 그러나 책보다는 휴대전화, 인터넷 동영상 등을 더 많이 접하는 시대가 되면서 학생들의 필수품이었던 사전과 참고서 등도 책이 아닌 다른 형태로 빠르게 전환되었다. 일반 참고 도서 시장은 사양길로 접어들면서 총판 사업 역시 힘들어졌다. 그러나 방송과 함께 발행되는 EBS 교재는 절대적 위치에 있었다. 여전히 총판을 통해 서점과 학교, 학원 등에 교재가 배포되고, 학생들에게는 교과서에 버금가는 필수품이었다.

안타깝게도 우리 회사는 EBS 교재를 담당하는 총판이 아니었다. 그런데 2017년 3월 EBS에서 전국 120개의 총판을 64개로 줄인다며 지사 모집 공고를 냈다. 우리 회사는 기본 거래처가 아니기에 큰 기대를 하지 않았지만, 서류를 준비해 신청했다.

그런데 기적 같은 일이 일어났다. 10월, (주)도서총판 푸른언덕이 EBS 강남·서초 지사로 선정된 것이다. 그날 우리 직원들은 파티를 열어 서로를 격려하고 축복했다. 나는 힘들고 어려움에 빠져 지혜를 구할 때마다 은혜를 베풀어 주시고 길을 열어 주시는 하나님께 모든 영광을 올리며 감사의 기도를 드렸다.

기도를 드리던 중 연초에 남편이 장로가 되지 않아 울적했던 일이 떠올랐다. 차분히 생각해 보았다. 교회에 열심히 다니고 봉사하고 하나님께 봉헌하는 것이 장로 직분을 얻기 위함이 아니지 않은가…. 우리보다 더 훌륭한 분들이 교회를 위해 더 큰 일을 하는 것이 마땅하다는 생각이 들었다.

"아, 하나님은 이런 방식을 통해 나를 낮추고 돌아볼 수 있게 하시는구나."

한 번 더 감사하는 마음이 일었다.

2018년 2월 28일, 나는 13년간 자리를 지켰던 대림대학교 세무회계학과 겸임 교수직을 내려놓았다. 그동안 학생들과 희로애락을 함께하

대림대학교에서 마지막 강의를 끝내고
공로패를 받았다

며 지내온 시간을 생각하니 아쉬운 마음이 들었다. 그런 내 마음을 알기라도 한 듯 마지막 강의를 마치자 학교에서는 공로패를 주었다. 어린 시절 늘 배움에 대한 갈증이 있었던 나는 힘들고 어려운 상황에서도 배움의 끈을 놓지 않았다. 고학을 하며 학교를 마쳤고, 서른 중반에 대학에 갔고, 십 년이 넘게 공부하여 박사학위를 받기까지 힘들었지만 포기하지 않았다. 그 결과 대학교의 겸임교수까지 하게 되었고, 공로패까지 받으니 새로운 결실을 맺은 것 같아 감격스러웠다.

그리고 6·25에 참전 용사였고, 군대에서 돌아가신 아버지가 돌아가신 지 60년 만에 국립서울현충원에 묻히는 영광도 있었다. 아버지가 참전 유공자로 마침내 인정받게 된 것이다. 그날 우리는 온 가족이 모여 함께 저녁 식사를 하며 그동안 아버지의 부재로 겪은 힘들과 어려웠던 일들을 회상하며 부모님을 기리는 뜻깊은 시간을 가졌다. 더욱이 사별로 일찍이 혼자 우리 형제자매를 길러내신 어머니께서 사후에 아버님과 함께 국립서울현충원에 나란

히 안장되신 것이 자식된 입장에서 너무나 행복했다.

부모님을 모시던 날, 아버지는 돌아가신 지 오래되셨기 때문에 특별한 이장 절차 없이 모실 수 있었지만, 어머니는 안성에 안치된 묘에서 이장을 해야 했기에 다소 복잡한 절차를 치러야 했다. 파묘를 하고 화장을 해서 저녁 5시까지 국립서울현충원에 유골을 모셔야 하는데, 화장 시간이 한없이 지체되고 말았다. 5시까지 현충원에 닿는 것은 무리였다. 사사로이 하는 일이 아니고, 공무이기 때문에 반드시 시간을 엄수해야 하는 일이었다.

어머니, 아버지를 모신 국립서울현충원에서
가족들과 함께

순간 기지가 발휘되었다. 남편이 먼저 현충원에 가서 사정 이야기를 하고 한 시간의 시간을 더 벌어 놓는 동안 우리는 어머니의 화장을 마치고 부랴부랴 서울로 향했다. 마음은 급하고, 시간은 빠르게 흘러갔다. 기도하는 마음으로 어머니를 모시고 달렸다. 기적처럼 6시 안에 국립서울현충원에 도착했고, 간신히 어머니를 아버지와 함께 안장해 드릴 수 있었다. 이럴 때마다 하나님이 내 앞길을 열어 주신다는 믿음이 생긴다.

"하나님의 나라가 무엇과 같을까. 내가 무엇으로 비교할까. 마치 사람이 자기 채소밭에 갖다 심은 겨자씨 한 알 같으니 자라 나무가 되어 공중의 새들이 그 가지에 깃들였느니라"(눅 13:18-19)

나의 작은 일이 큰 결실로 돌아올 때만큼 기쁜 일이 있을까?

유년 시절을 보낸 사후도 우리 마을에는 교회가 없었다. 그런데 지금은 사후도 교회가 생겼다. 지금 목사님은 35년 목회를 하신 목사님으로 2~3년 후에 은퇴를 앞두고 계신다. 가끔 고향에 갈 때마다 들렀는데, 교회는 비가 줄줄 샐 정도로 낡아 보수할 곳이 한두 곳이 아니었다. 마음 같아서는 "낡은 교회를 당장 보수하세요"라고 말씀드리고 싶었지만, 사람 형편이란 게 마음만으로 되는 게 아니라 차일피일 기회만 생기기를 기도하고 있었다.

그런데 어느 날 CTS에서 연락이 왔다. 누군가에게 나에 대한 이야기를 들었다면서 인터뷰 요청을 하는 것이 아닌가. 나는 인터뷰를 수락하고 이때다 싶어 고향의 이야기를 꺼냈고 사후도 교회에서 촬영을 하고 싶다는 뜻을 비쳤다.

CTS 인터뷰

CTS에서는 흔쾌히 수락했다. 거기다가 "현재 진행 중인 프로젝트가 있으니 후원 방송을 함께 해서 사후도 교회를 위한 기금도 마련하자"라고 제안했다. 방송이 나간 후 사후도 교회를 위한 후원금이 모였다. 덕분에 비가 오면 예배당에 줄지어 늘어서 있던 물받이용 빨간 고무 대야와 양동이들이 이제 더 이상 필요치 않게 되었다.

나는 작은 겨자씨가 된 것 같아 너무나 기뻤다.

청계산 아래에 명품 도자기 수입 판매를 하는 카페 푸른언덕이 생긴 지 올해로 10년이 되었다. 10년이라는 시간 동안 부침도 있었지만, 비교적 안정적으로 운영할 수 있었던 것은 딸 기쁨이의 노력이 컸다. 유학을 하고 돌아와 차근차근 작은 일부터 배워 커리어를 쌓아 온 기쁨이는, 2018년 결혼을 한 후 신랑과 함께 더욱 열정적으로 일을 했다.

올 1월의 일이다. 일 년에 서너 차례 도자기 관련 해외 유명 박람회에 참가해 오던 기쁨이와 나는 올해도 프랑스 박람회에 참석했다. 세계 유명 도자기 제품은 상품의 특성과 종류까지 줄줄이 꿰고 있지만, 우리는 새로운 제품을 볼 때 작은 부분도 예민하고 까다롭게 살핀다. 그렇게 엄선한 제품만을 수입해야 고객들의 신뢰를 잃지 않기 때문이다.

기쁨이는 어떤 면에서는 나보다도 까다롭게 살핀다. 박람회장을 돌아보던 중 덴마크 코펜하겐의 '캠캠'이라는 유아용품 전시장에 들렀다. 신생아 우유병부터 유모차, 아기 옷장 등 친환경 소재의 유아용품들이 눈길을 끌었다. 이제까지 도자기 제품 위주로 수입해 왔던 터라 신중하게 생각하고 있는데, 기쁨이가 말했다.

"엄마, 이 제품 너무 멋져요! 우리가 수입하는 게 어떨까요?"

기쁨이의 말이 나를 움직였다.

수입을 결정하고 여러 가지 절차를 진행하던 중 뜻밖의 기쁜 소식을 접했다. 신라면세점에서 입점을 희망한다는 소식을 전해온 것이다. 현재 덴마크 코펜하겐 유아용품은 국내에 많은 수량이 수

입되지 않았다. 하지만 입소문을 들은 주부들이 제품을 찾기 시작했고, 이 소식을 들은 신라면세점에서 입점 계약 요청을 해온 것이다.

코펜하겐 '캠캠'의 유아용품이 이렇게 빨리 자리를 잡을 거라고 예상하지 못했던 터라 너무나 기뻤다. 기쁨이의 안목과 능력의 성장이 좋은 결실로 이어지니 그것보다 더 좋을 순 없었다.

나의 삶은 고단함의 연속이다. 그 고단함은 나 스스로가 만든 것이기도 하다. 한번 마음먹은 일은 꼭 이루고자 하는 열정 때문에 에너지도 많이 필요하고 몸과 마음이 고단할 때가 많다. 그런데 어쩌랴! 타고난 성격인 것을…. 이렇게 살아야만 사람답게 산 것 같으니 말이다. 내가 조금 어렵고 힘들어도 열심히 살면 그 결과로 맺어진 결실을 다른 사람과 나눌 수 있다고 생각하니, 한층 더 일에 매진하게 된다.

과거 어려웠을 때의 삶을 생각해 틈틈이 봉사활동과 자선활동을 했는데, 그것은 남을 돕는 일이 아니라 결과적으로 나 스스로를 돕는 일이라는 것을 알게 되었다. 그 후 나는 남과 나누고 사는 것을 인생 목표로 삼았다.

지금 나는 (사)여성행복시대 2대 회장을 맡고 있다. (사)여성행복시대는 소년·소녀 가장 돕기, 고아원, 한부모, 미혼모, 청소년이 자립할 수 있도록 돕는 단체이다. 임기가 3년인 회장직을 맡았으니, 올해 더욱 박차를 가해 많은 후원자들을 모으기로 다짐했다.

감사하게도 지인들에게 후원을 부탁하는 문자를 보내면 단 한 분도 거절하지 않는다. 심지어 내 임기 동안 꾸준히 해주겠다고 약속까지 한다. 이 또한 하나님의 은혜가 분명하다. 나 혼자 하면 이루지 못할 일도 하나님이 함께 하시면 못할 일이 없다는 것을 날마다 깨닫는다.

삶을 뒤돌아보면 어렵고 힘든 일들이 많았다. 하지만 시간이 지난 후에 되돌아보면 힘든 시간 역시 미래를 위해 반드시 견뎌야 하는 과정이라는 것을 깨닫는다.

그 과정이 있었기에 지금의 내가 있는 것이다.

그 모든 것은 하나님이 예비하신 길이라는 것을 다시 한 번 느낀다.

나는 세상에서 겨자씨 한 알 정도밖에 안 되는 하찮은 존재였다. 그런데 주 예수님의 은혜와 그분께서 주신 복으로 나무가 될 수 있었다. 비록 작은 나무지만 날갯짓이 힘든 공중의 새들이 앉아 쉴 수 있었으면 하는 바람이다.

만입이 내게 있으면 그 입 다 가지고 주 예수님을 찬양하며 그분을 위해 살리라.

주님, 주님을 송축합니다.

2020년 봄, 3년 만에 다시 책을 개정해 내며

김정란

국민일보 ◎

이 책을 편집하는 동안, 국민일보 「역경의 열매」에 게재된 저자의 이야기를, 여기에 수록하는 것은 본문에서 빠진 부분을 채우고, 요약에 도움이 되기 때문입니다.
게재를 허락해준 「국민일보」에 감사합니다.

〔역경의 열매〕 김정란 〈1〉

17세에 단돈 100원 들고 고향 떠나 사회 첫 발

밑바닥서 100억대 매출 회사 키워… 어려울 때마다 기도와 간구로 헤쳐

수입 명품 도자기숍을 운영하는 김정란 대표가 23일 경기도 성남의 푸른언덕 매장에서 도자기에 대해 설명하고 있다.

한여름의 강한 햇빛도 사라지고 아침저녁으로 부는 선선한 바람에 가을이 성큼 다가왔음을 실감한다. 다음 달이면 이곳 청계산 입구의 '푸른언덕' 주변은 온통 단풍으로 물들 것이다.

벌써부터 온 산을 붉게 수놓을 아름다운 풍경에 가슴 설렌다. 푸른언덕은 해외 명품 도자기 판매와 카페를 겸한 사업장이다. 내가 가꾼 두 번째 일터다. 상호는 같지만 30년 넘게 해왔던 출판유통 분야 사업이 아닌, 전혀 새로운 일을 하고 있다. 푸른언덕 1층은 유럽풍 카페로, 2층은 세계 명품 도자기 전시 판매장으로 꾸몄다. 서울 인근에서 자연과 더불어 유럽의 정취를 마음껏 느낄 수 있도록 아름다운 공간으로 만들었다. 도자기 사업은 단순한 돈벌이 수단이 아니다. 아름다움과 가치, 문화를 공유하고 내가 받은 복을 나누는 공간이다. 나는 아름다운 것을 좋아한다. 청계산의 풍경, 카페 입구에 놓인 예쁜 꽃들, 케이크와 차를 놓고 도란도란 이야기하는 노부부를 볼 때면 절로 웃음이 난다. 이런 아름다운 장면을 마주할 때면 떠오르는 말이 있다. '보시기에 좋았더라.' 성경 창세기 1장에 나오는 말씀이다. 하나님은 왜 천지만물을 창조하시고 이렇게 말씀하셨을까. 아마 피조물들이 각자의 자리

에서 자신의 역할을 충실히 하고 서로 조화를 이루는 그 모습이 보시기에 좋았던 것은 아닐까. 이것이 내가 지향하는 아름다운 삶의 가치다. '하나님이 보시기에 좋았더라.'

그렇다면 하나님이 보시기에 나는 어떠할까. 전남 완도의 사후도라는 작은 섬에서 태어난 나는 가정 형편이 어려워 고등학교에 진학 할 수 없었다. 어린 마음에 '어서 돈을 벌어 엄마를 편히 모시자'란 생각뿐이었다. 한편으론 배움에 대한 열망이 간절했다. 그러던 중 인천의 한 회사에 취직해 학비를 벌면서 고등학교를 마칠 수 있었다. 결혼과 동시에 사업을 시작했고 현재 연간 100억대 매출의 회사로 키우기까지, 또 30대 중반에 대학에 들어가 뒤늦게 찾아온 배움의 시간을 허투루 쓰지 않고 경영학 박사학위를 받기까지, 나는 최선을 다해 살아왔다고 자부한다.

물론 인간인지라 때론 가족 간에 갈등을 겪고 이혼 위기에 처한 순간도 있었다. 사업체가 휘청일 때도 여러 번 있었다. 그때마다 나를 일으켜 세운 건 하나님의 말씀이다.

"아무 것도 염려하지 말고 다만 모든 일에 기도와 간구로 너희 구할 것을 감사함으로 하나님께 아뢰라 그리하면 모든 지각에 뛰어난 하나님의 평강이 그리스도 예수 안에서 너희 마음과 생각을 지키시리라."(빌 4:6-7)

하나님이 보시기에 아름다운 인생길을 가려고 노력하고 있다. 받은 복을 나누기 위해 언제나 낮은 곳에 마음을 두면서 그 길을 걷고 있다. 이제 바라는 것은 한 가지다. 이 길의 끝에서 하나님 앞에 섰을 때 "잘했다, 정란아"라고 칭찬을 받는 것. 17세에 단돈 100원을 들고 고향 사후도를 떠나 사회에 첫 발을 내딛던 그 날부터 줄곧 품어온 생각이다.

〔역경의 열매〕 김정란 〈2〉

어머니 홀로 다섯 남매 키운 가난했던 섬 생활

중학교 진학하면서야 출생신고… 4년 빨리 태어난 것으로 기록돼

나는 1960년 전남 완도의 아름다운 섬 사후도에서 5남매의 막내로 태어났다. 하지만 호적상에 난 '1956년생'이다. 1, 2년도 아니고 무려 4년이나 빨리 태어난 것으로 기록된 데는 그만한 사정이 있다. 아버지는 내가

태어나기도 전에 군대에서 사고로 돌아가셨다. 남편을 잃고 다섯 남매를 홀로 키워야 하는 어머니의 삶은 너무도 팍팍했다. 당시엔 출생 신고를 하려면 배를 타고 육지로 나가야 했다. 하루 벌어 하루 먹고 살 정도로 생계가 버거웠던 어머니는 미처 출생 신고를 할 겨를이 없었다. 그러다 둘째 오빠가 취직한 덕분에 나는 군산에서 중학교를 다니게 됐는데, 그때서야 비로소 출생 신고를 하게 된 것이다.

급하게 수기로 서류를 작성하다 보니 출생 연도를 오기(誤記)한 것이다. 지금 생각해도 이 일은 가슴 아프다. 숫자를 잘못 기록해서가 아니라, 당시 어머니의 삶이 얼마나 고됐는지를 짐작케 해주는 일이기 때문이다.

어린 시절 섬에서의 삶은 가난과 고난의 연속이었다. 어머니가 김 양식을 해 육지로 내다 팔아도 여섯 식구가 입에 풀칠만 겨우 할 정도였다. 하지만 성실하고 정직한 삶을 몸소 보여주신 어머니 덕분에 우리 다섯 남매는 구김살 없이 반듯하게 자랐다.

나는 초등학교 때 제법 공부를 잘하는 학생이었다. 섬마을 분교라 전교생이 50명 정도였지만 섬 축제나 운동회 같은 행사에 학생 대표로 나가 웅변을 할 정도로 성격도 활동적이었다. 하지만 아무리 공부를 잘하고 주목 받는 학생이어도 작은 섬마을에서, 그것도 여자아이가 중학교에 들어가는 일은 흔치 않았다. 사후도에는 당시 중학교도 없었다. 그렇다 보니 마음 한구석에는 중학교에 못 갈지도 모른다는 불안감이 늘 자리하고 있었다. 어머니가 고생하는 것을 뻔히 알면서 나만 공부를 하겠다고 나설 수는 없는 일이었다.

그런데 뜻밖에도 둘째 오빠가 군산의 한 회사에 취직하면서 "정란이는 내가 중학교까지 가르치겠다"며 초등학교 5학년인 나를 군산으로 데리고 갔다. 구암초등학교로 전학한 나는 오빠 집에서 학교까지 2시간 남짓 걸어 다녔지만 '공부를 할 수 있다'는 생각에 힘든 줄 몰랐다.

신앙생활도 이때쯤 본격 시작했다. 사실 교회에 처음 간 건 초등학교 4학년 때다. 사후도에서 주말이면 배를 타고 완도 인근 교인동의 교회에 친구를 따라 다녔다. 교회에 대한 첫 느낌은 '아름답다. 또 오고 싶다'는 거였다. 언덕 위에 자리한 교회가 그렇게 예쁠 수 없었다.

군산에선 나보다 한 살 어린 앞집 친구를 따라 성원교회에 나갔다. 소아마비를 앓아 몸이 불편한데도 열정적으로 설교하시던 목사님, 밝은 얼굴로 나를 맞아 주시던 사모님을 잊을 수 없다. 신앙이 뭔지도 모르면서 열심히 교회에 다녔다. 중학생이 된 뒤에는 주일학교 교사로 봉사했다. 유치부와 초등학교 1학년 아이들을 맡았는데, 매주일 아이들을 데리러 집집마다 찾아다녔던 기억이 생생하다. 예배 시간엔 아이들에게 공과책을 읽어주고, 예배를 마치면 또 일일이 아이들을 데려다주면서 나의 믿음도 조금씩 성장했다.

"학비 벌어 진학" 열일곱에 섬마을 떠나 취업

어머니 김 양식 도우면서 고입 꿈꿔… 고향 언니 "일자리" 편지에 인천으로

인생에 밑그림을 그린다는 건 곧 삶의 계획이나 꿈, 목적을 세운다는 의미다. 밑그림을 그린 사람과 그리지 않은 사람은 당장 큰 차이를 느끼지 못하지만 살면서 뜻하지 않게 고난이나 역경을 만나면 확연히 차이가 난다. 꿈과 목적이 있는 사람은 잠시 당황할 수는 있지만 결코 길을 잃고 헤매지 않는다. 좌절하거나 절망하지도 않는다.

나는 어렸을 때 막연하게나마 이런 밑그림을 그렸다. '공부를 열심히 해서 부자가 돼 엄마를 편히 모시자. 나처럼 어려운 사람들을 돕고 살자.' 이 꿈은 중·고등학교를 다니면서 더욱 구체화 됐다. 잠시 학업을 중단했을 때도 결코 포기하지 않는 삶의 원동력이 됐다.

군산에서 중학교를 졸업한 나는 고등학교 진학은 포기할 수밖에 없었다. 가정형편을 뻔히 아는 입장에서 학교에 가겠다는 말을 차마 할 수 없었다. 나는 사후도로 돌아가 김 양식을 하는 어머니를 도우며 지냈다. 김은 차가운 바닷물에서 자란다. 때문에 김 양식은 한겨울 차가운 바닷바람을 헤치고 바다로 나가 파도와 싸우며 작업한다. 어머니를 도와 김 양식 일을 하면서 나는 마음을 다잡았다. '어떻게 하든 고등학교에 다녀야 한다.' 학업을 계속 이어가야 한다는 생각에 책을 놓지 않았다.

그렇게 몇 개월이 흘렀을까. 김 양식에 필요한 말뚝을 팔던 여수 사람 양 사장이 어머니에게 생각지도 못한 제안을 해왔다. 우리 사정을 잘 알던 그는 내가 자신의 집에 와서 초등학생, 유치원생 두 아이를 돌보는 가정교사 일을 해주면 나를 고등학교에 보내 준다고 약속했다. 어머니는 딸을 남의 집에 맡기는 것도 그렇고, 신세지는 일을 할 수 없다며 반대하셨다. 그러나 배움에 대한 나의 간절함에 결국 어머니는 허락하셨다.

'드디어 학교에 가게 됐구나'라며 벅찬 가슴을 안고 양 사장네 가정교사로 들어갔다. 처음 두어 달은 잘 지냈다. 그런데 양 사장 부인이 집안일을 외면한 채 외출이 잦다보니 나는 그 집 살림까지 도맡게 됐다. 양 사장은 학교를 보내주겠다던 약속을 차일피일 미루기만 했다. 이렇게 있다가는 학교고 뭐고 아무것도 안 될 것 같

다는 생각이 들었다. 결국 미련을 갖지 않고 그 집을 나왔다. 여수에서 버스를 타고 선착장까지 가서 완도로 향하는 배에 올랐다. 내가 처한 막막한 현실에 눈물이 하염없이 쏟아졌다.

다시 사후도로 돌아간 나는 어머니 일을 도우며 지낼 수밖에 없었다. 그러던 어느 날 평소 친하게 지냈던 옆집 언니로부터 한 통의 편지를 받았다. 언니는 중학교를 졸업하고 인천의 한 회사에 취직했다며 소식을 전해 왔다. '정란아, 여기 회사에 일손이 부족해 사람을 구하고 있다. 네가 고등학교를 다니고 싶은 마음을 잘 알지만 우선 여기서 일하면서 학비를 벌어 보는 건 어떨까?'
더 이상 망설일 필요가 없었다. 그 편지를 잘 접어 가방에 챙겨놓고 언니를 만나기 위해 인천으로 향했다. 시내버스를 한 번 탈 수 있는 단돈 100원을 들고서 말이다. 그렇게 열일곱 살 내 인생에 새로운 희망의 길이 열렸다. 하나님의 역사하심은 이제부터 시작이다.

〔역경의 열매〕 김정란 〈4〉

합판회사 다니며 주경야독… 21세에 고교 졸업

어머니는 좀더 편안한 혼처 찾았지만 홀시어머니 · 시누이 3명과 '시집살이'

"행복의 한쪽 문이 닫히면 다른 문이 열린다. 그러나 우리는 흔히 닫힌 문을 오랫동안 보기 때문에 우리를 위해 열려 있는 다른 문을 보지 못한다." 헬렌 켈러가 한 말이다.
여수에서 고등학교를 다닌다는 설렘 가득했던 행복의 문은 닫혀 버렸다. 그러나 하나님은 곧 새로운 희망의 문을 스스로 열 수 있도록 나를 이끄셨다.
이웃집 언니의 도움으로 커다란 합판을 만드는 인천의 한 회사에 취직했다. 솔직히 일은 고됐다. 객지에서 생활을 하려니 쥐꼬리만한 월급으로 생계마저 빠듯했다. 어떤 날은 라면 하나로 하루 끼니를 해결하기도 했다. 하지만 학비를 벌어 학교를 다닐 수 있다는 희망으로 견뎠다. 포기하고 싶은 마음이 들 때마다 다짐했다. '이 일도 못하면 앞으로 더 어려운 일은 어떻게 할 것인가. 여기서 견뎌

야 나는 공부를 할 수 있다.'

결근은 말할 것도 없고 지각 한 번 한 적 없었다. 근무 중에 꾀를 부린 적도 없다. 근무 성적은 늘 일등이었다. 그러던 어느 날 관리부장님이 나를 불렀다. "그동안 정란이 너를 지켜봤는데, 뭐든 성실하게 열심히 하더구나. 그래서 네게 더 좋은 직장을 소개해주고 싶다. 혹 원하는 곳이 있느냐?" 나는 서슴지 않고 답했다. "부장님, 전 좋은 직장보다 학교에 가서 공부를 하고 싶습니다."

그리고 부장님의 도움으로 회사 근처의 한 상업고등학교에 입학할 수 있었다. 내 나이 19세 때 일이다. 낮에는 일하고 밤에는 열심히 공부했다. 잠자는 시간이 줄어 몸은 피곤했지만 공부할 수 있다는 기쁨에 마냥 행복했다. 나는 더 큰 계획도 세웠다. '언젠가는 반드시 대학에 들어가리라.'

남들보다 조금 늦은 21세에 고등학교를 졸업했다. 잠시 한 도자기 회사 경리부에서 일했다. 그러다 서울 신길동에 예식장을 세운 고모가 일을 봐 달라는 부탁을 해왔다. 예식장은 주로 주말에 바쁘니 주중에는 공부를 할 수 있겠다는 생각에 고모네 예식장으로 자리를 옮겼다. 예식장 일은 생각했던 것보다 훨씬 힘들었다. 주중엔 예약을 받고 정산하는 것으로 대부분의 시간을 보냈고, 주말이면 결혼식을 치르느라 정신없었다. 대학에 가는 것은 엄두도 내지 못했다. 예식장을 그만두고 공부를 해야 할지, 다른 직장을 알아봐야하는 건 아닌지 고민했다.

그 무렵 남자친구로부터 청혼을 받았다. 전에 다니던 직장에서 만난 사람으로, 당시엔 사촌 형의 출판 유통 회사에서 근무하고 있었다. 가진 것은 없지만 성실함과 따뜻한 품성으로 내게 큰 믿음을 준 사람이었다. 나는 결혼을 결심했다. 하지만 어머니는 우리의 결혼을 허락지 않았다. 어머니는 고생만 하는 막내딸이 좀 더 편안한 혼처를 찾기를 바라셨다. 홀시어머니에 시누이 셋과 함께 살아야 한다는 것도 마음에 걸려 하셨다. 하지만 나는 그런 이유로 첫사랑인 남자친구와 헤어질 수 없었다.

결국 어머니를 설득해 1984년 2월 26일 우리는 결혼했다. 이후에도 나는 예식장 일을 계속 했다. 그렇게 2년 정도 부지런히 돈을 모아 경기도 부천에 작은 빌라 하나를 샀다. 하지만 신혼의 달달한 꿈도 잠시, 우리의 결혼생활은 순탄치 않았다. 시어머니, 세 명의 시누이와 함께 살면서 나는 고된 시집살이에 시달렸다.

'시집살이 스트레스'에 마음도 몸도 바닥으로

난소종양 수술로 직장생활도 한계… 주님 부르심 깨닫고 다시 교회 찾아

'인생은 파도와 같다'라는 말이 있다. 쉼 없이 밀려오는 파도는 높이 칠 때가 있고 낮게 칠 때도 있다. 또 잔잔할 때도 있다. 만약 우리 인생이 평탄하니 잔잔하게 흘러간다면 과연 행복할까. 살면서 수차례 힘든 시간을 견디면서 내가 깨달은 것은 '우리 인간은 고통을 통해 성장한다'는 것이다.

결혼 후에도 예식장 일을 계속했던 나는 직장 다니랴, 집안일 하랴, 쉴 틈이 없었다. 시어머니, 시누이들과 함께 살다 보니 집에서조차 긴장된 채 살아야 했다. 게다가 시누이들은 주말에도 밖에 나가 일하는 나를 곱게 보지 않았다. 시어머니가 집안일을 도와주시는 것도 못마땅해 했다. 집에서조차 맘 편히 쉴 수 없었던 나는 정신·육체적 스트레스에 시달렸다. 남편에게 이야기를 해봤자 소용이 없었다. 그런 남편이 원망스러웠다.

몸과 마음이 지친 나는 짐을 싸들고 군산의 오빠 집으로 내려갔다. 남편은 그때서야 사태의 심각성을 깨닫고 군산으로 부랴부랴 나를 데리러왔다. 결혼하고 처음으로 둘 만의 시간을 갖게 된 우리는 속마음을 터놓고 얘기했다.

남편과 대화를 하다보니 그동안 나만 괴로웠던 게 아님을 깨달았다. 그도 나만큼이나 힘들었다고 했다. 남편은 "퇴근해 집에 들어와 봤자 한시도 편할 날이 없었다. 집이 싫어 늦게까지 술을 마셨다"고 말했다. 우리는 서로를 따뜻하게 보듬었다.

집으로 돌아온 남편은 분가를 선언하고 이사를 했다. 그러나 거리상으로만 멀어졌을 뿐, 시누이들의 간섭은 여전했다. 이를 못 견딘 내 몸에선 결국 이상 신호가 감지됐다. 기다리던 아이의 소식이 없자 산부인과를 찾아갔는데, 검사결과 난소에서 악성종양이 발견된 것이다.

눈앞이 캄캄했다. "나는 아직 젊은데, 아직 아이도 못 가졌는데…. 하나님 너무하십니다. 제가 무엇을 그리 잘못했나요." 하염없이 원망의 눈물을 흘렸다. 큰 병원에서 제대로 다시 검사를 받았다. 일주일을 기다려 들은 결과는 악성이 아닌 양성. 일주일새 원망의 눈물은 기쁨의 눈물로 바뀌었다. 병원에선 종양의 크기가 크다며 수술을 권했다. 수술을 받으니 몸은 더 약해졌고 체중도 43kg까지 빠졌다. 더 이상 직장생활을 하는 건 무리였다.

문득 이런 큰일을 겪고 보니 정신이 번쩍 들었다. 그간 예식장에서 주말까지 일하느라 어느새 교회를 잊고 산 지 5년이나 됐던 것이다. 그것을 깨닫는 순간 심장이 '쿵'하고 내려앉았다. 어쩌면 시댁과의 갈등도 하나님의 간절한 부르심이 아니었나 하고 생각했다. "여보, 우리 교회에 가자."

그날 이후 말씀을 곁에 두고 기도와 찬송을 하는 것으로 하루를 보냈다. 아무리 바쁜 일이 생겨도 주일은 꼭 지켰다. 예배를 통해 나는 서서히 회복됐다. 그렇게 상한 감정을 치유하니 먼저 시어머니와 시누이들과의 관계가 달라졌다. 내가 더 순종하고 그들을 따랐다. 부부 관계 역시 돈독해졌다. 우리 부부는 어떤 일이든 대화로 해결하려고 노력했다. 남편은 성실함과 자상함으로 지금까지 나를 위해 최선을 다하고 있다.

"그러나 내가 가는 길을 그가 아시나니 그가 나를 단련하신 후에는 내가 순금같이 되어 나오리라."(욥 23:10) 시련이나 아픔, 상처 뒤에는 분명 하나님의 큰 선물이 기다리고 있다. 그것은 변하지 않는 진리다.

[역경의 열매] 김정란 〈6〉

부부가 신앙으로 하나 되자 사업 · 가족관계 순풍

시어머니도 믿음 갖고 살림 도맡아 사업에 전념할 수 있도록 도와주서

1988년 남편과 나는 '㈜도서총판 푸른언덕'을 설립했다. 학습지와 참고서 등을 유통하는 회사다. 남편은 사촌아주버님 회사에서 착실히 출판 유통분야에서 경력을 쌓았다. 성품이 착하고 온순했던 남편은 회사에서 그 능력을 인정받았고 8년 만에 아주버님은 남편을 독립시켰다.

푸른언덕은 아주버님의 건물에서 시작했다. 1층은 사업장으로, 2층은 살림집으로 사용했다. 난소종양 수술 후 건강을 회복한 나는 다른 곳에 취직을 하기보다 남편을 돕자고 생각했다. 나는 회계를, 남편은 영업을 담당했다.

회사를 세운 지 2년쯤 지났을까. 2주에 한 번씩 가정으로 배달되는 새로운 형태의 학습지가 나왔다. 학생들 사이에서 선풍적인 인기를 끌었다. 우리 회사는 이 학습지의 강남지역 판매·보급을 담당했다. 하루라도 빨리 학습지를 전달해 학생들이 공부할 수 있도록 하는 게 우리의 목표였다. 출판사에서 학습지가 늦게 도착해도 기다렸다가 학생들에게 배달했다. 자정이 다 된 시간에 배달한 적도 있었다. 이같은 우리의 근면 성실함에 학생 회원들은 쑥쑥 늘었다. 몸은 힘들지만 참 즐겁게 일했던 때다.

나에게 신앙은 분명한 삶의 원칙이다. 이 신앙을 바탕으로 회사를 운영하면서 실천할 수 있는 나름의 원칙들도 세웠다. 그 중 하나가 나 스스로에게 엄격하자는 것이다. 그렇지 않고서는 정직하고 당당하게 남에게 나의 말을 들려줄 수 없다. 다른 하나는 신뢰 가는 사람이 되자는 것이다. 인간관계에서 가장 중요한 게 신뢰가 아닐까 한다. 신뢰는 남과 조화로운 삶을 사는데 바탕이 되는 덕목이다. 나 스스로 신뢰받는 사람이 돼야 내 주변을 신뢰 있는 사람으로 채울 수 있다.

이 같은 원칙을 갖고 회사를 운영하니 매출도 급성장했다. 사업이 한창 잘될 시기에 우리에겐 더 큰 '기쁨'도 찾아왔다. 결혼하고 6년 동안 아이 소식이 없자 얼마나 하나님께 기도를 드렸는지 모른다. 그런데 기도를 드릴 때면 항상 편안하게 마음 한구석에서 들려오는 말씀이 있었다. "아무 것도 염려하지 말고 다만 모든 일에 기도와 간구로, 너희 구할 것을 감사함으로 하나님께 아뢰라 그리하면 모든 지각에 뛰어난 하나님의 평강이 그리스도 예수 안에서 너희 마음과 생각을 지키시리라." (빌 4:6-7)

1990년에 드디어 딸을 품에 안았다. 아이 이름을 '기쁨'으로 지었다. 기쁨으로 인해 지난 세월 아팠던 상처들은 다 잊고 우리 부부가 큰 기쁨을 얻었듯, 더 많은 이들에게 기쁨을 선물로 주는 아이가 되길 바라서다.

정말 이때는 모든 게 순조로웠다. 특히 시어머니와 관계를 회복한 게 큰 은혜로 기억된다. 남편과 내가 신앙으로 하나 되니 시어머니도 아들 내외를 따라 믿음생활을 시작하셨다. 세례를 받으시고 틈틈이 성경말씀을 읽으셨다. 시어머니는 우리 부부가 사업에만 전념할 수 있도록 헌신적으로 보살펴 주셨다. 밤늦게까지 일하는 아들 내외를 대신해 집안 살림을 맡아주셨다. 살림집 아래층에서 근무하는 직원들의 식사까지도 챙겨주신 분이다. 그런 어머니를 좀 더 오랫동안 모셨더라면 좋으련만, 시어머니는 뭐가 그리도 급하셨는지 66세에 신부전증으로 갑작스레 세상을 떠나셨다.

집중호우로 사무실 침수… 책이 쓰레기 더미로

시어머니도 믿음 갖고 살림 도맡아 사업에 전념할 수 있도록 도와주셔

1990년 9월. 사업이 안정권에 접어들자 뒤늦게 여름휴가를 떠났다. 부산의 지인 집에 초대를 받아 갔다. 결혼하고 처음 떠난 여행이었다. 설렘을 안고 부산에 도착했을 때 한 통의 전화가 울렸다. 서울지역 집중호우로 도로가 물에 잠기고 한강이 범람했는데, 회사로 물이 들어오고 있다는 것이었다. 직원의 다급한 전화에 아찔해졌다. 부리나케 서울로 돌아왔다.

책들이 가득 쌓여있는 도서총판 푸른언덕(당시 상호는 '풍문사') 사무실은 이미 황톳물이 들어차 있었다. 물에 젖지 않은 책이라도 건질 생각에 두 팔을 걷어붙였다. 밤새 비를 맞으며 책 꾸러미들을 옮기는데 처절했다. 물이 다 빠지고 나니 상황은 더 처참했다. 망연자실해 있는 내 손을 남편이 꼭 잡으며 말했다. "여보, 어떻게 늘 좋을 수만 있어? 사업하면서 한두 번은 위기를 겪기 마련이야. 그럴 때 생각을 잘해야 해. 다시 시작하자." 남편이 어느 때보다 듬직해 보였다.

남편의 말이 맞았다. 비가 그치고 나면 또다시 환한 햇살이 비친다. 먹구름 속을 헤치고 나온 햇살은 더욱 찬란한 법이다. 이렇듯 고난을 겪은 뒤에 얻은 것들은 비록 작을지라도 행복하고 감사하기만 하다. 나는 쓰레기로 변한 책들을 보면서 기도했다. "하나님, 그럼에도 불구하고 이만한 것을 정말 감사드립니다."

천재지변의 위기를 감사함으로 잘 버틴 덕분에 거래처도 점차 늘어났다. 처음 출판사 한 곳으로 시작한 회사는 당시 5개 출판사의 총판을 맡고 있었다. 사업이 날로 번창하면서 서울 방배동에 사옥을 지었다. 남편은 회사 일에만 전념하고 사옥 짓는 일은 내가 담당했다. 그때가 1993년이었다. 건축을 시작한지 7개월 만에 지하 1층, 지상 5층짜리 건물을 번듯하게 완공할 수 있었다. 사옥을 볼 때마다 얼마나 감격의 눈물을 흘렸는지 모른다. "주님, 이렇게 아름다운 집을 주셔서 감사합니다."

하지만 공들여 지은 사옥은 오래가지 못했다. 주변이 재개발되면서 당장 건물을 헐어야 하는 상황에 놓인 것이다. 재건축조합과 보상 협의가 잘되지 않으면 아파트 건설사인 대기업과 힘겨운 법정 싸움을 해야 했다. 그렇게 되면 변호사를 선임해야

하고 비용도 만만찮을 게 뻔했다.

나는 작정 금식기도에 들어갔다. 인간적인 생각은 다 버리고 하나님께 모든 걸 맡겼다. "우리가 알거니와 하나님을 사랑하는 자 곧 그의 뜻대로 부르심을 입은 자들에게는 모든 것이 합력하여 선을 이루느니라."(롬 8:28)

변호사 선임을 하지 않고도, 10원 하나 손해 보지 않고 제대로 보상받았다. 그리고 1996년 봉천동에 지하 2층, 지상 5층짜리 새 사옥을 마련했다. 보상금으로 부족한 금액은 은행에서 대출을 받아 충당했다. 그런데 이 건물과 관련해 자금출처가 의심스럽다며 세무조사를 받게 됐다. 하지만 오랫동안 예식장과 남편 회사에서 회계 일을 맡았던 나는 영수증을 한 장도 빠뜨리지 않고 간직하고 있었다. 보상금 내역과 은행 대출 서류 등 뭐 하나 빠진 게 없었다.

결과적으로 한 푼의 세금도 추징당하지 않았다. 신앙을 바탕으로 정직하게 살아온 내 삶의 원칙들은 어려운 순간마다 힘이 돼 줬다.

〔역경의 열매〕 김정란 〈8〉

늦게 공부 시작했지만 지난해 박사학위 받아

34세에 대학 들어가 회사 경영 공부, 힘들 때마다 기도와 간구로 이겨내

회사에서 대림대학으로 강의하러 가는 길은 30분 남짓. 오롯이 나만을 위한 시간이다. 강의를 통해 학생들이 꿈과 비전을 가질 수 있도록 주님께 간절히 기도하며 가는 시간이다. 대학에서 강의하는 일이 어떤 이들에겐 대수롭지 않을 수도 있겠지만 내게는 벅찬 감동이다.

남편과 열심히 일한 덕분에 회사는 건실하게 성장했다. 사업 규모가 점점 커지면서 전문적으로 경영 공부를 해야겠다는 생각을 갖게 됐다. 그때 문득 잊고 있었던 나의 꿈이 떠올랐다. 결혼하고 사업에 몰두하느라 잊고 있었던 배움에 대한 소망. 남편에게 대학에 가서 공부를 하고 싶다고 말했다. 남편은 적극 지지해 줬다.

마침 사회적으로 경력을 쌓은 사람에게 대학 입학 자격을 주는 특별전형으로 대림대학에 입학했다. '93학번 김정란.' 그때 내 나이 34세였다. 감개무량했다. 공부를 하겠다며 17세에 단돈 100원을 들고 고향을 떠나왔던 지난날의 내 모습이 떠올

라, 결석이나 지각 한 번 없이 열심히 공부했다. 내가 받은 장학금은 어려운 학우들을 위해 다시 내놓기도 했다.

졸업 후엔 안양대학교에 편입시험을 봤다. 2명 모집에 75명이 응시했는데 당당히 합격했다. 회사일과 병행해도 공부하는 즐거움으로 힘든 줄 몰랐다. 대학을 졸업하고 나니 좀 더 전문적으로 공부가 하고 싶어졌다. 상명대 대학원에 진학해 경영학 석사과정을 밟았다. 그리고 2006년 졸업과 동시에 모교인 대림대에서 '회계학 원리'에 대한 강의를 맡아달라는 제안을 받았다. 20년 동안 회계 관련 업무를 담당해온 현장 경험을 학교 측에서 높이 샀던 것이다.

그런데 막상 강의 요청을 받고 보니 설레기도 하고 두렵기도 했다. "당신은 할 수 있어. 한 번 열심히 해봐"라며 응원해준 남편의 격려에 힘입어 강의 준비에 들어갔다. 고향 후배인 경희대 행정학과 김태영 교수의 자문을 받았고, 하루 6시간 넘도록 공부했다. 그리고 나의 현장 경험을 살려 회계학 원리에 관한 교재를 완성했다. 남들 앞에서 강의나 강연을 해본 적이 없던 나는 백지연 전 아나운서가 하는 스피치 교실을 찾아가 자신감 있게 알고 있는 것을 전달하는 방법도 배웠다.

사람이 스스로 할 일을 다 했다고 해도 하나님의 지혜가 없으면 이룰 수 없는 법. 하나님께 지혜를 간구했다. 혹시 부족한 점은 없는지를 돌아봤다. 빌립보서 4장 6절 말씀이 떠올랐다. "아무 것도 염려하지 말고 다만 모든 일에 기도와 간구로, 너희 구할 것을 감사함으로 하나님께 아뢰라." 말씀과 기도로 자신감을 회복한 나는 마침내 학생들 앞에 당당히 설 수 있었다. 그렇게 모교에서 강의한지도 벌써 10년이 됐다.

학생들을 가르치면 가르칠수록 나는 공부에 대한 필요성을 더욱 느꼈다. 기왕 시작했으니 박사과정을 밟아야겠다고 생각했다. 박사과정을 밟은지 5년만인 2015년 2월 10일 안양대학교에서 경영학 박사학위를 받았다. 나에게 배움은 다음 단계로 나아가게 하는 관문이다. 어느 한순간도 그 관문을 쉽게 통과한 적이 없었다. 그러나 돌이켜보면 힘들게 통과하는 그 관문 역시 하나님께서 예비해놓으신 나의 길이었다. 그러니 우리는 더 이상 염려하지 말고 기도와 간구로 잘 이겨내면 된다. 견딤의 결과는 하나님께서 아름다운 열매로 보상해 주신다.

회사에 재정 위기 …"남편·신용 지키자" 최선의 선택

출판사에 빌려준 백지어음 부도… "남편 실수 용서하라" 하나님 음성

2005년을 생각하면 하나님의 보살핌에 그저 감사할 뿐이다. 당시는 참고서 시장이 호황을 누리던 때로 B출판사는 연간 수십억 원의 매출을 올리고 있었다. 경쟁사인 A출판사에서 가정 학습지를 개발해 학생들에게 선풍적인 인기를 끌자 B출판사도 이에 도전장을 내고 단시간에 급성장했다. 그러자 B출판사 사장은 비

생산적인 일에까지 욕심을 부리기 시작했다. 사업할 때 욕심을 조절하지 못하면 쉽게 돈을 잃을 수 있다. 아니나 다를까. B출판사가 자금난에 시달린다는 소문과 함께 곧 부도가 날 것이라는 얘기가 업계에 돌기 시작했다.

어느 날 B출판사의 부장이 술자리를 마련하고는 남편에게 도움을 요청했다. 워낙 착하고 거절을 잘 못하는 성격이라 남편은 부장의 다급한 소리에 백지어음을 덜컥 빌려줬다. 그리고 얼마 후 사건이 터졌다. B출판사는 남편에게 한 것처럼 여기저기 총판에서 어음을 빌려 모두 할인을 한 다음 부도를 내버린 것이다. 그 일로 우리 회사는 큰 타격을 입게 됐다. 선 어음과 빌려준 백지어음을 합쳐 최종적으로 결제해야 할 금액이 10억원을 넘었다. 당장 돌아오는 어음들을 막지 못하면 회사가 하루아침에 무너질 상황이었다.

잘 아는 변호사를 찾아가 이 일을 의논했다. 변호사는 세 가지 방법을 제시했다. "첫 번째 방법은 남편을 고소하는 겁니다. 사모님이 대표이사인 상태에서 회사 어음을 허락도 없이 남에게 줬으니 고소할 수 있습니다." 당시 나는 서류상 대표이사였고, 남편은 영업 파트를 담당하며 대외적으로 사장 역할을 하고 있었다. 곰곰이 생각해봤다. 남편을 고소하면 돌아오는 어음을 막을 책임은 면할 수 있다. 하지만 이혼을 감수해야 한다.

"두 번째 방법은 부도를 내는 겁니다." 사업에서 신용은 가장 중요한 덕목인데, 이 방법을 택하면 사업을 재개하기는 어려울 것이다. "다 못하겠으면 세 번째 방법은 어음이 돌아올 때마다 결제하는 것입니다." 어느 것 하나 쉬운 게 없었다.

하나님이라면 어떻게 하셨을까. 기도로 지혜를 간구했다. 그리고 내린 결론은 세 번째 방법. 남편과 이혼하고 사업가로서의 신용을 저버리는 것은 돈을 따르는

것이다. 하나님께선 그것을 원치 않으실 게 분명하다. 나는 남편과 신용을 지키기로 마음먹었다. 그것이 최상의 선택이었다.

하지만 분노는 쉽게 가라앉지 않았다. 우리 부부는 눈만 마주치면 큰소리로 싸웠다. 서로 상처 주는 말을 주고받으며 지칠대로 지쳐있었다. 남편은 자책하며 술을 마셨고, 나는 그런 남편에게 원망을 쏟아냈다. 남편을 미워하는 내 마음은 이미 지옥이었다.

그렇게 괴로운 시간을 보내던 어느날 새벽이었다. 비몽사몽간에 분명 하나님의 음성을 들었다. "딸아, 네게 지금까지 많은 물질과 사랑을 주었건만 너는 남편의 작은 실수로 그토록 마음 아파하느냐. 다 내려놓아라. 남편도 용서하지 못하면서 누굴 사랑한다고 말할 수 있느냐." 잠에서 깨어났을 때 가장 먼저 눈에 들어온 건 남편의 피폐해진 얼굴이었다. 긍휼한 마음이 생겼다. 그때 주님의 말씀이 떠올랐다. "무슨 일을 하든지 마음을 다하여 주께 하듯 하고 사람에게 하듯 하지 말라."(골 3:23)

[역경의 열매] 김정란 〈10〉

'주님께 하듯 남편 대하자' 행복 찾아와

예수제자학교 6개월 다니며 변화… 남편도 아버지학교 통해 거듭나

남편이 잃은 돈은 원래부터 없던 돈이었다. 꿈속에서 하나님은 바로 그 부분을 지적하셨던 것이다. 지금까지 많은 물질과 사랑을 주었다, 다 내려놓아라, 남편도 용서하지 못하면서 누굴 사랑한다고 말할 수 있느냐….

남편을 깨워 차를 몰고 한적한 곳으로 바람을 쐬러 갔다. 갈등을 빚으며 산지도 한 달이 지났다. 차를 타고 가면서 모처럼 마음을 내려놓고 대화를 이어갔다. 이런저런 이야기 끝에 문득 "당신 차를 바꾸는 건 어떨까?"라고 물었다. 물론 그럴 상황은 아니었지만 예전부터 차를 바꾸고 싶어 하던 남편의 말이 떠올라 제안한 것이다. 사실 이 시점에서 우리 부부에겐 뭔가 분위기를 전환할 수 있는 계기가 필요했다. 나의 제안에 남편의 표정이 한결 편안해 보였다.

매달 돌아오는 어음은 살고 있던 서울 방배동의 아파트를 처분해 만기가 돼 돌아온 어음부터 결제해 나가는 방법으로 해결해갔다. 부족한 부분은 은행에서 대출을 받아 갚아나갔다. 그러면서 스스로 다짐했다. '주님께 하듯 남편을 대하자. 일절 남편에게 어음과 관련해 묻지 말자. 모든 걸 감당해나가자.'

"내가 네게 명령한 것이 아니냐 강하고 담대하라 두려워하지 말며 놀라지 말라 네가 어디로 가든지 네 하나님 여호와가 너와 함께 하느니라 하시니라."(수 1:9) 강하고 담대하게 모든 걸 감당하니 거짓말처럼 행복이 찾아왔다.

그 무렵 온누리교회 양재성전에서 예수제자학교가 개설돼 학생을 모집한다는 이야기를 듣게 됐다. 주저하지 않고 기도하는 마음으로 원서를 접수하고 주님 앞에 나아가 기도와 말씀으로 훈련을 받기 시작했다. 새롭게 거듭나지 않으면 나도 인간인지라, 아주 가끔씩 치밀어 오르는 울분을 참지 못하고 마음에 병으로 남을 것 같았다. 주님만 바라보고 갈 수 있는 힘이 필요했다. 6개월 코스의 예수제자학교를 마쳤을 때 가장 큰 변화는 남편을 제대로 이해하게 됐다는 것이다. 남편 역시 교회 공동체 순모임 활동과 아버지학교를 통해 거듭났다. 그렇게 좋아하던 골프와 테니스를 끊고 교회사역을 삶의 최우선 순위에 뒀다.

요즘 나는 학생들을 대상으로 재무회계를 강의하면서 어음의 회계처리와 어음의 종류, 어음의 할인·부도 등에 대해 가르치기도 한다. 어음에 대해 강의할 때면 남편 이야기를 꼭 한다. 그러면서 변호사가 말했던 세 가지 방법을 예로 들며 어떤 것을 선택할 것인지를 묻는다. 대부분의 학생들이 첫 번째 방법인 이혼을 택한다. 하지만 남편과 신용을 택한 나의 결단을 들려주면 이내 고개를 끄덕인다.

우수천석(雨垂穿石)이라는 말은 '떨어지는 빗방울이 돌을 뚫는다'라는 뜻이다. 아무리 어려운 상황일지라도 적극적으로 돌파구를 마련한다면 해결하지 못할 일이 없다는 의미다. 인간은 고통을 통해 성장한다고 생각한다. 살면서 한 번쯤 고통을 겪어보지 않은 사람은 없을 것이다. 문제는 그 고통을 어떻게 견뎌내느냐 하는 데 있다. 예수 그리스도와 함께한다면 두려울 게 없다. 주님과 좀 더 친밀해지는 시간들을 통해 우리 부부는 온전한 신앙인으로 거듭날 수 있었다. 다시 말하지만 문제는 처한 환경이 아니라 우리의 자세에 있다.

'부도 위기' 겪고나서 나눔과 봉사의 기쁨 발견

케냐 등서 해외봉사로 섬김 실천 "어려운 학생 돕자" 장학금 내놔

부도 위기를 겪으면서 삶은 크게 달라졌다. 특히 신앙적인 면에서 새로운 삶의 기쁨을 발견하게 됐다. 그것은 섬기는 리더십을 통한 나눔과 봉사의 삶이었다.

남편과 관계 개선을 위해 참여했던 온누리교회 예수제자학교의 6개월 훈련을 통해 나는 예수님의 길을 따라 섬기는 리더십 훈련을 받았다. 그리고 훈련을 마치면서 스리랑카 아웃리치팀 '팀종'으로 사역을 떠났다. 팀종은 아웃리치 팀의 리더다. 팀장이 아닌, 종이 되어 섬기라는 의미로 팀종이다.

스리랑카 콜롬보 공항에서 9시간을 달려 도착한 자푸나라는 곳은 오랜 내전으로 고통을 겪는 지역이었다. 처절한 환경 속에서 힘겹게 살고 있는 과부와 고아들을 만났다. 살림이라곤 다 찌그러진 냄비 한두 개, 맨바닥에서 자며 겨우 죽만 끓여 먹고 있었다. 식량이 없어 굶주리는 이들을 위해 눈물로 기도하지 않을 수 없었다. 그새 정이 들어 아이들을 끌어안으며 많은 것을 느꼈다. '지금 내가 누리는 것들은 얼마나 큰 것인가. 그리고 그것을 어떻게 사용해야 하는가.' 10박11일이라는 짧은 기간이었지만 나를 비롯한 팀원들은 예수님의 큰 사랑을 깨달았다. 그리고 어려운 이웃들을 위해 애쓰고 힘쓰며 살겠다고 다짐했다.

2012년엔 교육과 의료, 보건 등의 혜택을 제대로 받지 못하는 아프리카 케냐의 해안 마을에 선교와 봉사활동을 다녀왔다. 이번엔 남편과 함께였다. 6개월 동안 한 번도 사용된 적 없는 움페케토니아 진료소에서 의료진을 도와 봉사활동을 펼쳤다. 진료현장은 신발을 신지 않고 땡볕에 먼 길을 걸어온 사람들로 인산인해를 이뤘다.

뜨거운 태양으로 얼굴이 심하게 상한 여인, 눈에 파리가 달라붙어도 쫓아낼 생각을 못하는 영양실조에 걸린 아이, 발에 못이 박힌 아이, 귀지로 귀가 꽉 막힌 아이, 머리가 부스럼으로 뒤덮인 남자, 이가 다 썩어 뽑아야 하는 남자, 에이즈 환자…. 의료진을 비롯한 봉사자들은 '예수님 대하듯' 환자들을 성심으로 돌봤다. 감동의 현장이 아닐 수 없었다. 선교와 봉사활동을 다니면서 '하나님의 사랑'이 무엇인지를 다시금 생각했다.

"땅에는 언제든지 가난한 자가 그치지 아니하겠으므로 내가 네게 명하여 이르노니 너는 반드시 네 땅 안에 네 형제 중 곤란한 자와 궁핍한 자에게 네 손을 펼지니라."(신 15:11)

어릴 때 부자 되기를 소망했다. 내가 가진 작은 힘으로 타인을 돕고, 행복을 나누는 것을 꿈꿨다. 막연하게 키운 꿈이었지만 남편과 회사를 설립하고 차츰 안정을 찾으면서 그 일을 실천하기 시작했다. 모교인 대림대와 안양대에 장학금을 내놓은 게 첫 열매였다. 나처럼 공부를 하고 싶어도 형편 때문에 못하는 학생들을 돕고 싶었다. 언젠가는 '푸른언덕 장학재단'을 설립해 더 많은 학생들을 후원하고 싶다.

외국인 유학생들과 선교사님, 시각장애인 전도사님, 고엽제 피해자를 지원하는 사역 역시 오랫동안 해온 일이다. 나눔과 봉사는 경제적 여유나 물질적 형편으로 하는 것이 아니다. 그들을 사랑하는 마음만 있으면 못할 게 없다. 주님의 도우심으로 보낸 후원이 타인의 삶을 변화시킬 수 있다면, 우리 그리스도인들은 기꺼이 행동으로 옮겨야하지 않을까.

〔역경의 열매〕 김정란 〈12〉

"인생 2모작은 은혜와 감사를 나누며 살기로"

신앙으로 모인 여성CEO 포럼 조직… 어려운 이웃에게 도움 되고자 노력

50여년의 세월을 돌이켜보니 나는 참 바쁘게 살아왔다. 하루 24시간이 모자랄 정도로 낮엔 일하고 밤엔 공부하는 삶을 거의 20년 넘게 해왔으니 말이다. 그래서인지 "어디 여행 좀 다녀오라"는 말을 많이 들었던 것 같다. 딸과 함께 우연히 떠난 유럽 여행길에서 새로운 문화 체험을 했다. 작은 식당에서 저렴한 음식을 주문했는데, 예쁜 그릇에 음식이 담겨져 나오는 순간 내 눈이 황홀해지는 것을 느꼈다. '아, 작은 그릇 하나에도 이렇게 삶의 질이 달라질 수 있구나.'

식탁은 단순히 음식만이 오가는 자리가 아니다. 음식을 먹고 대화를 나누며 정을 싹틔울 수 있는 공간이다. 식탁이 아름답다면 그 즐거움은 배가 될 것이다. 그 뒤로 여행을 다니면서 예쁜 그릇들을 모으기 시작했고 그것이 자연스레 도자기 사

업으로 이어졌다.

청계산 옛골 입구에 허름한 식당 건물을 매입해 1층은 유럽풍의 카페로, 2층은 해외 명품 도자기 전시·판매장으로 꾸며 2011년 '푸른언덕'을 오픈했다. 많은 사람들은 "누가 산 밑에 가서 고급 도자기 그릇을 사겠나"라며 말렸지만 나는 건강을 위해 등산하는 중년 여성들, 교외로 여가를 즐기는 이들이 주 고객층이 될 거라는 역발상의 아이디어로 승부를 걸었다. 이 같은 예상은 적중했다. 아름다운 식탁을 콘셉트로 한 전시장의 모습에 고객들은 만족해했다. 차와 케이크는 서비스. 다시 오고 싶은 공간으로 푸른언덕은 입소문이 나면서 첫해는 1억원 정도의 매출 실적을 거뒀고, 4년이 흐른 지금은 매출이 10배 이상 성장했다.

나는 지금껏 가정주부, 사업가, 대학 겸임교수, 교회 봉사자 등으로 바쁘게 살면서도 불평 한마디 않고 성실하게 잘 감당해왔다고 자부한다. 2015년 7월엔 중소기업청장으로부터 '2015년 여성기업 유공자 포상식'에서 모범여성 기업인상도 받았다. 물론 상을 받기 위해 일을 하는 건 아니지만 그래도 열심히 일한 데 대한 보상이라 생각하니 감개무량하다.

요즘은 '인생 2모작 시대'라고 한다. 나에게 1모작은 열심히 공부하고 노력해 사업가로서 어느 정도 위치에 서게 된 때다. 2모작은 이렇게 받은 은혜와 감사를 더 많은 이웃들에게 나누며 사는 것이다. 그래서 2014년 11월엔 '국민일보 기독여성 리더스포럼'의 회장직도 맡은 게 아닌가 싶다. 신앙으로 모인 여성 CEO들이 어려운 이웃들을 살펴보자는 취지로 설립됐다. 최근엔 그 사역들을 좀 더 조직적으로 해보자며 ㈜국민여성리더스포럼을 세워 초대 이사장도 맡았다. 기업의 이익이나 매출 향상도 중요하지만 나에겐 신실한 신앙인이요, 기도하는 어머니로서 사는 게 더 중요하다. 리더스포럼을 통해 한부모 가정, 미혼모, 소년소녀가장들에게 그리스도의 선한 영향력을 전하고 싶다.

이번에 역경의 열매를 연재하면서 지인들로부터 수많은 축하 메시지를 받았다. 사후도에 대학생 신분으로 봉사활동을 오셔서 평생 멘토가 돼주신 임영철 선생님을 비롯한 많은 분들이 '향기로운 글 잘 읽었다'며 격려해주셨다. 이분들의 사랑이 곧 하나님의 사랑임을 깨닫는다. 그 사랑이 있었기에 어둡고 험한 길이라도 잘 헤쳐 걸어올 수 있었다. 이젠 받은 그 사랑을 더 많은 분들과 나누며 살겠다. "무슨 일을 하든지 마음을 다하여 주께 하듯 하고 사람에게 하듯 하지 말라."(골 3:23)

당신은 지금 무슨 꿈을 꾸고 있습니까?

꿈은 어릴 때만 꾸는 것이라고 생각하는 사람들이 많습니다. 그런데 꿈엔 지각이 없습니다. 꿈은 바로 지금도 언제 어디서나 꾸는 이의 것입니다. 젊어서 꿈을 실천에 옮기지 못한 사람이 있다면 지금 그 꿈을 새로 꾸면 됩니다. 지금도 꿈을 꾸는 사람이 바로 이 책의 저자라고 저는 감히 말씀드릴 수 있습니다.

언제나 꿈을 머금고 사는 사람!

그리고 부단히 그 꿈을 실천하고 실행에 옮기는 능력을 가진 사람이 바로 이 책의 저자입니다.

내일 지구의 종말이 온다고 해도 오늘 사과나무를 심는 바로 그런 꿈을 가진 사람입니다. 그리고 그 소박하고 작은 꿈은 점점 영글어 열매를 맺을 뿐 아니라 지나는 이들에게 기꺼이 그늘과 안식을 주는 나무로 가꿔가는 분입니다.

그녀의 꿈에는 숨은 에너지가 넘칩니다.

이 이야기는 저자가 유년을 보내고 자란 완도에서 더 떨어져 누운 작은 섬, 사후도에서 100원이란 씨앗으로부터 시작합니다.

씨앗은 뿌려지되 다 새싹으로 자라 나오고 추수로 끝을 맺는 것은 아닙니다.

그녀는 이 책에서 공부를 해야겠다는 겨자씨같이 작은 꿈을 가슴에 담고 아담한 체구에서 나온 땀과 함께 영글어가는 실현 과정을, 자전적으로 담은 내용입니다.

그녀의 꿈엔 내가 알지 못하는 신비한 힘이 늘 숨은 것 같은 생각이 듭니다. 밀려오는 시련과 역경은 그녀에겐 또 다른 꿈을 꾸게 만드는 과정이었고, 그 꿈을 꾸고 그 꿈을 이루었습니다.

인간만이 꿈을 꾸는 존재입니다.

인간의 꿈은 우리가 살아가는 이유이자 목적일지도 모릅니다.

꿈이 없는 인간은 목적지 없이 항해를 하다 풍랑을 만나는 배와 같습니다. 저자에겐 늘 꿈이 그림자처럼 따라다닙니다. 젊은이에게 꿈은 꼭 필요하지만 꿈이 더 절실한 세대는 중년이나 노년이기도 합니다.

그러나 꿈은 누구나 꾸지만 아무나 이루지는 못합니다.

이 책은 우리 모두 꿈을 꾸고 그 꿈을 가꿔야 함을 말해 주므로, 젊은이로부터 나이든 중장년 아니, 노년에 이르기까지 도움이 되는 책입니다. 이제 꿈에서 깨어 지금도 꿈을 꾸는 저자를 옆에 둔 것은 제게 너무도 큰 행복입니다.

박재걸
(문창중학교 교무부장)

이 책을 읽고 받은바 은혜나
깨달음이나 기도 제목 또는 감사할 일을 적어 보십시오.

망망한 바다 한가운데서 배 한 척이 침몰하게 되었습니다.
모두들 구명보트에 옮겨 탔지만 한 사람이 보이지 않았습니다.
절박한 표정으로 안절부절 못하던 성난 무리 앞에 급히 달려 나온 그 선원이
꼭 쥐고 있던 손바닥을 펴 보이며 말했습니다.
"모두들 나침반을 잊고 나왔기에 … "
분명, 나침반이 없었다면 그들은 끝없이 바다 위를 표류할 수 밖에 없을 것입니다.

우리는 삶의 바다를 항해하는 모든 이들을 위하여
그 나침반의 역할을 하고 싶습니다.
우리를 구원하신 위대한 주 예수 그리스도를 널리 전하고 싶습니다.

"하나님은 모든 사람이 구원을 받으며
 진리를 아는 데에 이르기를 원하시느니라"
 (디모데전서 2장 4절)

겨자씨가 자라
나무가 되다

지은이 | 김정란
발행인 | 김용호
발행처 | 나침반출판사

제2판 발행 | 2023년 8월 1일

등   록 | 1980년 3월 18일 / 제 2-32호
주   소 | 07547 서울특별시 강서구 양천로 583
          블루나인 비즈니스센터 B동 1607호
전   화 | 본사 (02) 2279-6321 / 영업부 (031) 932-3205
팩   스 | 본사 (02) 2275-6003 / 영업부 (031) 932-3207
홈   피 | www.nabook.net
이메일 | nabook365@hanmail.net
일러스트 제공 | 게티이미지뱅크/iStock

ISBN   978-89-318-1593-1
책번호 가-9077

이 책은 「희망으로 키운 겨자씨」를 수정 증보한 것입니다.

값은 뒷표지에 있습니다.